PRINCIPAUX DROITS
DE
l'Abbaye de St=Germain=des=Prés
EN SEINE-ET-OISE
VUES DE L'ABBAYE EN 1368, 1410, 1640.

Par l'abbé Pierre BONNIN,

Curé d'ABLON-SUR-SEINE,

Officier d'Académie, Membre de la Société Historique
et Archéologique de Corbeil, d'Étampes et du Hurepoix.

Société Saint=Augustin,

DESCLÉE, DE BROUWER et Cie.

LILLE-PARIS-LYON. — 1896.

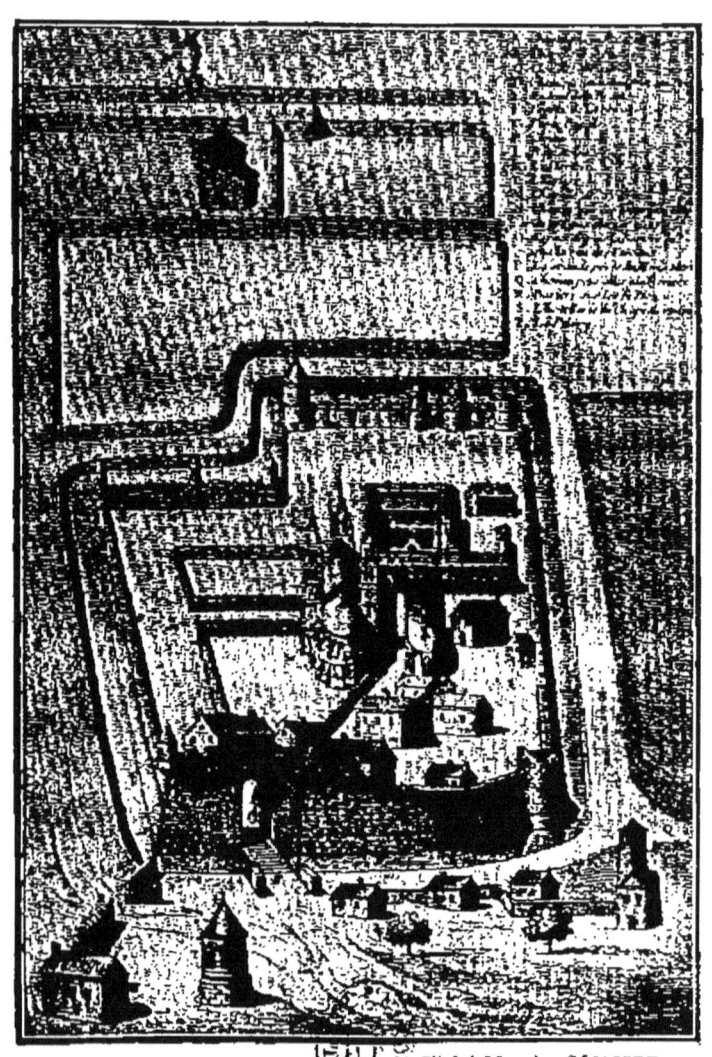

Cliché Maurice MOISSET.

VUE ORIENTALE
DE L'ABBAYE DE SAINT-GERMAIN-DES-PRÉS.
1368.

PRINCIPAUX DROITS
DE
l'Abbaye de St=Germain=des=Prés
EN SEINE-ET-OISE
VUES DE L'ABBAYE EN 1368, 1410, 1640.

Par l'abbé Pierre BONNIN,

Curé d'ABLON-SUR-SEINE,

Officier d'Académie, Membre de la Société Historique
et Archéologique de Corbeil, d'Étampes et du Hurepoix.

Société Saint=Augustin,

DESCLÉE, DE BROUWER et Cie.

LILLE-PARIS-LYON. — 1896.

OUVRAGES DU MÊME AUTEUR

ABLON-SUR-SEINE

Recherches historiques. *Lecène-Oudin, 1890.*

ABLON-SUR-SEINE

ET

VILLENEUVE-SAINT-GEORGES

pendant la Fronde.

Desclée, 1892.

Introduction.

Particulas collegi ne dissipentur.
Cicéron.

L'Abbaye de Saint-Germain-des-Prés, de l'Ordre de Saint-Benoît, fondée vers l'an 543, est due à la piété et à la munificence du roi Childebert Ier (511-558). L'édifice fut commencé en 556 et terminé en 558. L'église qui en dépendait, bâtie également au VIme siècle, porta, dès son origine, les noms de Saint-Vincent et de Sainte-Croix, ce qui explique les différentes dénominations que nous consignons dans les premières pages de ce travail.

Avant de lever le siège de Saragosse, le roi Childebert avait obtenu de l'évêque de cette ville des reliques de saint Vincent, et, en construisant l'église de l'abbaye, il la mit sous l'invocation de ce saint diacre, martyrisé en Espagne. En outre, le roi, qui avait rapporté d'Espagne, non seulement la tunique de saint Vincent, mais encore une croix en or massif, voulut que l'église, qui devait conserver cette insigne relique, eût la forme d'une croix, ce qui la fit appeler également : la basilique de Sainte-Croix.

Plus tard, quand le corps de saint Germain, évêque de Paris, mort le 28 mai 576 à l'âge de 80 ans, fut transporté dans cette église le 25 juillet 754, le monastère et l'église ne furent plus connus que sous le nom de Saint-Germain-des-Prés, à cause de leur situation au milieu d'une prairie.

Le monastère fut fortifié, en 1368, par ordre de Charles V, lorsque le roi, ayant déclaré la guerre aux Anglais, imposa à Richard, abbé de Saint-Germain-des-Prés, l'obligation d'élever des murailles, des tours et de creuser des fossés, de peur que les ennemis ne se rendissent les maîtres de l'abbaye pour assiéger plus facilement la ville de Paris.

La Révolution supprima l'abbaye et

affecta l'église au service du culte paroissial (loi du 4 février 1791). En 1793, l'église était fermée et convertie en un dépôt de salpêtre dont le directeur fut un nommé Amiot.

Détail curieux : après le sac de l'abbaye, la bibliothèque resta ouverte, et nul ne songea à la piller ni à inquiéter les deux moines qui étaient restés préposés à sa garde.

Sous le Consulat, l'église fut rendue au culte.

Pour cet exposé des droits de Saint-Germain-des-Prés, nous avons adopté l'ordre chronologique indiqué généralement par tous les cartulaires.

AN 558.

D'après le témoignage du Bénédictin dom Jacques Bouillart, né à Meulan (S.-et-O.) en 1669, mort à Paris en 1726, la plus ancienne possession de l'abbaye de Saint-Germain-des-Prés en Seine-et-Oise serait située à *Sèvres*. Nous trouvons dans la première charte de l'*Histoire de l'Abbaye royale de Saint-Germain-des-Prés* que: le roi Childebert I fit bâtir un monastère en même temps que l'église Saint-Vincent en 556, et qu'il plaça les religieux sous la direction de saint Germain, qui leur donna pour premier abbé son disciple saint Doroctovée. Pour l'entretien des religieux, le roi céda son fisc d'Issy, le domaine de la Seine avec le droit de pêche, les îles et autres dépendances depuis le petit ruisseau de *Sèvres* jusqu'au pont de Paris.

Cette charte de 558 relate ainsi ce don royal :

« Childebertus rex Francorum......... in honore domino-
» rum sanctorum cedimus nos fiscum largitatis nostræ,
» qui vocatur Isciacus, qui est in pagis Parisiorum prope
» alveum Sequanæ, una cum omnia quæ ibi sunt aspecta ;
» cum mansis, commanentis, agris, territoriis, vineis, sil-
» vis ...... cum omnia quæ nos deserviunt tam in aquis
» vel insulis...... cum piscatoria quæ appellatur Vanna ;
» cum piscatoriis omnibus quæ sunt in ipso alveo Sequa-
» næ, sumuntque initium a ponte civitatis, et sortiuntur
» finem ubi alveolus veniens *Savara* præcipiat se in flu-
» mine......... Datum quod fecit menso decembre dies
» sex. Anno XLVII, postquam Childebertus rex regnare
» cepit. Ego Valentianus notorius et amanuensis reco-
» gnovi. Signum Childeberti gloriosissimi Regis. »

(Recueil des chartes des Rois 1re partie, page ij. Histoire de Saint-Germain-des-Préz par dom J. Bouillart, religieux bénédictin de la Congrégation de Saint-Maur. Edition de 1724.)

Saint Germain, évêque de Paris, possédait également la terre de *Prunay-le-Temple* (doyenné de Houdan) qui appartint plus tard aux Chevaliers du Temple, puis aux Chevaliers de Malte.

AN 560.

EN 560, saint Germain, évêque de Paris, opéra à *Sèvres* (Savara) un miracle en faveur d'une jeune fille malade, nommée Magnofelde, et plaça l'église sous l'invocation de sain

Romain, dont les reliques furent apportées de Blaye, près de Bordeaux. Ceci paraît étonnant au premier abord, mais il faut se rappeler que le corps de saint Saturnin, premier évêque de Toulouse, ayant été, par ordre du roi Dagobert, transporté dans le monastère de Saint-Denis, les Toulousains voulurent ravoir ce corps et en donnèrent trois autres en échange, parmi lesquels se trouva celui de saint Romain.

Au sud de l'église était le manoir seigneurial, entouré de fossés et ayant au centre un donjon.

Ce miracle nous rappelle la guérison de Gildomer par le saint évêque, à Essonnes (Vicus Exona).

AN 615.

QUELQUE temps après la mort de saint Germain, élu évêque de Paris en 554, Bertram, évêque du Mans, voulant témoigner sa reconnaissance envers saint Germain qui l'avait instruit et ordonné prêtre, légua, par son testament fait en 615, à la basilique Saint-Vincent une de ses terres située au pays d'*Etampes*, sur le ruisseau d'Ecole (1) appelé Bobana, pour en jouir tant que le corps du saint évêque y reposerait. De plus, il stipula que, s'il arrivait qu'il fût transféré dans un autre sanctuaire, sa donation le suivrait également.

(*Annal. Bened. Tome I, l. 6, n° 69.*)
Dom Jean Mabillon.

---

1. Aujourd'hui Saint-Germain-sur-Ecole (Seine-et-Marne).

Nous trouvons dans *Diplomata, chartæ... ad res gallo-francias spectantia* (T. I, p. 202), l'extrait du testament fait en 615 par Bertram, évêque du Mans :

....Basilicæ domni et peculiaris patrini mei Germani episcopi qui me dulcissime nutrivit et sua sancta oratione etsi indignum ad sacerdotii honorem perduxit, si supersistit in basilica domni Vincentii, ubi ejus sanctum corpusculum requiescit, donari jubeo in honorem sepulturæ suæ villam Bobanæ, qui est in territerio *Stampense*, super fluvio Collæ, quam mihi gloriosissimus domnus Chlotarius rex suo munere contulit. Quod jubeo ea conditione ut, si sanctum corpus ejus in basilica nova, quam inclytus Chilpericus quondam rex construxit, si convenerit ut inibi transferatur, villa ipsa, ubi sanctum ejus corpus fuerit semper ibi deserviat, ut ipse sanctus pontifex pro meis facinoribus deprecari dignetur... Rogo, abba illustris loci illius, ut nomen meum in libro vitæ recitetur. »

C'est-à-dire :

« .... A la basilique de mon seigneur et patron particulier, l'évêque Germain, qui m'a nourri de ses doux enseignements, et qui, par sa sainte intercession, m'a fait parvenir à l'honneur suprême du sacerdoce, s'il reste dans la basilique de Monseigneur Vincent, où repose sa sainte dépouille, j'entends donner en l'honneur de sa sépulture le domaine de Bobana, dans le pays d'*Etampes*, sur la rivière d'Ecole, lequel je tiens de la munificence du très glorieux roi Clotaire. Ce que je prescris à la condition que, si l'on s'accorde à transférer son saint corps dans la nouvelle basilique que le feu roi Chilpéric a construite, le revenu du domaine y aille également pour toujours, et partout où sera le même corps saint, afin que ledit saint pontife me fasse la grâce d'intercéder pour mes péchés.

Illustre abbé du lieu, je vous prie de veiller à ce que mon nom soit porté sur le livre des commémorations. »

Saint Germain, évêque de Paris, possédait près de *Poissy* une métairie nommée Prunay *(quamdam possenionem beati viri quæ in pago Pinciacenso Prunidus dicitur.)*

(Aymon, lib. II. cap. IV.)

Fréquemment le saint évêque poussait ses excursions jusqu'à *Epône*, et, suivant Fortunat, son historien, il y fit un miracle en guérissant un homme atteint d'une contraction des mâchoires : « *In Spedoteno villa rursus ei oblatus est... distortatas maxillas reduxit.* »

(Fortunat, cap. XVIII.)

AN 697.

L'ABBÉ Wandremar, qui succéda en 697 à Authaire, comme abbé de Saint-Germain-des-Prés, donna à l'abbaye, l'année de son élection, la terre de La Celle-sur-Seine *(La Celle-lez-Saint-Cloud)*, connue sous le nom de : *Cella quæ dicitur Villaris.*

Le nécrologe de l'abbaye marque ainsi la mort de l'abbé Wandremar : *X. Cal. mai. Depositio*

Wandremari abbatis, qui dedit Cellam super Sequanam sancto Germano.

L'abbaye posséda la seigneurie de La Celle-Saint-Cloud jusqu'en 1683, époque où Louis XIV l'acheta pour l'enclore dans le parc de Versailles ; mais les religieux ne possédaient pas la cure.

AN 754.

Pépin-le-Bref, fils de Charles-Martel, venait d'être proclamé roi des Francs en 752 et sacré par saint Boniface, archevêque de Mayence, dans l'abbaye de Saint-Médard, de Soissons.

Après avoir visité plusieurs points de son royaume, il vint à Paris en 754, et Lanfroy, abbé de Saint-Vincent, lui demanda un lieu honorable pour la sépulture de saint Germain, évêque de Paris. Le roi approuva cette demande et, le 25 juillet 754, le corps de saint Germain, qui était dans la chapelle Saint-Symphorien, fut transporté derrière l'autel de Sainte-Croix. Ce fut à l'occasion de cette imposante cérémonie que le roi Pépin fit présent à l'abbaye de Saint-Germain-des-Prés de la terre de *Palaiseau* et de ses dépendances. Cette donation de la terre de Palaiseau fut confirmée par l'inscription suivante gravée sur un marbre placé dans la chapelle Saint-Symphorien : *Hic pausante Sancto Germano, in die translationis dedit ei rex Pipinus fiscum Palatiolum cum appenditiis suis omnibus.*

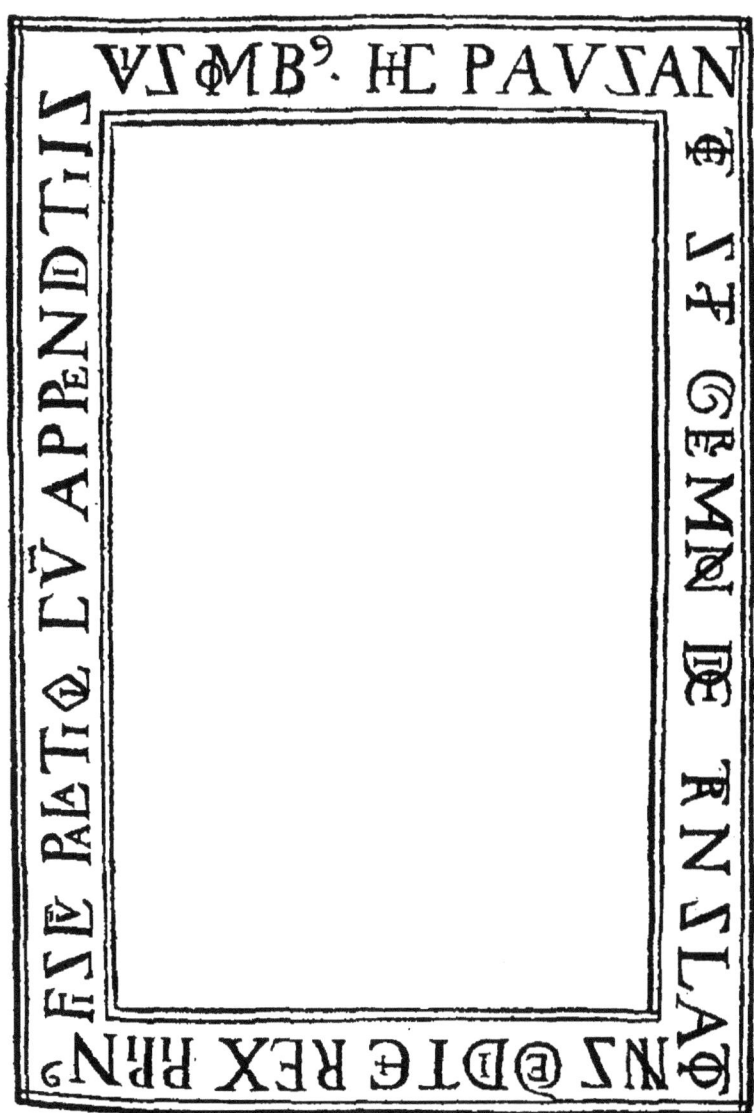

Inscription de la donation du roi Pépin.

L'abbé Irminon, prieur de l'abbaye Saint-Germain-des-Prés vers 811, sous Charlemagne et Louis-le-Débonnaire, dans son Polyptyque (1) ou Pouillé de l'abbaye, fait un long et très exact exposé des revenus que les religieux retiraient

---

1. *Bibliothèque Nationale. Cabinet des manuscrits*, n° *12832, fonds latin.*

tous les ans de la terre de Palaiseau et des charges de chaque serf.

André du Chêne, dans ses : *Antiquités de la ville de Paris, page 47, édition de 1629*, rappelle ainsi cette fondation faite le 25 juillet 754 à l'abbaye de Saint-Germain par le roi Pépin :

> « Ce roy lui donna le village de Palaiseau avec ses dépendances et en seroit encores en possession si bientost quelques grands amoureux de la place ne s'en fussent rendus maîtres. »

A l'époque mérovingienne, Palaiseau était l'une des nombreuses demeures des rois Francs, et le nom de Palatiolum indique, en effet, un palais peu important possédé par ces rois.

Les palais des rois de la première race, jusqu'au règne de Dagobert, étaient des maisons entourées de pieux. Dans l'enceinte formée par ces pieux se trouvaient renfermés les logements des serviteurs et officiers du roi, ainsi que granges et magasins où ils conservaient les redevances de leurs domaines.

Voici, d'après dom J. Bouillart, un état des biens que l'abbaye de Saint-Germain possédait à Palaiseau :

Habet in Palatiolo mansum dominicatum cum casa et aliis casticiis sufficienter.

Habet ibi de terrâ arabili culturas VI, quæ habent bunuaria CCLXXXVII, ubi possunt seminari de frumento modios MCCC ; de vinea aripennos CXXVII, ubi possunt colligi de vino modios DCCC.

Habet de prato aripennos C, ubi possunt colligi de feno carra CL.

Habet ibi de silvâ, sicut estimatur per totum in giro leuva I, ubi possunt saginari porci L.

Habet ibi farinarios III : exiit inde in censum de annonâ modios CLIII.

Habet ibi ecclesiam I, cum omni apparatu dilligenter constructam. Aspiciunt ibi de terra arabili bunuaria XVII, de vinea aripennos V et dimidium, de prato aripennos III ; excepto, habet ibi mansum ingenuilem I, habentem de terrâ arabili bunuaria III et antsingnas II, de vinea aripennum I et dimidium, de prato aripennos III.

Habet ibi hospites VI, quæ habent de terra arabili unusquisque jornalem I ; inde faciunt in unaquaque ebdomada diem I ; pullum I, ova V.

Habet aliam ecclesiam in *Gito* (*Gif, doyenné de Palaiseau*) quem Warodus presbyter tenet. Aspiciunt ibi hospitales VII. Et habet, inter ipsum presbyterum et ejus hospites, de terra arabili bunuaria VI et dimidium, de vinea aripennos V, de prato aripennos V, de silva novella bunuarium I. Faciunt in unaquaque ebdomada diem I, si eos paverit ; pullum I, ova V et denarios IIII. Exiit inde in dona caballum I.

Walafredus, colonus et major, et uxor ejus colona, nomine Eudimia, homines sancti Germani, habent secum infantes II, his nominibus, Walahildis Leutgardis. Tenet mansos ingenuiles II, habentes de terra arabili bunuaria VII, de vinea aripennos VI, de prato aripennos IIII. Solvit de unumquodque mansum bovem I ; ad alium annum, soalem I ; in lignericia denarios IV, de vino in pascione modios II, vervicem cum agno I. Arat ad hibernaticum perticas IIII, ad tremissem perticas II ; corvadas, carroperas, manoperas, caplim, quantum ei jubetur ; pullos III ova XV.......

Habet in Palatiolo mansos ingenuiles CVIII, qui solvunt omni anno ad hostem carra VI, ad tertium annum sogales CVIII, ad alterum annum vervices cum agnis CVIII, de vino in pascione modios CCXL, de argento in lignericia solidos XXXV, pullos CCCL, ova MDCCL, de capatico solidos VIII.

Fiunt simul mansi, inter ingenuiles et absos et serviles, CXVII.

(Extrait du manuscrit d'Irminon, abbé de Saint-Germain vers 811, fol. II et fol. III.)

L'abbaye de Saint-Germain-des-Prés avait donc comme principales possessions à Palaiseau, sous les rois Pépin et Charlemagne :

Six cultures ou coutures qui formaient 287 bonniers de terre, où l'on pouvait semer 1300 muids de froment ;

127 arpents de vigne produisant 800 muids de vin ;

100 arpents de prés donnant 130 charretées de foin ;

Un bois d'une lieue de circuit ;

3 moulins rendant 15 muids de grain par an ;

L'église du lieu, bien bâtie et bien entretenue ;

Une autre église à *Gif*, desservie par le prêtre Warodus, qui avait un revenu de sept hôtes et un bonnier de forêt nouvelle ;

108 ménages affranchis, qui devaient fournir pour l'année, six chariots, et, tous les trois ans, 800 mesures de seigle; tous les deux ans, 108 brebis avec les agneaux ; pour le droit de pacage, 240 muids de vin ; pour celui de couper du bois dans la forêt, 35 sols, 250 poulets, 1250 œufs et 9 sols de capitation.

Les familles serves étaient au nombre de neuf et les feux formaient un total de 117.

Lebœuf *(tome VIII, page 512)* dit que cette seconde église était celle de *Vauhallan*, affirmant que cette terre fut possédée par l'abbaye seulement pendant 200 ans, puisque Hugues-le-Grand l'aurait aliénée en 950 ; mais Guérard, dans son Polyptyque de Saint-Germain-des-Prés, n'hésite pas à reconnaître Gif dans le village de *Gitum*, et Auguste Longnon, dans son Polyptyque de l'Abbaye Saint-Germain-des-Prés *(II Breve de Palatiolo)*, admet l'opinion de Guérard.

En nous appuyant sur l'autorité incontestable de Longnon, terminons la nomenclature des droits et des biens possédés par l'abbaye à Palaiseau :

Hairmundus colonus et uxor ejus colona, nomine Haldrada, homines sancti Germani, habent secum infantes V, his nominibus Elison, Hildegaudus, Eliseus, Teudhildis, Hairiveo. Tenet mansum ingenuilem I, habentem de terra arabili bunuaria X, de vinea aripennos II, de prato aripennum I et dimidium. Solvit similiter.

4. Turpius, colonus sancti Germani, habet secum infantes III, his nominicus, Adaldrudis, Ermenganda, Adalsindis ; Ragenulfus colonus et uxor ejus colona, nomine Adalburgs, homines sancti Germani, habent secum infantem I nomine Ragenoldus. Isti duo tenent mansum ingenuilem I, habentem de terra arabili bunuaria IIII, de vinea aripennos II, de prato aripennos II. Solvunt similiter.

5. Sigoinus colonus et uxor ejus colona, nomine Ragenildis, homines sancti Germani habent secum infantes II, his nominibus, Ragenardus, Atildis ; Itharius colonus et uxor ejus colona nomine Ardinga,, homines sancti Germani, habent secum infantem I, nomine Adda. Isti duo tenent mansum ingenuilem I, habentem de terra arabili bunuaria XII, de vinea aripennos II et dimidium, de prato aripennos II et dimidium. Solvunt similiter.

6. Amalricus colonus et uxor ejus colona, nomine

Ingardis, homines sancti Germani ; Guntbertus colonus et uxor ejus colona, nomine Adalgaria, homines sancti Germani, habent secum infantes II his nominibus Adreas Adalgildis ; Ermenoldus colonus et uxor ejus colona, nomine Cristoina, homines sancti Germani ; Johannes colonus et uxor ejus colona nomine Siclehildis, homines sancti Germani, habent secum infantem I, nomine Elisabet. Isti quatuor tenent mansum ingenuilem I, habentem de terra arabili bunuaria XII, de vinea aripennos V, de prato aripennos IIII. Solvunt inde parveretum.

7. Johannes colonus et uxor ejus colona, nomine Balsma, homines sancti Germani ; Madalufus colonus et uxor ejus colona, nomine Eldrada, homines sancti Germani, habent secum infantes III, his nominibus : Arnulfus, Reudo, Adalgaria, Madalgudis. Isti duo tenent mansum ingenuilem I, habentem de terra arabili bunuaria II et dimidium, de vinea aripennos II, de prato aripennos II. Solvunt similiter.

8. Aclehardus, colonus et uxor ejus colona, nomine Teudhildis, homines sancti Germani, habent secum infantes V, his nominibus : Teuthardus, Sigebertus, Ingedrudis, Aclehardus, Aclehildis. Tenet mansum ingenuilem I, habentem de terra arabili bunuaria....... et dimidiam antsingam, de vinea aripennum I et quartam partem de aripenno, de prato aripennos II. Solvit similiter.

9. Sichardus colonus et uxor ejus colona nomine Genovefa, homines sancti Germani, habent secum infantes II, his nominibus, Echardus, Ebregrims. Tenet mansum ingenuilem I, habentem de terra arabili bunuaria II et dimidiam antsingam, de vinea aripennum I et tres partes de aripenno, de prato aripennos III. Solvit similiter.

10. Godalhardus colonus et uxor ejus colona nomine Erlindis, homines sancti Germani, habent secum infantes IIII his nominibus, Constantinus, Godelharius, Godelhildis, Godelberga. Tenet mansum ingenuilem I habentem de terra arabili bunuaria III et antsingam I, de vinea aripennum I et dimidium, de prato aripennos III. Solvit similiter.

11. Trutgingus colonus et uxor ejus colona, nomine Salvia, homines sancti Germani, habent secum infantes III, his nominibus Trutboldus, Odelhart, Godelindis. Tenet mansum ingenuilem I, habentem de terra arabili bunuaria III et antsingam I, de prato aripennos II de vinea aripennos II. Solvit similiter.

12. Hildebertus colonus et uxor ejus colona nomine Amalhildis, homines sancti Germani, habent secum infantem I, nomine Hildebert. Tenet mansum ingenuilem I, habentem de terra arabili bunuaria VI, de vinea aripennos II et dimidium, de prato aripennos II et dimidium. Solvit similiter.

13. Adalgrimus colonus et uxor ejus colona nomine Rattrudis, homines sancti Germani, habent secum infantem I, nomine Gautmarus. Tenet mansum ingenuilem I, habentem de terra arabili bunuaria III, de vinea aripennum I, de prato aripennos II. Solvit similiter.

14. Ermenarius colonus et uxor ejus colona nomine Teutberga, homines sancti Germani, habent secum infantes II, his nominibus, Ermeharius, Ermedruidis. Tenet mansum ingenuilem I, habentem de terra arabili bunuaria III, de vinea aripennum I et dimidium, de prato aripennos II et dimidium. Solvit similiter.

15. Grimboldus, colonus sancti Germani, habet secum infantes III, his nominibus, Amalhildis, Ermentrudis, Wina ; Hiltbertus colonus et uxor ejus colona nomine Ragenildis, homines sancti Germani; Grimoldus, colonus sancti Germani. Isti tres tenent mansum ingenuilem I, habentem de terra arabili bunuaria V, de vinea aripennos II, de prato aripennos IIII. Solvunt similiter.

16. Adalgrimus colonus et uxor ejus colona, nomine Ragenildis, homines sancti Germani, habent secum infantes V, his nominibus, Ragenoldus, Ansoinus, Adalgudis, Ragnois, Grima. Tenet mansum ingenuilem I, habentem de terra arabili bunuaria III et antsingam I et dimidiam, de vinea aripennum I et quartam partem de aripenno, de prato aripennum I. Solvit similiter.

17. Cristoinmus colonus et uxor ejus colona, nomine Nol-

gia, homines sancti Germani, habent secum infantes IIII, his nominibus, Cristorius, Adalia, Cristoforus, Pura. Tenet mansum ingenuilem I, habentem de terra arabili bunuaria III, et antsingam I et dimidiam, de vinea aripennum I et quartam partem de aripenno, de prato aripennum I et quartam partem de aripenno. Solvit similiter.

18. Sichelmus colonus et uxor ejus nomine Aitla, homines sancti Germani, habent secum infantes II, his nominibus, Aitlandus Sichildis ; Ermengaudus, colonus sancti Germani. Isti duo tenent mansum ingenuilem I, habentem de terra arabili bunuaria III, de vinea aripennum I et dimidium, de prato aripennos II et dimidium. Solvunt similiter.

19. Teutbertus colonus et uxor ejus colona, nomine Ratgundis, homines sancti Germani, habent secum infantes III, his nominibus, Rantgarius, Rantgis, Teutberta ; Ebreharius, colonus sancti Germani. Isti duo tenent mansum ingenuilem I, habentem de terra arabili bunuaria III et dimidiam antsingam, de vinea aripennos III, de prato aripennos III. Solvunt similiter.

20. Maiulfus colonus et uxor ejus colona, nomine Ingalrada, homines sancti Germani, habent secum infantem I, nomine Ingalberga ; Gerulfus colonus et uxor ejus colona, nomine Ermoildis, homines sancti Germani, habent secum infantes II, his nominibus, Gerardus, Gerorardus. Isti duo tenent mansum ingenuilem I, habentem de terra arabili bunuaria IIII, de vinea aripennos III, de prato aripennos III. Solvunt similiter.

21. Alafredus colonus et uxor ejus colona, nomine Gerhildis homines sancti Germani, habent secum infantes IIII, his nominibus, Allo, Alaricus, Alois, Arois. Tenet mansum ingenuilem I habentem de terra arabili bunuaria III, et antsingam I et dimidiam, de vinea aripennos II, de prato aripennos II et dimidium. Solvit similiter.

22. Hildeboldus colonus et uxor ejus colona, nomine Cristina, homines sancti Germani, habent secum infantes III, his nominibus, Hildoardus, Hildebodus, Hildeberga. Tenet mansum ingenuilem I, habentem de terra arabili

bunuaria III et dimidiam antsingam, de vinea aripennos II, de prato aripennos III. Solvit similiter.

23. Eribrandus, colonus sancti Germani, habet secum infantes III, his nominibus, Hildois, Hairberta, Autramnus; Grimoldus, colonus sancti Germani; Ermenfredus. Isti tres tenent mansum ingenuilem I, habentem de terra arabili bunuaria II, de vinea aripennos IIII, de prato aripennos V. Solvunt similiter.

24. Aldingus, colonus sancti Germani; Wandalgarius colonus et uxor ejus colona, nomine Osanna, homines sancti Germani, habent secum infantes II, his nominibus Wanthildis, Winegildis. Isti duo tenent mansum ingenuilem I, habentem de terra arabili bunuaria III et dimidiam antsingam, de vinea aripennos V, de prato aripennos V. Solvunt similiter.

25. Adalelmus, colonus sancti Germani, tenet mansum ingenuilem I, habentem de terra arabili bunuaria VI, de vinea aripennum I et dimidium, de prato aripennos II et quartam partem de aripenno. Solvit similiter.

26. Hildegarius colonus et uxor ejus colona, nomine Agentrudis, homines sancti Germani, habent secum infantes II, his nominibus, Ermentarius, Altildis. Tenet mansum ingenuilem I, habentem de terra arabili bunuaria III, de vinea aripennos II, et quartam partem de aripenno, de prato duas partes de aripenno. Solvit similiter.

27. Teudricus colonus et uxor ejus colona, nomine Adalsindis, homines sancti Germani, habent secum infantem I, nomine Gaugia; Teutbardus, colonus sancti Germani. Isti duo tenent mansum ingenuilem I, habentem de terra arabili bunuaria VIII, de vinea aripennos V, de prato aripennum I et duas partes de aripenno. Solvunt similiter.

28. Leutgarius colonus et uxor ejus colona, nomine Ermenildis, homines sancti Germani, habent secum infantem I, nomine Leutgaudus; Richarius, colonus sancti Germani. Isti duo tenent mansum ingenuilem I, habentem de terra arabili bunuaria III et dimidiam antsingam de prato duas partes de aripenno. Solvunt simiiiter. *Non solvunt bovem, cetera sicut alii faciunt.*

29. Bertraus colonus et uxor ejus colona, nomine Idalia, homines sancti Germani, habent secum infantes III his nominibus, Aclulfus, Aitardus, Idelindis ; Nadalgarius colonus et uxor ejus colona, nomine Teutlindis, homines sancti Germani ; Adericus colonus et uxor ejus colona, nomine Amalgildis, homines sancti Germani, habent secum infantes II, his nominibus, Constantinus, Adaltrudis. Isti tres tenent mansum ingenuilem I, habentem de terra arabili bunuaria V, de vinea aripennos III, de prato aripennos II. Solvunt similiter.

30. Adrulfus colonus et uxor ejus colona, Aroildis, homines sancti Germani, habent secum infantes VIII, his nominibus, Sigrad, Arois, Alois, Adaluinus, Aloard, Adrehildis, Adaltrudis, Osanna, Adrildis. Tenet mansum ingenuilem I, habentem de terra arabili bunuaria VII, de vinea aripennos II et dimidium, de prato aripennos II et dimidium. Solvit similiter.

31. Amalbertus colonus et uxor ejus colona, nomine Adaltrudis, homines sancti Germani, habent secum infantes IIII, his nominibus, Aredius, Haltbertus, Alaricus, Amalberga ; Ansbertus colonus et uxor ejus colona, nomine Wandedrudis, homines sancti Germani, habent secum infantes III, his nominibus, Warimbertus, Hiltbertus, Wandalbertus ; Ermenoldus colonus, et uxor ejus colona, nomine Geirberta, homines sancti Germani, habent secum infantem I, nomine Ermenolt. Isti tres tenent mansum ingenuilem, habentem de terra arabili bunuaria VII, de vinea aripennos II, de prato aripennos IIII. Solvunt similiter.

32. Amalgaudus colonus et uxor ejus colona, nomine Auresma, homines sancti Germani, habent secum infantes II, his nominibus, Amalgrat, Ermengaut. Tenet mansum ingenuilem I, habentem de terra arabili bunuaria VII, de vinea aripennos II, de prato aripennos II. Solvit similiter.

33. Ermbradus, colonus sancti Germani ; Nadalradus, colonus et uxor ejus colona, nomine Segemberga, homines sancti Germani, habent secum infantes II, his nominibus, Adalradus, Sigefredus. Isti duo tenent mansum ingenuilem I, habentem de terra arabili bunuaria II, de vinea ari-

pennos II et dimidium, de prato aripennum I. Solvunt similiter.

34. Amalricus colonus et uxor ejus colona, nomine Hincfreda, homines sancti Germani ; Landulfus colonus et uxor ejus colona, nomine Ragentildis, homines sancti Germani, habent secum infantem I, nomine Ratbertus. Adrianus colonus et uxor ejus colona, nomine Ingaltrudis, homines sancti Germani. Isti tres tenent mansum ingenuilem I, habentem de terra arabili bunuaria VI, de vinea aripennos II et quartam partem de aripenno, de prato aripennos II et dimidium. Solvunt similiter.

35. Gairoinus, colonus sancti Germani ; Guntolandus colonus et uxor ejus colona, nomine. Adaltrudis, homines sancti Germani ; Guntarius colonus et uxor ejus colona, nomine Gotbolda, homines sancti Germani, habent secum infantem I, nomine Gotlanda. Iste tres tenent mansum ingenuilem I habentem de terra arabili bunuaria V, de vinea aripennos II et dimidium, de prato aripennum I et dimidium. Solvunt similiter.

36. Acelmandus colonus et uxor ejus colona, cognomine Benina, homines sancti Germani, habent secum infantes VII, his nominibus, Beroldus, Benegarius, Evremodus Audradus, Luitardus, Hairoardus, Adalberta ; Ermenricus, colonus sancti Germani ; Amicus, colonus sancti Germani ; Ratboldus colonus et uxor ejus colona, nomine Godina, homines sancti Germani, habent secum infantes VI, his nominibus, Godinus, Leutboldus, Ansegarius, Siclebolda, Godelindis, Frothildis ; Wineboldus colonus et uxor ejus colona, nomine Ervina, homines sancti Germani, habent secum infantes IIII, his nominibus, Ragetelmus, Wineramnus, Wineberga, Wineburgs. Isti quinque tenent mansum ingenuilem I, habentem de terra arabili bunuaria VIII, de vinea aripennos III, de prato aripennos II. Solvunt similiter, et excepto parveretum de dimidio manso.

37. Godeboldus colonus et uxor ejus colona, nomine Ermentrudis, homines sancti Germani, habent secum infantes V, his nominibus, Frodinus, Hariberta, Altbertus,

Ercantrudis, Hildegudis ; Godinus colonus et uxor ejus colona, nomine, Gundrada, homines sancti Germani habent secum infantem I, nomine Mandisma. Isti duo tenent mansum ingenuilem I, habentem de terra arabili bunuaria VIII, de vinea aripennos II et dimidium, de prato aripennum I et dimidium. Solvunt similiter.

38. Ebrulfus colonus et uxor ejus ancilla, nomine Ermenildis, homines sancti Germani, habent secum infantes IIII, his nominibus, Merulfus, Berta, Dominica, Murna ; Ermenoldus servus et uxor ejus colona, nomine Marta, homines sancti Germani, habent secum infantes IIII, his nominibus, Ermenbertus, Ardegarius, Ermenardus, Ingalsindis ; Teutgardis, ancilla sancti Germani, habet secum infantem I, nomine Teutgaria. Isti tres, tenent mansum ingenuilem I, habentem de terra arabili bunuaria III et antsingam I, de vinea aripennos III, de prato aripennos II. Faciunt in vinea aripdnnos VIII ; solvunt de vino in pascione modios II, sinapi sestarios II.

39. Uldemarus colonus et uxor ejus colona, nomine Ermentildis, homines sancti Germani, habent secum infantes II, his nominibus, Ercanfredus, Ermengildis ; Odelus, colonus sancti Germani, habet secum infantes II, his nominibus, Aregius, Adalardus. Isti duo tenent mansum ingenuilem I, habentem de terra arabili bunuaria II et antsingas II, de vinea aripennos II. Solvunt similiter.

40. Salamon colonus et uxor ejus colona, nomine Frothildis, homines sancti Germani, habent secum infantes III, his nominibus, Ercanfredus, Sanson, Rotgarius. Tenet mansos ingenuiles II, habentes de terra arabili bunuaria IIII, de vinea aripennum I et duas partes de aripenno, de prato aripennum I et duas partes de aripenno. Solvit similiter, excepto bovem non solvit.

41. Riulfus servus et uxor ejus colona, nomine Hildenibia, homines sancti Germani, habent secum infantes II, his nominibus, Feregildis, Rectrudis. Tenet mansum ingenuilem I, habentem de terra arabili bunuarium I et antsingam I, de vinea aripennum I. Facit in vinea aripennos

IIII ; solvit de vino in pascione modium I, de sinapi sestarium I. Solvit similiter.

42. Hildegardis, colona sancti Germani, habet secum infantes II, his nominibus, Hardradus, Airhardus ; Autbertus, colonus sancti Germani. Isti duo tenent mansum ingenuilem I, habentem de terra arabili bunuaria et III dimidiam antsingam, de vinea aripennos IIII, de prato aripennos v. Solvunt similiter.

43. Berneharius colonus et uxor ejus colona, nomine Framengildis, homines sancti Germani, habent secum infantes v, his nominibus, Framengarius, Bernegarius, Bernegildis, Bernoara, Wistrildis. Tenet dimidium mansum, habentem de terra aribili bunuaria IIII, de vinea aripennum I et dimidium. Solvit demedietatem mansi.

44-45. Bernehardus colonus sancti Germani ; Ansevoldus colonus et uxor ejus colona, nomine Beroildis, homines sancti Germani habent secum infantes IIII, his nominibus, Ansegarius, Ansegaudus, Ansois ; Adreharius colonus et uxor ejus colona, nomine Aclindis, homines sancti Germani, habent secum infantes III. Isti tres tenent mansum ingenuilem I, habentem de terra arabili bunuaria X, de vinea aripennum I, de prato aripennos II et dimidium. Solvunt similiter.

46. Landradus colonus et uxor ejus colona, nomine Ragamberta, homines sancti Germani, habent secum infantes II, his nominibus...; Ercamboldus, colonus sancti Germani, habet secum infantes , his nominibus II, Ernarius Bertinga. Isti duo tenent mansum ingenuilem I, habentem de terra arabili bunuaria v, de vinea dimidium aripennum, de prato aripennum I et quartam partem de aripenno. Solvunt similiter.

47. Ragbertus colonus et uxor ejus colona, nomine Sichildis, homines sancti Germani, habent secum infantem I, nomine Sigeburgs. Tenet mansum ingenuilem I, habentem de terra arabili bunuaria VI, de vinea aripennum I. Solvit similiter.

48. Hairiboldus colonus et uxor ejus colona, nomine Bona, homines sancti Germani. Tenet mansum ingenui-

lem I, habentem de terra arabili bunuaria IIII, de vinea aripennum I et quartam partem de aripenno. Solvit similiter.

49. Ermentarius colonus et uxor ejus colona, nomine Ermentrudis, homines sancti Germani ; Germundus colonus et uxor ejus colona, nomine Hiltrudis, homines sancti Germani ; habent secum infantem I, nomine Otmundus. Isti duo tenent mansum ingenuilem I, habentem de terra arabili bunuaria IIII, de vinea aripennum I et dimidium, de prato aripennum I et dimidium. Solvunt similiter.

50. Bovo, colonus sancti Germani, habet secum infantem I, nomine Fulcoinus ; Aicfrida, colona sancti Germani, habet secum infantes III, his nominibus, Odelegius, Adalgis, Ermengaudus. Isti duo tenent mansum ingenuilem I, habentem de terra arabili bunuaria III et antsingam I. Solvunt similiter.

51. Gisleharius colonus et uxor ejus colona, nomine Agenildis, homines sancti Germani, habent secum infantes V, his nominibus, Gislehardus, Agena, Dominicus, Rotbertus, Frodeberga ; Rotbertus colonus et uxor ejus colona, nomine Constantina, homines sancti Germani, habent secum infantem I, nomine Frodegardis. Isti duo tenent mansum ingenuilem I, habentem de terra arabili bunuaria III et antsingam I et dimidiam, de vinea aripennum I. Solvunt similiter.

52. Sigebertus, colonus sancti Germani ; Fredebertus, colonus sancti Germani. Isti duo tenent mansum ingenuilem I, habentem de terra arabili [bunuaria] III et dimidiam antsingam, de vinea aripennum I et dimidium, de prato aripennum I et dimidium. Solvunt similiter.

53-54. Adalelmus colonus et uxor ejus colona, nomine Osanna, homines sancti Germani, habent secum infantem I, nomine Altelmus ; Aclemundus, colonus sancti Germani. Isti duo tenent mansum ingenuilem I, habentem de terra arabili bunuaria III et dimidiam antsingam, de prato aripennum I. Solvunt similiter.

55. Adalgrims colonus et uxor ejus colona, nomine

Ermengildis, homines sancti Germani, habent secum infantes IIII, his nominibus, Teutgrims, Ermenarius, Madalbertus, Bartolomeus. Tenet mansum ingenuilem I, habentem de terra arabili bunuaria II et antsingam I et dimidiam, de prato aripennum I, de vinea aripennum I. Solvit similiter.

56. Sigoinus colonus et uxor ejus colona, nomine Ingalrada, homines sancti Germani, habent secum infantes IIII, his nominibus, Magenulfus, Ingalrada, Adalrada, Waltrudis. Tenet mansum ingenuilem I, habentem de terra arabili bunuaria IIII et antsingas II, de vinea aripennum I, de prato aripennum I et dimidium. Solvit similiter.

57-58. Hildeboldus, colonus sancti Germani, habet secum infantem I, nomine Adalboldus; Winemarus colonus et uxor ejus colona, nomine Adalindis, homines sancti Germani, habent secum infantes II, his nominibus, Wineberga, Cristina. Isti duo tenent mansum ingenuilem I, habentem de terra arabili bunuaria IIII, de vinea aripennum I, de prato aripennum I. Solvunt similiter.

59. Salomon, colonus sancti Germani, tenet mansum ingenuilem I, habentem de terra arabili bunuaria IIII et antsingas II, de vinea aripennos II, de prato aripennos II et dimidium. Solvit similiter

60. Lantbertus colonus et uxor ejus colona, nomine Adalhildis, homines sancti Germani, habent secum infantem I, nomine Ermenarius. Tenet mansum ingenuilem I, habentem de terra arabili bunuaria II et antsingam I, de vinea aripennum I, de prato dimidium. Facit in vinea aripennos III. Solvit similiter.

61. Samuel colonus et uxor ejus colona, nomine Hairberta, homines sancti Germani, habent secum infantes II, his nominibus, Amalgildis, Adalhildis. Tenet mansum ingenuilem I, habentem de terra arabili bunuaria V et antsingam I et dimidiam, de vinea aripennum I, de prato aripennos II. Facit in vinea aripennos III.

62. Aclemundus colonus et uxor ejus colona, nomine Bertara, homines sancti Germani, habent secum infantes III, his nomibus, Ermundus, Osegarius, Osanna; Odelel-

mus colonus et uxor ejus colona, nomine Ermehildis, homines sancti Germani, habent secum infantes III, his nominibus, Richard, Odelgardis, Odelgildis ; Remcianus colonus et uxor ejus colona, nomine Adalgudis, homines sancti Germani, habent secum infantes II, his nominibus, Abraham, Ermedram. Isti tres tenent mansum ingenuilem I, habentem de terra arabili bunuaria V et antsingas II, de vinea aripennos II. Solvunt similiter.

63. Actoinus, colonus sancti Germani, tenet mansum ingenuilem I, habentem de terra arabili [bunuaria] IIII et antsingam I, de vinea quartam partem de aripenno, de prato aripennum I. Solvit similiter.

64. Aregius colonus et uxor ejus colona, nomine Landrada, homines sancti Germani, habent secum infantes III (sic), his nominibus, Ingalbertus, Adalboldus ; Paulus colonus et uxor ejus colona, nomine Adalindis, homines sancti Germani. Isti duo tenent mansum ingenuilem I, habentem de terra arabili bunuaria VIII, de vinea quartam partem de aripenno, de prato aripennum I. Solvunt similiter.

65. Hildeboldus, colonus sancti Germani, habet secum infantes II, his nominibus, Hildegarius, Hildebert ; Paulinus colonus et uxor ejus colona, nomine Sichildis, habent secum infantes II, his nominibus, Sicharius, Amadildis ; Benimius, colonus sancti Germani ; Hiltbertus colonus et uxor ejus colona, nomine Aroildis, homines sancti Germani, habent secum infantem I, nomine Germanus. Isti quatuor tenent mansum ingenuilem I, habentem de terra arabili bunuaria X et dimidiam antsingam, de vinea aripennos II, de prato aripennum I. Solvunt similiter.

66. Gunthardus colonus et uxor ejus colona, nomine Frotlindis, homines sancti Germani, habent secum infantes III, his nominibus, Electus, Winegarius, Guntharius ; Sicharius, colonus sancti Germani. Isti duo tenent mansum ingenuilem I, habentem de terra arabili bunuaria III et antsingas II, de vinea aripennum I. Solvunt similiter.

67. Dominicus colonus et uxor ejus colona, nomine Winegildis, homines sancti Germani, habent secum infantem

I, nomine Dodinus ; Hildegaudus, colonus sancti Germani. Isti duo tenent mansum ingenuilem I, habentem de terra arabili bunuaria V et antsingas II, de vinea aripennos II, de prato aripennum I. Solvunt similiter.

68. Vulgoinus, colonus sancti Germani, habet secum infantes II, his nominibus, Fulcranus, Elisom ; Madalvinus, colonus sancti Germani ; Aclulfus, colonus sancti Germani, habet secum infantes IIII, his nominibus, Aclemundus, Aclulfus, Wadegarus, Blathildis. Isti tres tenent mansum ingenuilem I, habentem de terra arabili bunuaria V et antsingas II, de vinea aripennos II, de prato aripennum I. Solvunt similiter.

69. Amalgaudus colonus et uxor ejus colona, nomine Aurisma, homines sancti Germani, habent secum infantes II, his nominibus, Amalgardis, Ermengaudus. Tenet mansum ingenuilem I, habentem de terra arabili bunuaria X, de vinea aripennos III, de prato aripennum I. Solvit similiter.

70. Sadraboldus et uxor ejus colona, nomine Grima, homines sancti Germani, habent secum infantes III, his nominibus, Grimoldus, Teutlindis, Oliva. Tenet mansum ingenuilem I, habentem de terra arabili bunuaria IIII et antsingas II, de vinea aripennos II, de prato aripennum I. Solvit similiter.

71. Adalhildis, colonus sancti Germani, habet secum infantes II, his nominibus, Haltbert, Adalhart. Tenet mansum ingenuilem I, habentem de terra arabili bunuaria IIII, de vinea aripennos II, de prato aripennum I. Solvit similiter.

72. Girboldus colonus et uxor ejus colona, nomine Authildis, homines sancti Germani, habent secum infantes III, his nominibus, Rectrudis, Maria, Ragentildis. Tenet mansum ingenuilem I, habentem de terra arabili bunuaria IIII et antsingam I, de vinea tres partes de aripenno. Solvit similiter.

73. Gisoinus colonus et uxor ejus colona, nomine Frotlindis, homines sancti Germani, habent secum infantes III, his nominibus, Josualis, Frothildis, Frotbolda. Tenet

mansum ingenuilem I habentem de terra arabili bunuaria V, de vinea aripennos II. Solvit similiter.

73 *bis.* Bernehardus et uxor ejus colona, nomine Hiltrudis, homines sancti Germani, habent secum infantes III, his nominibus, Bernegarius, Hiltbert, Bertara. Habet tres partes de manso, habentes de terra arabili bunuaria IIII, de vinea aripennum I.

74. Acmirus colonus et uxor ejus colona, nomine Acledrudis, homines sancti Germani, habent secum infantes V, his nominibus, Aclemundus, Israhel, Ardulfus, Elisam, Daniel. Tenet mansum ingenuilem I, habentem de terra arabili bunuaria II, de vinea aripennum I, de prato aripennum I ; excepto habet de terra arabili bunuaria III. Inde facit perticas VI, et solvit denarios IIII.

75. Frotfridus colonus et uxor ejus, nomine Ingaltrudis, homines sancti Germani, habent secum infantes II, his nominibus, Acfreda, Ingalsindis. Tenet mansum ingenuilem I, habentem de terra arabili bunuaria V, de vinea aripennos II et dimidium, de prato aripennum I. Solvit similiter.

76. Bertegarius colonus et uxor ejus libera, nomine Sigrida, habent secum infantes III, his nominibus, Bertingaudus, Paulus, Bertoildis. Tenet mansum ingenuilem I, habentem de terra arabili bunuaria IIII et antsingam I, de vinea aripennum I. Solvit similiter.

78. Bertgaudus colonus et uxor ejus colona, nomine Bernehildis, homines sancti Germani, habent secum infantes II, his nominibus, Bertingaudus, Bertegildis. Tenet mansum ingenuilem I, habentem de terra arabili bunuaria IIII, de vinea quartam partem de aripenno, de prato dimidium aripennum ; excepto habet dimidium mansum, habentem de terra arabili bunuarium I, inde facit perticas III. Cetera similiter.

79. Winegardus colonus et uxor ejus colona, nomine Ragentildis, homines sancti Germani, habent secum infantes III, his nominibus, Winegildis, Constantinus, Ragentrudis. Tenet mansum ingenuilem I, habentem de terra

arabili bunuaria III et antsingas II, de vinea duas partes de aripenno. Solvit similiter.

80. Waldegaudus colonus et uxor ejus colona, nomine Aclehildis, homines sancti Germani, habent secum infantes III, his nominibus, Aclehardus, Waldegildis, Wandelgaudus ; Winevoldus, colonus sancti Germani. Isti duo tenent mansum ingenuilem I, habentem de terra arabili bunuaria III et antsingas II, de vinea dimidium aripennum. Solvunt similiter.

81. Idina, colona sancti Germani, tenet mansum ingenuilem I, habentem de terra arabili bunuaria IIII. Solvit similiter.

82. Ermengaudus et uxor ejus colona, nomine Ragentildis, homines sancti Germani, habent secum infantes V, his nominibus, Siclehardus, Ragentelmus, Ragenteus, Aclefredus, Ragamberga ; Ermenbertus, colonus sancti Germani. Isti duo tenent mansum ingenuilem I, habentem de terra arabili bunuaria III et dimidiam antsingam, de vinea dimidium aripennum. Solvunt similiter.

82 bis. Widelfredus, colonus sancti Germani, tenet dimidium mansum, habentem de terra arabili bunuaria II. Facit sicut de dimidium mansum.

83. Ermenberga, colona sancti Germani, habet secum infantes IIII, his nominibus, Constantinus, Baldramnus, Dominicus, Beneventa. Tenet dimidium mansum, habentem de terra arabili bunuaria III, de vinea aripennum I. Facit sicut de dimidium mansum. Excepto tenet dimidium mansum, unde facit perdicas IIII.

84. Hildradus, colonus sancti Germani, tenet mansum ingenuilem I, habentem de terra arabili bunuaria VII, de vinea aripennum I et dimidium, de prato aripennum I. Solvit similiter. Excepto tenet dimidium mansum, habentem de terra arabili antsingas IIII, inde facit perticas IIII.

85. Adalramnus, colonus sancti Germani, tenet mansum ingenuilem I, habentem de terra arabili bunuaria VII, de vinea aripennum I et dimidium, de prato aripennum I et dimidium. Solvit similiter.

86. Wineradus colonus et uxor ejus colona, nomine

Oliva, homines sancti Germani, habent secum infantem I, nomine Adalgaria, Tenet mansum ingenuilem I, habentem de terra arabili bunuaria VI, de vinea aripennum I et dimidium, de prato aripennum I et dimidium. Solvit similiter.

87. Teudricus colonus et uxor ejus colona, nomine Ermenberta, homines sancti Germani, habent secum infantes IIII, his nominibus, Teuthardus, Ermentildis, Ermentarius, Teutbertus. Tenet mansum ingenuilem I, habentem de terra arabili bunuaria VII. de vinea aripennum I et dimidium, de prato aripennum I et dimidium. Solvit similiter.

88. Bertveus colonus et uxor ejus colona, nomine Eriberta, homines sancti Germani, habent secum infantes VI, his nominibus, Autbertus, Bertramnus, Acbertus, Amalbertus, Ermentildis, Bertimia. Tenet mansum ingenuilem I, habentem de terra arabili bunuaria VII, de vinea aripennum I et duas partes de aripenno. Solvit similiter.

89. Aldegarius colonus et uxor ejus colona, nomine Berta, homines sancti Germani, habent secum infantem I, nomine Aldedrudis. Tenet mansum ingenuilem I, habentem de terra arabili bunuaria VII, de vinea dimidium aripennum, de prato aripennum I et dimidium. Solvit similiter.

90. Johannes, colonus sancti Germani, habet secum infantes IV, his nominibus, Hildegarius, Elegius, Johanna, Elegia. Tenet mansum ingenuilem I, habentem de terra arabili bunuaria V, de vinea aripennum I et dimidium, de prato aripennos III et dimidium. Solvit similiter.

91. Bertfredus colonus et uxor ejus colona, nomine Ragamberta, homines sancti Germani, habent secum infantes II, his nominibus, Nadalberga, Teudricus ; Dodeus, colonus sancti Germani ; Electelmus, colonus sancti Germani. Isti tres tenent mansum ingenuilem I, habentem de terra arabili bunuaria II et antsingas II, de vinea aripennum I et dimidium, de prato aripennum I et quartam partem de aripenno. Solvunt similiter.

92. Leutfridus, colonus sancti Germani ; Sicleboldus, colonus sancti Germani. Isti duo tenent mansum ingenui-

lem I, habentem de terra arabili bunuaria IIII, de vinea aripennum I et dimidium, de prato aripennos II et dimidium. Solvunt similiter.

93. Bernoinus, colonus sancti Germani, habet secum matrem suam et fratrem suum. Tenet mansum ingenuilem I, habentem de terra arabili bunuaria II et dimidium, de vinea dimidium aripennum, de prato aripennum I. Solvit similiter.

94. Adalgis, colona sancti Germani, tenet mansum ingenuilem I, habentem de terra arabili bunuaria III, de vinea tertiam partem de aripenno, de prato aripennum I. Solvit similiter.

95. Hildegaudus colonus et uxor ejus colona, nomine Baldegildis, homines sancti Germani, habent secum infantes IV, his nominibus, Hildelindis, Baldinga, Hildegildis, Bertimia; Hildegarius, colonus sancti Germani. Isti duo tenent mansum ingenuilem I, habentem de terra arabili bunuaria II, de vinea dimidium aripennum, de prato aripennum I. Solvunt similiter.

96. Leutharius colonus et uxor ejus colona, nomine Siclebolda, homines sancti Germani, habent secum infantes III, his nominibus, Acleharius, Leuthadus, Leutardus. Tenet mansum ingenuilem I, habentem de terra arabili bunuaria II et dimidium, de vinea tertiam partem de aripenno, de prato aripennum I. Solvit similiter.

97. Richardus colonus et uxor ejus colona, nomine Acledrudis, homines sancti Germani, habent secum infantes II, his nominibus, Leutgaudus, Adrehildis. Tenet mansum ingenuilem I, habentem de terra arabili bunuaria II, de prato dimidium aripennum. Solvit similiter.

97 *bis*. Adremarus, colonus sancti Germani, tenet dimidium mansum, habentem de terra arabili antsingam I et dimidiam, de vinea quartam partem de aripenno, de prato dimidium aripennum. Facit sicut de dimidio manso.

98. Frotboldus colonus et uxor ejus colona, nomine Ragentildis, homines sancti Germani, habent secum infantes IIII, his nominibus, Aclefredus, Frotlindis, Ermenildis. Tenet mansum ingenuilem I, habentem de terra arabili

bunuaria II, de vinea dimidium aripennum, de prato duas partes de aripenno. Solvit similiter.

99. Raganfredus colonus et uxor ejus colona, nomine Ermenbolda, homines sancti Germani. Tenet mansum ingenuilem I, habentem de terra arabili bunuaria III, de vinea aripennum I, de prato aripennum I et tertiam partem de aripenno. Solvit similiter.

100. Grama, colona sancti Germani, habet secum infantes III, his nominibus, Grimoldus, Grimhardus, Gairberga; Gaudimia, colona sancti Germani, habet secum infantes IIII, his nominibus, Gautselmus, Guntarius, Teodaldus, Ermenildis. Isti duo tenent mansum ingenuilem I, habentem de terra arabili bunuaria II, de vinea dimidium aripennum, de prato aripennum I et duas partes de aripenno. Solvunt similiter.

101. Adalharius, colonus sancti Germani, habet secum sororem suam, nomine Landrada. Tenet mansum ingenuilem I, habentem de terra arabili bunuarium I et dimidium, de vinea dimidium aripennum, de prato aripennum I. Solvit similiter.

102. Wintbertus colonus et uxor ejus colona, nomine Bertla, homines sancti Germani, habent secum infantes III, his nominibus, Bertgarius, Adalsada, Ragambolda. Tenet mansum ingenuilem I, habentem de terra arabili bunuaria II et antsingas II, de vinea quartam partem de aripenno, de prato quartam partem de aripenno. Solvit similiter.

103. Ardricus, colonus sancti Germani, tenet mansum ingenuilem I, habentem de terra arabili bunuaria II et antsingas II, de vinea quartam partem de aripenno, de prato quartam partem de aripenno. Solvit similiter.

104. Godaldus, colonus sancti Germani; Cesarius, colonus sancti Germani. Isti duo tenent mansum ingenuilem I, habentem de terra arabili bunuaria II et dimidium, de vinea aripennum I et dimidium. Solvunt similiter.

105-106. Maurontus colonus et uxor ejus colona, nomine Adalgildis, homines sancti Germani, habent secum infantes V, his nominibus, Adalgudis, Raganfredus, Adalgis, Adalgarius, Ragambertus; Wilharius colonus et uxor ejus colona, nomine Odelhildis, homines sancti Germani. Isti duo tenent mansum ingenuilem I, habentem de terra arabili bunuaria II et antsingam I, de vinea aripennum I, de prato dimidium aripennum. Solvunt similiter.

107. Ermenfredus, colonus sancti Germani, tenet mansum ingenuilem I, habentem de terra arabili bunuaria III et dimidium, de vinea aripennum I, de prato aripennum I. Solvit similiter.

108. Acharius, servus sancti Germani ; Ermenoldus servus et uxor ejus colona, nomine Amalfrida, homines sancti Germani, habent secum infantes IIII, his nominibus, Ermenoldus, Hildegarius, Amalfredus, Artcarius. Isti duo tenent mansum ingenuilem I, habentem de terra arabili antsingas IIII, de vinea aripennum I. Solvunt similiter.

109. Melgius, colonus sancti Germani, habet secum infantem I, nomine Bertradus ; Berta, colona sancti Germani, habet secum infantes IIII, his nominibus, Ermenardus, Ermengildis, Bertrada, Ermenricus. Isti duo tenent mansum ingenuilem I, habentem de terra arabili bunuaria II, de vinea aripennum I, de prato quartam partem de aripenno. Solvunt similiter.

110. Elegaudus servus et uxor ejus colona, nomine Gregoria, homines sancti Germani, habent secum infantes V, his nominibus, Winegaudus, Electrudis, Genovefa, Hildegildis, Hildegerus. Tenet mansum ingenuilem I, habentem de terra arabili bunuaria XIIII, de vinea aripennos III, de prato aripennum I. Faciunt in vinea aripennos IIII; solvunt de vino in pascione modium I, de sinapi sestarium I.

111. Jagobus, colonus sancti Germani ; Gausbertus, colonus et uxor ejus colona, nomine Ercamberta, homines sancti Germani, habent secum infantes III, his nominibus, Eriveus, Gotberga, Ercamberta ; Adalsadus colonus et uxor ejus colona, nomine Gaustrudis, homines sancti Germani ; Wandelindis, colona sancti Germani, habet secum infantes IIII, his nominibus, Stratarius, Achildis, Wandal-

garius, Dominica. Isti quatuor tenent mansum ingenuilem
I, habentem de terra arabili bunuaria XII, de vinea aripennum I, de prato aripennos III. Solvunt similiter.

112. Ercanoldus colonus et uxor ejus colona, nomine
Aregildis, homines sancti Germani, habent secum infantes
IIII, his nominibus, Aregius, Adreveus, Ercanricus, Arde-
gildis ; Vulfradus colonus et uxor ejus colona, nomine
Hildegardis, homines sancti Germani ; Arcoinus, colonus
sancti Germani ; Ercantrudis, colona sancti Germani,
habet secum infantes III, his nominibus, Ercanarius,
Actardus, Maitelmus. Isti quatuor tenent mansum ingenuilem I, habentem de terra arabili bunuaria V, de vinea
aripennos II et dimidium, de prato aripennos III. Solvunt
similiter.

113. Maurus servus et uxor ejus libera, nomine Aclehildis, homines sancti Germani, habent secum infantes II,
his nominibus, Aldeberga, Amaltrudis ; Guntoldus, colonus sancti Germani. Isti duo tenent mansum servilem I,
habentem de terra arabili bunuaria II, de vinea aripennos
II et dimidium, de prato aripennum I et dimidium. Inde
faciunt in vinea aripennos VIII ; solvunt de vino in pascione modios IIII, sinapi sestarios II, pullos III, ova XV ;
manoperas, corvadas, caroperas.

114. Leodardus, lidus sancti Germani, tenet quartam
partem de manso, habentem de terra arabili bunuaria II,
de vinea dimidium aripennum. Inde facit in vinea aripennos IIII ; solvit de vino in pascione modium I, sinapi sestarium I, pullum I, ova V.

115. Nadalfredus servus et uxor ejus colona, nomine
Aregia, homines sancti Germani, habent secum infantes
III, his nominibus, Nadalgarius, Aregildis, Amalricus ;
Electulfs servus et uxor ejus colona, nomine Wilehildis,
homines sancti Germani, habent secum infantes III, his
nominibus, Musca, Electa, Teutburgs ; Teodoinus servus
et uxor ejus colona, nomine Wileberga, homines sancti
Germani. Isti tres tenent mansum servilem I, habentem
de terra arabili bunuarium I, de vinea aripennum I, de

prato dimidium. Faciunt in vinea aripennos VIIII, solvunt de vino in pascione modios III, sinapi sestarios III.

116. Macianus servus et uxor ejus colona, nomine Gislara, homines sancti Germani. Tenet mansum servilem I, habentem de terra arabili bunuaria II, de vinea aripennum I, de prato quartam partem de aripenno. Inde facit n vinea aripennos IIII ; solvit de vino in pascione modium I, de sinapi sestarium I.

117. Hildegilgis colonus et uxor ejus colona, nomine Odelgildis, homines sancti Germani, habent secum infantes II, his nominibus, Hildebertus, Magdalena; Adalharius, servus sancti Germani. Isti duo tenent mansum servilem I, habentem de terra arabili antsingas II, de vinea duas partes de aripennos. Faciunt inde in vinea aripennos IIII ; solvunt de vino in pascione modium I, de sinapi sestarium I.

118. Hiltbertus servus et uxor ejus colona, nomine Audrada, homines sancti Germani, habent secum infantem I, nomine Hiltbodus. Tenet mansum servilem I, habentem de terra arabili antsingam I et dimidiam, de vinea dimidium aripennum. Facit in vinea aripennos IIII ; solvit de vino in pascione modium I, de sinapi sestarium I.

DE CAPATICO. (Taxe par tête.) (1)

119. Samanildis solvit denarios IIII ; Geroildis similiter ; Hildrada similiter ; Agenteus similiter ; Elegius similiter ; Hidoinus similiter ; Ragamboldus similiter ; Gisleboldus similiter ; Ermenildis similiter ; Pelagia similiter ; Gislildis similiter ; Ermentarius similiter ; Achardus similiter ; Ermenoldus similiter ; Teutlindis similiter ; Grimoinus

---

1. Le chevage ou la capitation était généralement fixée à quatre deniers.

Les personnes soumises à la capitation étaient au nombre de 26 à Palaiseau, de 20 à Gagny, de 9 à Verrières, de 30 à La Celle-Saint-Cloud et de 34 à Villeneuve-Saint-Georges.

similiter ; Godalricus similiter ; Gaudimia similiter ; Aclebolda similiter ; Betta similiter ; Auttrudis similiter ; Radoenus similiter ; Ingboldus similiter ; Hairiberta similiter ; Aclulfus similiter ; Flodoinus similiter.

ISTI JURAVERUNT.

120. Walafredus major, Adrulfus, Acmerus, Hildeboldus, Jacob, Albericus, Sichardus, Alafredus, Trutgingus Uldemarus, Aclemans, Maurantus, Ulfardus, Hildradus, Winegardus, Frotfredus, Adalharius, Berengarius, Johannes, Ranfredus, Vuntbertus.

121. Habet in Palatiolo mansos ingenuiles CVIII, qui solvunt omni anno ad hostem carra VI, ad tertium annum sogales CVIII, ad alterum annum vervices cum agnis CVIII, de vino in pascione modios CCXL, de argento in lignericia solidos XXXV, pullos CCCL, ova MDCCL, de capatico solidos VIIII.

Fiunt simul mansi, inter ingenuiles et absos et serviles, CXVII.

François de Belleforest, né à Sarzans (Guyenne) (1530-1583), dans l'*Ancienne et grande cité de Paris*, cite comme il suit cette donation du fisc de Palaiseau à l'abbaye de Saint-Germain-des-Prés :

« Saint Germain reposant icy, le iour de sa
» translation, le roy Pépin luy donna le fisc de
» Palaiseau avec toutes ses dépendances. Avons
» encor tiré des vieux registres de l'abbaye les
» paroles desquelles usa ce roy faisant cette donation
» à l'abbaye, lesquelles sont telles : »

Accipe, domine Germane, villam nostram Palatioli cum appenditys omnibus, tibi ac tuis hactenus inimicam, tibi deinceps, ac servis Dei profuturam.

« C'est-à-dire :

» Recoy Monsieur saint Germain nostre village
» de Palaiseau avec toutes ses dépendances, qui
» a par cy-devant esté ton ennemy et des tiens,
» et qui désormais redondera au proufit et ser-
» vice tien, et des serviteurs de DIEU. »

Les religieux de Saint-Germain-des-Prés con-
servèrent la seigneurie de Palaiseau jusqu'en
956, époque à laquelle Hugues-le-Grand, abbé de
Saint-Germain, comte de Paris, la vendit à plusieurs seigneurs laïcs.

Nous devons à nos lecteurs quelques explica-
tions sur les mesures souvent citées dans le *Breve
de Palatio* et dans les autres fiscs.

Le bonnier valait 1882 perches, ou 165 ares 26.

L'arpent : un carré dont le côté était tantôt
125 pieds, tantôt 120.

L'ansange : 160 perches carrées.

La perche : 3 ares 57.

Le muid : 52 litres 2.

La charretée : 400 kilogr., la charge d'une voiture à deux bœufs.

La lieue : 2222 m., ou 2599.

(Guérard. Edit de 1844.)

La *corvée* était un travail de service gratuit et
forcé, dû au seigneur par les paysans ou tenanciers de ses domaines. De nos jours, la corvée a
été remplacée par la prestation.

Le droit de *forage* était un droit que levait le seigneur sur ses vassaux, lorsque ceux-ci récoltaient ou vendaient du vin. De nos jours, c'est le droit de régie, d'octroi, d'entrée.

Le droit de *rouage* était prélevé par le seigneur sur chaque voiture appartenant à ses tenanciers. De nos jours, c'est l'impôt sur les voitures et les chevaux.

Le droit de *relief*, de *main-morte*, était un droit prélevé par le seigneur sur son vassal, lorsque celui-ci recueillait une succession. De nos jours, c'est le droit de mutation après décès ; ce qui prouve qu'il n'y a pas eu grand changement dans les contributions. Le nom des redevances est changé, mais l'impôt demeure : *Nil novi sub sole*.

AN 764.

Dans le récit de la translation du corps de saint Germain de l'oratoire de Saint-Symphorien en l'église de Saint-Vincent, au temps de Pépin-le-Bref, le 25 juillet 754, il est fait mention du lieu dit *Secval*, situé sur le territoire de *Guerville*.

(*Acta SS. Ordinis S. Benedicti*, sæc. *III, pars II, p. 103.*)

Mais ce n'est qu'en 764 que l'abbaye de Saint-Germain-des-Prés possède à Guerville une chapelle, connue sous le nom de Saint-Germain-de-Secval *(Sicca Vallis)*, située entre la Plaigne et

Guerville. L'abbaye de Saint-Germain-des-Prés établit dans cet endroit un prieuré qui ne tarda pas à devenir la possession des Chartreux, avec un revenu de 100 livres. Ce prieuré subsistait encore au moment de la Révolution.

(Guérard, Prolégomènes, p. 877.)

En 753, cette chapelle de Saint-Germain-de-Secval appartenait à un seigneur de Meulan, Rumoald, un des survivants de la bataille de Poitiers ; cruel et impie, il fut frappé de mort subite dans cette chapelle, le jour de la fête patronale, en 764.

Cette chapelle fut rebâtie en 1162, suivant une légende consignée à la Bibliothèque Nationale.

Le seigneur Henri de Guerville et le curé de cette paroisse suivirent le roi Louis VII dans l'expédition de la seconde croisade qui échoua à Damas en 1149 ; ils furent faits prisonniers par les Sarrasins et miraculeusement délivrés, selon cette relation faite par Henri de Guerville :

« Sachent tous, présents et à venir, qui verront
» ces lettres que moi, Henri de Guerville, seigneur
» du même lieu, étant captif en la ville de Négre-
» pont, les Sarrazins me lièrent et garrottèrent,
» puis m'enfermèrent dans un grand coffre avec
» le curé de Guerville. Alors je fis vœu et promis
» à DIEU, à la Bienheureuse Vierge Marie et au
» Bienheureux saint Germain que, si jamais je
» pouvais revenir en France et surtout dans les
» terres de mon domaine situé dans la paroisse

» de Guerville, je fonderais et bâtirais une église
» en leur honneur.

» Et pour tant qu'après avoir fait ce vœu en
» l'espace d'un seul jour, moi et ledit curé de
» Guerville, nous nous sommes trouvés trans-
» portés, par l'aide de Dieu, de la Bienheureuse
» Vierge Marie et de saint Germain, sur une
» petite colline, toujours ensemble et renfermés
» dans le même coffre. J'ai fondé et bâti une
» église sur cette même colline ; je l'ai consacrée
» à Dieu et à la Bienheureuse Vierge Marie et
» à saint Germain, et je lui ai donné le nom de
» Saint-Germain-de-Secval.

» J'ai donné ensuite à cette église deux cents
» arpents de terre, situés dans mon domaine et
» dans la paroisse de Guerville, avec les dîmes
» grosses et menues de ces deux cents arpents de
» terre. »

Henri de Guerville donna, en outre, à cette chapelle les dîmes du vieux Larrey, fit don de deux muids de vin par an, d'une île de trois arpents en pré et d'un moulin. Il abandonna cette église à l'abbaye de Clairefontaine, à la charge de messes pour lui et les siens, et, comme nous l'avons cité plus haut, ce petit prieuré de Saint-Germain-de-Secval fut possédé jusqu'à la Révolution par les Chartreux de Clairefontaine.

Cette donation du seigneur Henri de Guerville fut confirmée par l'évêque de Chartres en 1164 ; et, en 1186, le 5 juin, une charte de Philippe-Auguste, datée de Saint-Léger-en-Yveline, approuva les nouvelles libéralités faites en 1176 par Hugues de Guerville, fils du seigneur Henri de Guerville.

D'après M. Longnon, nous donnons, en terminant cette note sur Guerville, la nomenclature des biens que l'abbaye Saint-Germain-des-Prés possédait à Secval.

Dans le procès-verbal des *Coutumes du Comté et Bailliage de Mante et Meulant*, rédigé le mercredi 21 septembre 1556, nous trouvons comme témoins : Maistre Pierre Lemaire, prieur de Saint-Germain-de-Segneval, assisté par Estienne Pigis, son procureur et receveur.

FISC DE SECVAL.

1. Habet ibi mansum dominicatum bene constructum et aliis casticiis sufficienter, et broilum muro petrino circumseptum, quem domnus Irmino abba construxit.

Habet ibi culturas majores VI, minores IIII, habentes inter totas bunuaria CXX, quæ possunt seminari de modiis frumenti M.

Habet ibi styrpos II, quos domnus Irmino styrpavit, quæ possunt seminari de modiis frumenti LX.

Habet in *Bovanivilla (Boinville)* culturas III, habentes bunuaria XXVIIII, et possunt seminari de modiis frumenti C.

Habet in Sicca Valle de vinea veteri aripennos LXX ; de novella vero, quam domnus Irmino plantavit, aripennos XXX ; ex quibus colliguntur de vino modios CCC.

Habet ibi de prato aripennos XVII, ex quibus colliguntur de feno carra XX.

Habet ibi de silva bunuaria IIII, in *Romani Valle (Rouvallerie, ferme)* bunuaria IIII, in Bovanivilla bunuaria II, in *Buscalide (Buchelay)* bunuaria II ; in quibus possunt porci saginari L.

Habet ibi farinarios vetustos VII. Solvunt inter totos de annona modios DXC. Quinque ex illis solvunt de argento solidos V : et solvunt isti quinque inter totos, ad Nativitatem, pastas XXX, ova CCL, et in Pascha similiter. Sunt ibi farinarii duo quos domnus Irmino fecit, qui adhuc nondum sunt censiti.

Habet in *Porto (Port-Villez)* ecclesiam bene constructam. Aspiciunt ad ipsam ecclesiam de terra arabili bunuaria XXXIII, de vinea aripennos IIII, de prato aripennos VII ; et aspicit ibi mansus I et dimidius. Sunt omnes desupra manentes III et hospites VI. Habent inter totos de terra arabili bunuaria XVII. Faciunt ei curvadas III in unaquaque sacione et manuopera. Solvunt ei pullos XV, ova LXXV.

Habet in Siccavalle capellam bene constructam. Aspiciunt ad ipsam capellam de terra arabili bunuaria VII. Habet ipse presbiter farinarium I, quem ipse fecit.

2. Laifinus, major, et uxor ejus colona, nomine Lisinia. Isti sunt eorum infantes : Gotselmus, Acluinus, Fulclindis, Eugenia. Iste tenet mansos II, habentes inter utrosque de terra arabili bunuaria XX, de vinea aripennos II, de prato aripennos III. Debet omne debitum solvere de his duobus mansibus, sed, propter servicium quod prævidet, donat inde caballum I et pascit alium ; et donat de ipso ministerio, ad missam sancti Martini, multones II ; ad Nativitatem Domini, porcos II, unum de VIII denariis, et alium de IIII. Facit curvadas et rigas.

3. Mascardus, colonus et decanus, et uxor ejus colona, nomine Waratlindis. Isti sunt eorum infantes : Marcoinus, Gotlindis. Iste tenet mansum I, habentem de terra arabili bunuaria IIII, de vinea aripennum I, de prato aripennos II. Solvit inde de vino modium I ; facit curvadas et rigas.

4. Frotgrimus colonus et uxor ejus colona, nomine Gundrildis. Isti sunt eorum infantes : Gausbertus, Frotcarius, Gerosmus, Frotbertus, Savidus, Deodildis, Gundrada. Iste manet in *Medanta (Mantes-sur-Seine)*. Tenet mansum I ingenuilem, habentem de terra arabili bunuaria

XII, de vinea aripennum I, de prato aripennum I. Solvit ad hostem, ad unum annum, dimidium bovem; ad alterum annum, multones II; ad tercium annum, oviculam I de uno anno; iterum ad tercium annum, non solvit oviculam, sed solvit learem I de denariis IIII; et solvit omni anno de vino modios II, de mustatico sestarios II, de lignaricia denarios IIII; et ad tercium annos scindolas L: si vero ei data fuerit silva, C; si vero ei data non fuerit, non amplius quam L; pullos III, ova XV, et unum pullum regale absque ovis. Facit in unaquaque ebdomada curvadam I cum quantis animalibus habuerit, quantum ad unam carrucam pertinet. Arat ad hibernaticum perticas IIII, ad tramisem perticas IIII; et facit, ad unamquamque sationem, curvadas III, abbatilem, præpositilem et judicialem.

5. Hilgernus colonus et uxor ejus colona, nomine Adalrada. Isti sunt eorum infantes: Beraldus, Starchildis. Tenet mansum I ingenuilem, habentem de terra arabili bunuaria VIII, de vinea aripennum I et dimidium, de prato dimidium aripennum. Solvit similiter.

6. . . . .
. . . .

7. Frothaus colonus et uxor ejus colona, nomine Ermentrudis. Isti sunt eorum infantes: Frodaldus, Ermembertus, Ermenramnus, Deoroldus. Tenet mansum I, habentem de terra arabili bunuaria XII, de prato aripennos III. Solvit similiter.

8. Herlus colonus et uxor ejus colona, nomine Arina: Erledrudis est eorum filius. Et Frotgrimus colonus et uxor ejus colona, nomine Genisma; isti sunt eorum infantes: Waltgrimus, Frotberga. Isti duo tenent mansum I, habentem de terra arabili bunuaria VIII, de vinea aripennum I, de prato aripennos III. Solvunt similiter.

9. Bernegarius colonus et uxor ejus colona, nomine Adalburgis: Adalbertus est eorum filius. Tenet mansum I, habentem de terra arabili bunuaria VI, de vinea dimidium aripennum, de prato aripennum I et dimidium. Solvit similiter.

10. Hildoinus colonus et uxor ejus colona, nomine Teutlindis. Isti sunt eorum infantes : Hildoardus, Witlindis, Hilda. Tenet mansum I, habentem de terra arabili bunuaria VIII et dimidium, de vinea aripennum I, de prato aripennum I et duas partes de alio. Solvit similiter.

11. Ingalbertus colonus et uxor ejus colona, nomine Gerlindis. Isti sunt eorum infantes : Teutbertus, Wandalbertus, Gerfridus, Gerlaicus, Constabila. Tenet mansum I, habentem de terra arabili bunuaria X, de vinea aripennum I, de prato aripennos II. Solvit similiter.

12. Deodatus colonus et uxor ejus colona, nomine Adalguis. Isti sunt eorum infantes : Hardradus, Donatus, Adalgis, Gamalbertus, Gisleberga. Tenet mansum I ingenuilem, habentem de terra arabili bunuaria X, de vinea aripennum I, de prato aripennos II. Solvit similiter.

13. Ado colonus et uxor ejus colona, nomine Hildelindis. Isti sunt eorum infantes : Godo, Hildegaudus, Ercoinus, Adalildis. Et Ingalboldus colonus et uxor ejus colona, nomine Aidramna. Isti sunt eorum infantes : Willebaldus, Magemboldus, Nadalinus, Ingalsindis, Amalberta, Nadaltrudis. Isti tenent mansum I ingenuilem, habentem de terra arabili bunuaria VIIII, de vinea aripennum I, de prato aripennos II. Solvit similiter.

14. Johannes colonus et uxor ejus colona, nomine Genesia. Isti sunt eorum infantes : Amalgarius, Gerhildis. Et Leutardus colonus et uxor ejus colona, nomine Inga. Isti sunt eorum infantes : Ingalgarius, Ingalhardus, Ingoildis, Ingaltrudis, Euthildis. Isti II tenent mansum I ingenuilem, habentem de terra arabili bunuaria XII, de vinea aripennum I, de prato aripennos III et dimidium. Solvit similiter.

15. Amalfridus colonus et uxor ejus colona, nomine Ermengildis. Isti sunt eorum infantes : Majenardus, Aleteus, Gaudelindis, Ermenildis. Tenet mansum I ingenuilem, habentem de terra arabili bunuaria V, de prato aripennos II. Solvit similiter.

16. Gerulfus colonus et uxor ejus colona, nomine Amalberga. Isti sunt eorum infantes : Geulfus, Idulfus, Godal-

boldus, Wineberga. Tenet mansum I, habentem de terra arabili bunuaria IIII, de vinea aripennum I, de prato similiter. Solvit similiter.

17. Pipinus colonus et uxor ejus colona, nomine Gulframna. Isti sunt eorum infantes : Aldricus, Sicfredus, Ercoildis, Ercanais. Tenet mansum I ingenuilem, habentem de terra arabili bunuaria XII, de vinea aripennos II, de prato aripennos III. Solvit similiter.

18. Lantoinus colonus et uxor ejus colona, nomine Arlindis. Isti sunt eorum infantes : Landoinus, Adalberta. Et Fredevertus colonus et uxor ejus colona, nomine Landoildis. Isti sunt eorum infantes : Adalberga, Frodevertus. Isti duo tenent mansum I ingenuilem, habentem de terra arabili bunuaria V, de vinea aripennum I, de prato aripennum I et dimidium. Solvit similiter.

19. Ragambertus colonus et uxor ejus colona, nomine Plectrudis. Et Gislevertus colonus et uxor ejus colona, nomine Gunthildis : Gundoinus est eorum filius. Isti duo tenent mansum I ingenuilem, habentem de terra arabili bunuaria V, de vinea aripennum I et dimidium, de prato similiter. Solvit similiter.

20. Grimoinus servus et uxor ejus colona, nomine Winevolda : Gislindis est eorum filia. Tenet mansum I ingenuilem, habentem de terra arabili bunuaria VIIII, de vinea aripennum I, de prato aripennos II. Solvit similiter.

21. Frodricus colonus et uxor ejus colona, nomine Walthildis. Isti sunt eorum infantes : Flotarius, Flodegarius, Frotcarius, Walaricus, Florisma. Tenet mansum I ingenuilem, habentem de terra arabili bunuaria VIII, de vinea aripennum I, de prato aripennum I et dimidium. Solvit similiter.

22. Landegarius colonus et uxor ejus colona, nomine Ascoildis. Isti sunt eorum infantes : Landoarius, Sarildis, ancilla. Tenet mansum I ingenuilem, habentem de terra arabili bunuaria V, de vinea aripennum I, de prato aripennos III. Solvit similiter.

23. Ragamboldus colonus et uxor ejus colona, nomine Andreverta : Lantfridus est eorum filius. Et Teudoldus et

uxor ejus colona, nomine Rainbolda. Isti II tenent mansum I ingenuilem, habentem de terra arabili bunuaria V, de vinea aripennum I et dimidium, de prato similiter. Solvit similiter.

24. Ainricus colonus et uxor ejus colona, nomine Frutrudis. Isti sunt eorum infantes : Ercanildis, Restovildis. Tenet mansum I ingenuilem, habentem de terra arabili bunuaria IIII, de prato aripennum I et dimidium. Solvit similiter.

25. Hildevertus colonus et uxor ejus extranea, nomine Ratbrut ; et Adalgisus extraneus et uxor extranea, nomine Godildis. Isti II tenent mansum I ingenuilem, habentem de terra arabili bunuaria V et dimidium, de vinea dimidium aripennum, de prato aripennos II. Solvit similiter.

26. Hiltbrandus colonus et uxor ejus nomine Erminga. Isti sunt eorum infantes : Hiltberga, Ermentrudis. Tenet mansum I ingenuilem, habentem de terra arabili bunuaria VI, de vinea aripennum I et dimidium, de prato dimidium aripennum. Solvit similiter.

27. Walacus colonus et uxor ejus colona, Algildis. Isti sunt eorum infantes : Teuthardus, Wanacus, Altcarius, Winehildis, Naudalgildis. Tenet mansum I ingenuilem, habentem de terra arabili bunuaria VI, de vinea aripennum I et dimidium, de prato aripennos II. Solvit similiter.

28. Aclegaudus servus et uxor ejus colona, nomine Aclisma, de beneficio Paterni. Tenet mansum I ingenuilem, habentem de terra arabili bunuaria V, de vinea aripennum I, de prato aripennum I et dimidium. Solvit similiter.

29. Sicbaldus servus et uxor ejus colona, nomine Gausberga. Isti sunt eorum infantes : Hairboldus, Sigebaldus, Sigeburgis, Wiclebertus, Ratharius, Grimboldus, Gaustrudis. Tenet mansum I ingenuilem, habentem de terra arabili bunuaria VII, de vinea aripennum I et dimidium, de prato aripennos III. Solvit similiter.

De Porto.

30 Ragenarius colonus et uxor, Adalguis : Rantgilus est

eorum filius. Tenet mansum I ingenuilem, habentem de terra arabili bunuaria XII, de vinea duas partes de aripenno, de prato aripennos II et dimidium. Solvit similiter.

31. Genesius colonus et uxor ejus libera, nomine Adalwis. Isti sunt eorum infantes : Fulcoinus, Adarla, Adalgudis. Et Godefredus colonus et uxor ejus colona, nomine Adalsindis. Tenent mansum I ingenuilem, habentem de terra arabili bunuaria XII, de vinea aripennum I, de prato similiter. Solvit similiter.

32. Lantfredus colonus et uxor ejus ancilla, nomine Actrudis. Tenet mansum I ingenuilem, habentem de terra arabili bunuaria XII, de vinea quartam partem de aripenno, de prato aripennum I. Solvit similiter.

33. Teutmundus colonus et uxor ejus extranea, nomine Girhildis ; et Walitcarius colonus et uxor ejus colona, nomine Ermehildis. Isti sunt eorum infantes : Agardus, Ermharius. Tenet mansum I ingenuilem, habentem de terra arabili bunuaria VIII, de vinea dimidium aripennum, de prato aripennos II. Solvit similiter.

33 *bis. Hildioldus colonus et uxor ejus Rainildis colona. Tenet mansum I. Isti sunt eorum infantes : Hildemarus, Berneoldus, Raigardis.*

De Sicca Valle.

34. Idalcarius colonus et uxor ejus colona, nomine Hairuildis. Isti sunt eorum infantes : Magembertus, Godalcarius. Tenet mansum I ingenuilem, habentem de terra arabili bunuaria VI, de vinea dimidium aripennum, de prato aripennum I. Solvit similiter.

35. Wicbodus colonus et uxor ejus colona, nomine Ermberta. Isti sunt eorum infantes : Wicharius, Hiltbertus, Hiltcarius, Ermbalda. Tenet mansum I ingenuilem, habentem de terra arabili bunuaria VI, de vinea quartam partem de aripenno, de prato aripennos II. Solvit similiter.

36. Ermenarius colonus et uxor ejus colona, nomine Hildeberta. Isti sunt eorum infantes : Erminus, Gerflidis. Tenet mansum I ingenuilem, habentem de terra arabili

bunuaria V, de vinea quartam partem de aripenno, de prato aripennos II. Solvit similiter.

37. Walateus colonus et uxor ejus colona, nomine Flotrudis. Isti sunt eorum infantes : Walitcarius, Ritharius, Walandus, Hiltgudis, Godelindis. Tenet mansum I ingenuilem, habentem de terra arabili bunuaria VI, de vinea aripennum I, de prato aripennum I. Solvit similiter.

38. Grimfredus colonus et uxor ejus colona, nomine Gundrudis. Isti sunt eorum infantes : Grimoldus, Gundoldus, Gundegardis. Tenet mansum I ingenuilem, habentem de terra arabili bunuaria VI ; de vinea quartam partem de aripenno, de prato aripennos III. Solvit similiter.

39. Wandalinus servus et uxor ejus colona, nomine Bertlindis. Isti sunt eorum infantes : Altbertus, Blandelcarius, Berthildis, Waritlinus. Tenet mansum I ingenuilem, habentem de terra arabili bunuaria IIII, de vinea dimidium aripennum, de prato aripennum I. Solvit similiter.

40. Richardus colonus et uxor ejus colona, nomine Nadalina : Nodolharius est eorum filius. Tenet mansum I ingenuilem, habentem de terra aribili bunuaria V, de vinea quintam partem de aripenno, de prato aripennos II. Solvit similiter.

41. Berinfreda colona. Isti sunt ejus infantes : Adalhardus, Adalramnus. Tenet mansum I ingenuilem, habentem de terra arabili bunuaria IIII, de vinea aripennum I, de prato aripennum I. Solvit similiter.

42. Flodoinus, colonus, tenet mansum I ingenuilem, habentem de terra arabili bunuaria V, de vinea aripennum I, de prato aripennos II. Solvit similiter.

43. Radoenus colonus et uxor ejus colona, nomine Andregundis : Magnus est eorum filius. Tenet mansum I ingenuilem, habentem de terra arabili bunuaria V, de vinea quartam partem de aripenno, de prato aripennum I et dimidium. Solvit similiter.

44. Witboldus colonus et uxor ejus colona, nomine Madrehildis. Isti sunt eorum infantes : Wido, Rantgarius, Wicharius, Girbertus, Girboldus, Restauria. Tenet mansum I ingenuilem, habentem de terra arabili bunuaria XI,

de vinea aripennos II, de prato aripennos III. Solvit similiter.

45. Fulcoinus, colonus, tenet mansum I ingenuilem, habentem de terra arabili bunuaria VII, de vinea aripennum I, de prato aripennos II. Solvit similiter.

46. Idalus colonus et uxor ejus colona, nomine Rainberta. Tenet mansum I ingenuilem, habentem de terra arabili bunuaria VII, de vinea aripennum I et dimidium, de prato aripennos II. Solvit similiter.

47. Rainardus colonus et uxor ejus colona, nomine Gaustrudis. Isti sunt eorum infantes : Fulcardus, Fulchildis. Et Giroldus colonus et uxor ejus colona, nomine Artlindis. Isti sunt eorum infantes : Giroardus, Gerhildis. Isti duo tenent mansum I ingenuilem, habentem de terra arabili bunuaria VI, de vinea aripennum I, de prato aripennos II. Solvit similiter.

48. Hildemundus colonus et uxor ejus lida, nomine Genedrudis. Isti sunt eorum infantes : Autmundus, Adalmundus, Genesius. Tenet mansum I ingenuilem, habentem de terra arabili bunuaria III et dimidium, de prato aripennos II. Solvit similiter.

49. Godaltrudis, colona. Isti sunt ejus infantes : Airfredus, Germanus, Hiltrudis, Plectrudis. Tenet mansum I ingenuilem, habentem de terra arabili bunuaria V, de vinea aripennum I, de prato aripennos II. Solvit similiter.

50. Flotharius colonus et uxor ejus colona, nomine Gotfrida. Isti sunt eorum infantes : Gotfridus, Flodegarius, Adalgrimus, Winefredus, Flodegildis. Tenet mansum I ingenuilem, habentem de terra arabili bunuaria V, de vinea aripennum I, de prato aripennos II. Solvit similiter.

De Fraxinello. (Fresnel.)

51. Adlemarus colonus et uxor ejus colona, nomine Gotlindis. Isti sunt eorum infantes : Ingalmarus, Uldemarus, Gautrudis, Bertgardis, Deodildis. Tenet mansum I ingenuilem, habentem de terra arabili bunuaria VI, de vinea aripennum I, de prato aripennum I. Solvit similiter.

52. Winevertus colonus ; et Adalboldus colonus et uxor

ejus colona, nomine Adalgudis. Isti sunt eorum infantes :
Adalburgis, Hardoildis. Isti duo tenent mansum I ingenuilem, habentem de terra arabili bunuaria VI, de vinea aripennum I, de prato aripennum I. Solvit similiter.

53. Leutgrimus, colonus, cujus infantes non sunt sancti
Germani. Iste tenet mansum I ingenuilem, habentem de
terra arabili bunuaria VII, de vinea aripennum I et dimidium, de prato aripennos III. Solvit similiter.

54. Godevertus colonus et uxor ejus colona, nomine
Blatsindis. Isti sunt eorum infantes : Winegarius, Winegildis, Hildegundis, Octolindis. Tenet mansum I ingenuilem, habentem de terra arabili bunuaria XII, de vinea aripennos II, de prato aripennos II. Solvit similiter.

55. Ainradus colonus et uxor ejus colona, nomine Ric-
berta. Isti sunt eorum infantes : Maivis, Wineverga, Cristina, Godevolda. Tenet mansum I ingenuilem, habentem
de terra arabili bunuaria IIII, de prato aripennum I. Solvit similiter.

56. Ratbertus colonus et uxor ejus, Wandelindis. Isti
sunt eorum infantes : Ratherus, Ratberga, Gerberga, Adalindis. Et Framnegarius, germanus ejus, et uxor ejus,
Goitla. Isti sunt eorum infantes : Gundovinus, Constabula.
Isti duo tenent mansum ingenuilem I, habentem inter
mansum et vineam aripennum I, de terra arabili bunuaria
V, de prato aripennos II. Solvit similiter.

De Semodi Villa. (Senneville.)

57. Hildevertus colonus et uxor ejus colona, nomine
Gerlindis. Isti sunt eorum infantes : Artlaicus, Hildevoldus, Girmodus. Tenet mansum I ingenuilem, habentem
de terra arabili bunuaria VIII, de vinea dimidium aripennum, de prato aripennum I et dimidium. Solvit similiter.

58. Ermengaudus colonus et uxor ejus colona, nomine
Restevildis : Ermenulfus, Benina, Adalharius, Ermena,
Ermengildis, Aclildis. Tenet mansum I ingenuilem,
habentem de terra arabili bunuaria VIIII, de vinea aripennum I et dimidium, de prato similiter. Solvit similiter.

59. Magenarius, colonus, tenet mansum I ingenuilem,

habentem de terra arabili bunuaria VIIII, de vinea aripennum I et dimidium, de prato similiter. Solvit similiter.

60. Ragenardus colonus et uxor ejus colona, nomine Aldina. Isti sunt eorum infantes : Frotcarius, Gunthadus, Guntramnus, Alsaidis, Rainburgis, Ermengardis. Tenet mansum I ingenuilem, habentem de terra arabili bunuaria VIII, de vinea dimidium aripennum, de prato aripennum I. Solvit similiter.

61. Bernegarius colonus et uxor ejus colona, nomine Dominica. Isti sunt eorum infantes : Bernulfus, Rainberta. Tenet mansum I ingenuilem, habentem de terra arabili bunuaria VIII, de vinea dimidium aripennum, de prato aripennum I. Solvit similiter.

62. Adalveus colonus et uxor ejus colona, nomine Godenia. Isti sunt eorum infantes : Godevertus, Godo, Barucius, Bodo, Adraveus. Tenet mansum I ingenuilem, habentem de terra arabili bunuaria X, de vinea aripennum I et dimidium, de prato aripennos II et dimidium. Solvit similiter.

63. Flavidus colonus et uxor ejus colona, nomine Adalindis. Isti sunt eorum infantes : Galamannus, Adalardus, David, Odelindis. Tenet mansum I ingenuilem, habentem de terra arabili bunuaria VIIII, de vinea aripennum I et dimidium, de prato similiter. Solvit similiter.

64. Winedulfus colonus et uxor ejus colona, nomine Ratberga. Isti sunt eorum infantes : Gaulfus, Godulfus, Adalindis, Winegardis, Winelindis. Tenet mansum I ingenuilem, habentem de terra arabili bunuaria VII, de vinea aripennos II, de prato aripennum dimidium. Solvit similiter.

65. Grimharius colonus et uxor ejus colona, nomine Rainuis. Isti sunt eorum infantes : Autcarius, Gauduis, Girtrudis. Et Nodalbertus colonus et uxor ejus colona, nomine Ratrudis. Isti sunt eorum infantes : Odalbertus, Odalgarius, Ratberta, Nodalberta, Ratburgis. Isti II tenent mansum I ingenuilem, habentem de terra arabili bunuaria XII, de vinea aripennum I, de prato aripennos VI. Solvit similiter.

66. Aganteus colonus et uxor ejus colona, nomine Gamenildis : Agenardus, Gamenulfus. Tenet mansum I inge-

nuilem, habentem de terra arabili bunuaria XII, de vinea aripennum I et dimidium, de prato aripennos II. Solvit similiter.

67. Airbaldus, colonus : Adalteia est ejus filia. Et Magenoldus colonus et uxor ejus colona, nomine Godalhildis. Isti II tenent mansum I ingenuilem, habentem de terra arabili bunuaria VIIII, de vinea aripennum I, de prato dimidium aripennum. Solvit similiter.

68. Leutcarius servus et uxor ejus colona, Odelindis. Isti sunt eorum infantes : Ermenardus, Adalardus. Tenet mansum I ingenuilem, habentem de terra arabili bunuaria VIIII, de vinea aripennum I, de prato aripennum I. Solvit similiter.

69. Leo colonus et uxor ejus colona, nomine Widelindis. Isti sunt eorum infantes : Adalboldus, Feodo, Ermenardus. Iste manet in *Fleomodi Villa. (Jumeauville.)* Tenet mansum I ingenuilem, habentem de terra arabili bunuaria VIII.

De iis qui tenent mansos ingenuiles, et non solvunt hostilicium sed carnaticum. (¹) *De Arnoni Villa. (Arnouville.)*

70. Wandalbertus colonus et uxor ejus colona, nomine Maximella. Isti sunt eorum infantes · Wandilcarius, Wandelmarus, Wandelindis. Tenet mansum I ingenuilem, habentem de terra arabili bunuaria IIII, de prato duas partes de aripenno. Solvit ad hostem multones II ; ad hibernaticum arat perticas IIII, ad tramisem perticas III ; facit curvadas III in unaquaque satione ; operatur dies III in unaquaque ebdomada. Pullos III, ova XV.

71. Grimhardus colonus ; et Gaufredus colonus et uxor ejus colona, nomine Isauria. Isti sunt eorum infantes : Airulfus, Agia. Tenent mansum I ingenuilem, habentem de terra arabili bunuaria VI. Solvunt similiter.

72. Jusopus colonus et uxor ejus extranea, nomine Gau-

---

1. L'*hostilitium* et le *carnaticum* étaient contenus dans le droit *ad hostem*, prestation de guerre.

gefreda, quorum infantes non sunt sancti Germani. Et Eliseus servus et uxor ejus colona, nomine Mainberga; isti sunt eorum infantes : Andreas, Atleverta, Mainberta. Tenent mansum I, habentem de terra arabili bunuaria VI. Faciunt similiter.

73. Hiltrudis, colona. Isti sunt ejus infantes : Gotbertus, Agardis, Hildegardis, Godaltrudis, Airildis, Amaltrudis. Tenet mansum I, habentem de terra arabili bunuaria XII, de vinea aripennum I, de prato dimidium aripennum. Similiter.

74. Abraham colonus et uxor ejus, de beneficio Gisloldi presbyteri, nomine Gerhildis. Tenet mansum I, habentem de terra arabili bunuaria IIII, de vinea dimidium aripennum. Solvit multonem I, et reliqua similiter.

75. Fulbrandus colonus et uxor ejus colona, nomine Aldenildis. Isti sunt eorum infantes : Fulcradus, Fulcrada, Halda. Iste manet in *Medanta*. Tenet mansum I ingenuilem, habentem de terra arabili bunuaria VIII, de vinea aripennum I, de prato aripennum I. Solvit multonem I et dimidium, de vino modium I et dimidium. Arat ad hibernaticum perticas III, ad tramisem perticas II ; facit curvadas. Solvit pullos III, ova XV.

76. Hidalbertus colonus et uxor ejus colona, nomine Hiltrudis. Isti sunt eorum infantes : Hiltbertus, Airbertus, Idala, Ilaria, Hildesindis. Tenet dimidium mansum, habentem de terra arabili bunuaria III, de prato aripennum I. Facit similiter.

76 *bis*. Airoldus, colonus, tenet dimidium mansum, habentem de terra arabili bunuaria II, de prato aripennos IIII. Solvit multonem I ; et arat ad hibernaticum perticas II, ad tramisem dimidiam. Solvit pullos III cum ovis.

76 *ter*. Guntharius, colonus, tenet hospicium, habens de terra arabili jornales VI. Arat inde perticas IIII, et nihil aliud facit.

De mansibus ingenuilibus qui faciunt vineas.

77. Waldinus servus et uxor ejus colona, nomine Itbolda. Isti sunt eorum infantes : Waldegaudus, Wan-

drisma, Wandalboldus, Girhildis, Ricbaldus. Tenet mansum I ingenuilem, habentem de terra arabili bunuaria VI, de vinea dimidium aripennum, de prato aripennum I. Fodit inde de vinea dominica aripennos IIII ; facit caroperas ; facit curvadas, sicut et ceteri. Pullos III, ova XV.

78. Amlehardus et uxor ejus colona, nomine Aldevina. Isti sunt eorum infantes : Hildegarius, Eudo, Aldegundis. Et Evreundus servus et uxor ejus libera, nomine Dedda. Tenet mansum I ingenuilem, habentem de terra arabili bunuaria X, de vinea aripennum I, de prato aripennos III. Solvit similiter.

79. Grimfredus servus et uxor ejus colona, nomine Perpetua. Tenet mansum I ingenuilem, habentem de terra arabili bunuaria V, de vinea quartam partem de aripenno, de prato aripennos II. Solvit similiter.

De mansibus servilibus.

79 *bis*. Frudinus servus et uxor ejus colona, nomine Balsima. Isti sunt eorum infantes : Fruduina, Teutlindis. Tenet dimidium mansum, habentem de terra arabili bunuaria II et dimidium, de prato dimidium aripennum. Facit inde vineam, et, si haberet unde faceret, curvadas. Solvit pullos III, ova XV. Facit wactam, et portat caveas ad monasterium.

80. Frodoldus servus et uxor ejus colona, nomine Bertramna : Frutuinus, Dructuinus, Frotlandus, Frotberga, Danagildis, Bertrada. Tenet dimidium mansum, habentem de terra arabili bunuaria II et dimidium, de vinea dimidium aripennum, de prato similiter. Solvit similiter.

80 *bis*. Ingramnus servus et uxor ejus extranea, nomine Evroildis. Tenet dimidium mansum, habentem de terra arabili bunuaria II et dimidium, de vinea dimidium aripennum, de prato sextam partem de aripenno. Facit similiter.

81. Teuthardus servus et uxor ejus colona, nomine Ingoberta. Isti sunt eorum infantes : Leotardus, Teodradus, Leodardus. Tenet dimidium mansum, habentem de terra arabili bunuaria II et dimidium, de prato dimidium aripennum. Facit similiter.

81 *bis*. Wichardus servus et uxor ejus extranea, nomine Gundrada. Tenet dimidium mansum servilem, habentem de terra arabili bunuaria II et dimidium, de vinea dimidium aripennum, de prato similiter. Facit similiter.

82. Agedeus servus et uxor ejus extranea, nomine Nodalia, cujus infantes non sunt sancti Germani. Tenet mansum servilem I, habentem de terra arabili bunuaria VIII, de vinea aripennum I, de prato aripennos II et dimidium. Facit similiter.

83. Ragnegardis, colona, tenet mansum dimidium servilem, habentem de terra arabili bunuaria IIII et dimidium, de vinea terciam partem de aripenno, de prato similiter. Facit similiter.

83 *bis*. Baldegarius servus et uxor colona, nomine Gaudoildis. Tenet dimidium mansum servilem, habentem de terra arabili bunuaria VI, de vinea aripennum I, de prato terciam partem de aripenno. Facit similiter.

84. Danafridus servus et uxor ejus extranea, nomine Frutlindis, cujus infantes non sunt sancti Germani. Tenet dimidium mansum servilem, habentem de terra arabili bunuaria IIII et dimidium, de vinea dimidium aripennum, de prato quartam partem de aripenno. Facit similiter.

84 *bis*. Ermenoldus servus et uxor ejus colona, nomine Airlindis. Isti sunt eorum infantes : Airmundus, Bertlindis. Tenet dimidium mansum servilem, habentem de terra arabili bunuaria IIII et dimidium, de vinea aripennum I, de prato quartam partem de aripenno. Facit similiter.

85. Blatharius servus ; et Raganfredus servus, et Adalsinda lida. Tenent dimidium mansum servilem, habentem de terra arabili bunuaria III, de vinea terciam partem de aripenno. Facit similiter.

85 *bis*. Ermenarius servus. Isti sunt ejus infantes : Ermenardus, Ermenulfus. Tenet dimidium mansum servilem, habentem de terra arabili bunuaria IIII et perticas VI, de vinea dimidium aripennum, de prato similiter. Facit similiter.

86. Ratharius et uxor ejus lida, nomine Hinchildis. Tenet dimidium mansum servilem, habentem de terra

arabili bunuaria III, de vinea quartam partem de aripenno, de prato aripennum I et dimidium. Facit similiter.

86 *bis*. Acluinus, servus, tenet dimidium mansum servilem, habentem de terra arabili bunuaria II et dimidium, de vinea terciam partem de aripenno, de prato aripennum I. Facit similiter.

87. Godaluinus servus et uxor ejus lida, nomine Genisma : Godaldus est eorum filius. Tenet dimidium mansum servilem, habentem de terra arabili bunuaria II et dimidium, de vinea quartam partem de aripenno, de prato aripennum I. Facit similiter.

De his qui hospiciis tenent.

88. Frodoldus colonus et uxor ejus colona, nomine Amalgildis. Tenet mansum dimidium, habentem de terra arabili bunuaria IIII, de vinea duas partes de aripenno, de prato aripennum I. Solvit inde modios III de vino. Arat inde ad hibernaticum perticas III, ad tramisem perticas II. Facit curvadas et manuopera. Solvit pullos et ova.

89. Blatharius, colonus, tenet hospicium, habens de terra arabili bunuarium I, de vinea dimidium aripennum, de prato dimidium aripennum. Solvit inde modios III de vino, pullos et ova ; et arat jornalem I ad hibernaticum ; et manuopera.

90. Nadalus, colonus, tenet hospicium, habens de terra arabili bunuarium I et dimidium, de vinea dimidium aripennum, de prato similiter. Solvit similiter.

91. Geroldus colonus et uxor ejus extranea, nomine Gisleverga, quorum infantes non sunt sancti Germani. Tenet hospicium, habens de terra arabili bunuarium I et dimidium, de vinea dimidium aripennum, de prato similiter. Solvit similiter.

De mansibus paraveradorum. (1.)

92. Adalricus, colonus. Isti sunt ejus infantes : Odalricus, Alaricus, Angala, Adalburgis. Et Adricus colonus et

---

1. Manses soumis à l'obligation de fournir des palefrois ou chevaux de charge.

uxor ejus colona, nomine Leodramna : Aregisus, Aregaudus, Airmannus, Brioria. Isti tenent mansos II, habentes de terra arabili bunuaria XIII et perticas XX, de vinea aripennum I, de prato aripennos V. Et habent dimidium farinarium ; et de ipso farinario solvunt in dominicum de annona modios V, et paraveredum I ; et faciunt curvadas III in unaquaque satione ; et arant ad hibernaticum perticas VIII, ad tramisem VI ; de lignaricia denarios V.

93. Godalricus colonus et uxor ejus libera, nomine Sicbolda. Isti sunt eorum infantes : Madalricus, Segenandus. Et Adam colonus et uxor ejus colona, nomine Æva. Isti sunt eorum infantes : Evrinus, Wairmarus, Gulfinus, Adalberga. Tenent mansos II ingenuiles, habentes de terra arabili bunuaria XII, de vinea aripennum I, de prato aripennos V. Et habent dimidium farinarium. Solvunt similiter.

94. Ermenoldus, colonus, tenet mansum I ingenuilem, habentem de terra arabili bunuaria XI, de vinea aripennum I, de prato similiter. Solvit inde paraveredum I. Arat ad hibernaticum perticas IIII, ad tramisem III; et curvadas III in unaquaque sacione.

95. Raduis colonus et uxor ejus colona, nomine Lulia. Tenet mansum I, habentem de terra arabili bunuaria IIII et dimidium, de vinea terciam partem de aripenno, de prato aripennos II, de silva bunuaria II. Debet solvere similiter.

Et habent inter Ermenoldum, et Randuicum, et Petrum et Eodimiam, de hereditate bunuaria XII, de vinea aripennum I et dimidium, de prato aripennum I.

96. Adricus cum filiis suis heredibus habent de proprietate jornales VIIII.

97. SUNT mansi ingenuiles LXX absque ministerialibus et paraveredariis, per focos vero XC. Solvunt ad hostem, omni anno, aut boves VIII, aut solidos LXXX ; multones CIII, de vino modios CXXXIIII, de annona modios VI, pullos CCCXV, ova MCCCCLX, pullos regales LXX absque ovis, de lignaricia solidos XXVI et denarios VIIII. Ad tercium annum solvunt oviculas de uno anno LXX, item ad tercium annum totidem leares, valentem unumquemque

denarios IIII ; et solvunt semper ad tercium annum scindolas III^m D ; si vero datur eis silva, VII^m.

Sunt ibi mansi servorum X, per focos vero XX.

Sunt ibi mansi paraveradorum VI. Isti solvunt de annona modios X et denarios X.

Sunt ibi alii mansi ingenuiles, qui non solvunt hostilicium sed carnaticum, VIIII, per focos XII. Solvunt ad hostem multones VIII, pullos XXXVI, ova CLXXX.

Sunt ibi mansi ingenuiles III qui faciunt vineas, et solvunt in pascione de vino modios VI.

AN 775.

P Laisir-en-Pincerais, village à 6 kilomètres de *Neauphe-le-Château*, possédait une église et un monastère, dont l'abbaye de Saint-Denis et l'église de St-Germain-des-Prés revendiquaient également la propriété. Le différend fut porté devant Charlemagne qui ordonna de subir le *jugement de Dieu*. Cette épreuve, aussi nommée *ordalie*, qui consistait à plonger le bras dans un vase d'eau bouillante, ou à prendre avec la main une barre de fer rouge, ou bien encore à tenir les bras élevés en croix le plus longtemps possible, donna gain de cause, le 25 juillet 775, à l'abbaye de Saint-Denis.

Ces épreuves barbares, où la raison et la justice étaient obligées de céder au caprice du hasard, et dont nous reparlerons encore comme témoignage, furent abolies par saint Louis.

Cette même année, l'abbé Lanfroy, prieur de Saint-Germain-des-Prés, eut pour successeur Wichard, et, sous son gouvernement, un abbé Frodoïn donna à l'abbaye la terre de *Feucherolles* (doyenné de Marly), *Fulcherolæ*, (*Filcherolles*), *super fluvium Roslon*. Depuis cette rivière a pris le nom d'Yvette.

(*Annal. Bened. T. II, livr. 24.*)

AN 778.

CHARLEMAGNE nomma Robert I abbé de Saint-Germain-des-Prés en 778, et, le 27 mars de cette même année, il lui accordait les droits que Saint-Germain-des-Prés possédait à *Villeneuve-Saint-Georges* et dont Gérard, comte de Paris, touchait les redevances.

Dans une charte du six des calendes d'avril, la onzième année de son règne en France et la cinquième de son règne en Italie, Charlemagne voulant procurer à l'église de Villeneuve-Saint-Georges le moyen d'augmenter son luminaire, accorda à l'abbé Robert une exemption s'étendant sur toutes sortes de péages et d'impôts que s'attribuait le comte de Paris, Gérard.

Charlemagne termine cette charte du 27 mars 778 par ces lignes :

« Adjungimus etiam thelonum illum quem Gerardus co-
» mis de Villæ-Novæ curte Sancti Germani visus fuit rece-
» pisse, ut deinceps pars Sancti Germani ipso thelono
» cum omni integritate in nostra elemosina ad luminaria
» ipsius ecclesiæ recipere debeant absque alicujus con-

» trarietate, quacumque auctoritate perpetuis temporibus
» valitura manu nostra propria decrivimus roborare. »
(*Gall. Christ. T. VII, col. 423.*)
(*Du Breuil, chron. de S. Germ. fol. 64.*)
(*Dom. Bouillart, Preuves XII, 1ʳᵉ partie, p. XIJ.*)

D'après le témoignage du premier abbé de Saint-Pierre-des-Fossés, la terre de Villeneuve-Saint-Georges, comme celle de *Valenton*, appartenait à Saint-Germain-des-Prés dès l'année 720, sous le gouvernement du prieur de Babon ; mais nous n'avons trouvé les noms de Villeneuve-St-Georges et de Valenton, qui ne formaient qu'un seul bien, mentionnés pour la première fois dans les archives de Saint-Germain-des-Prés, qu'en 778.

Selon Tardif *(Monuments historiques, p. 63)* l'abbaye de Saint-Germain-des-Prés garda la seigneurie de Villeneuve-Saint-Georges jusqu'à la Révolution.

L'abbé Irminon qui, selon dom Bouillart, fut prieur de Saint-Germain-des-Prés vers l'an 811, donne dans son Polyptyque, rédigé vers 818, un long état des biens possédés à Villeneuve-Saint-Georges par l'abbaye de Saint-Germain.

L'abbaye y avait un manoir seigneurial, *(habet in Villa Nova dominicatum cum casa,)* et y tenait, en terres labourables, cent soixante-douze bonniers ; en bois, une pièce de quatre lieues de tour dans laquelle on pouvait engraisser cinq cents porcs.

Le village comptait alors soixante maisons affranchies, quatorze maisons de serfs et une église bien bâtie.

Au Xe siècle, les seigneurs, en appauvrissant la France par leurs brigandages et leurs guerres privées, s'étaient appauvris eux-mêmes. Ils pillaient surtout les biens des églises et des monastères ; aussi leurs supérieurs furent obligés de choisir et de payer d'autres seigneurs pour les défendre ; ces seigneurs étaient nommés *défenseurs* ou *avoués*. Souvent ils pillèrent les biens et opprimèrent les habitants qu'ils étaient tenus de protéger. Sous le règne de Louis le Gros (1108-1137), les avoués de l'abbaye à *Villeneuve-Saint-Georges* furent Étienne Garlande et Amauri, comte d'Évreux ; mais la protection de ces avoués devenant onéreuse, nous verrons qu'en 1138, l'abbé Hugues fit commutation de ce droit pour une rente annuelle de soixante muids de vin.

FISC
DE VILLENEUNE-SAINT-GEORGES.

Irminon, Guérard et Longnon décrivent, comme il suit, les biens de l'abbaye de Saint-Germain à Villeneuve-Saint-Georges :

1. Habet in Villa Nova mansum dominicatum cum casa et aliis casticiis sufficienter ; de terra arabili bunuaria CLXXII, quae possunt seminare modios DCCC. Habet ibi de vinea aripennos XCI, ubi possunt colligi modii M ; de prato aripennos CLXVI, ubi possunt colligi de feno carra CLXVI. Habet ibi farinarios III, unde exiit in censum de

annona modios CCCCL : alium non est censitus. Habet ibi de silva in giro leuas IIII, ubi possunt saginari porci D.

2. Habet ibi ecclesia cum omni apparatu diligenter constructam, cum casa et aliis casticiis sufficienter. Aspiciunt ibi mansi III. Habet inter presbyterum et ejus homines de terra arabili bunuaria XXVII et antsingam I, de vinea aripennos XVII, de prato aripennos XXV. Exiit inde in dona caballum I ; et arat perticas VIIII ad opus dominicum et antsingam I, et ad tremissum perticas II ; et in prato claudit perticas IIII.

3. Actardus colonus et uxor ejus colona, nomine Eligildis, homines sancti Germani, habent secum infantes VI, his nominibus, Ageteus, Teudo, Simeon, Adalsida, Deodata, Electardus. Tenent mansum ingenuilem I, habentem de terra arabili bunuaria V et antsingas II, de vinea aripennos IIII, de prato aripennos IIII et dimidium. Solvit ad hostem de argento solidos IIII ; et ad alium annum, propter carnaticum, solidos II ; et ad tertium annum, propter erbaticum, germgia I cum agno ; de vino, in pastione, modios II ; in lignaricia denarios IIII, de carratione pedalem I ; scindolas L. Arat ad hibernaticum perticas IIII, ad tremisso perticas II. Curvatas, manopera, quantum ei injungitur. Pullos III, ova XV. Claudit in prato perticas IIII.

4. Girelmus colonus et uxor ejus colona, nomine Sicleverta, homines sancti Germani, habent secum infantes IIII, his nominibus, Girbernus, Girberga, Ildeburs, Hildesindis. Tenent mansum ingenuilem I, habentem de terra arabili bunuaria V et antsingas II, de vinea aripennos IIII, de prato aripennos IIII et dimidium. Solvit similiter.

5. Adalgis liber ; Ertfredus, colonus sancti Germani, habet secum matrem et sororem. Isti duo tenent mansum ingenuilem I, habentem de terra arabili bunuaria II, de vinea aripennos II, de prato aripennum I. Solvit similiter.

6. Adalgrimnus colonus et uxor ejus colona, nomine Teutsinta, homines sancti Germani, habent secum infantes IIII, his nominibus, Teudo, Adalraus, Teutberga, Leutgardis ; Hariarnus colonus et uxor ejus colona, nomine Adalsis, homines sancti Germani, habent secum infantes

II. Isti duo tenent mansum ingenuilem I, habentem de terra arabili bunuaria VI et dimidium et antsingam I, de vinea aripennos II, de prato aripennos VIIII. Solvit similiter.

7. Walanteus, colonus sancti Germani, habet secum matrem et sororem. Tenet mansum ingenuilem I, habentem de terra arabili bunuaria VI et antsingas III, de vinea aripennos III et dimidium, de prato aripennos VII. Solvit similiter.

8. Sigoinus colonus et uxor ejus colona, nomine Susanna, homines sancti Germani, tenent mansum ingenuilem I, habentem de terra arabili bunuaria IIII et dimidium, de vinea aripennos II, de prato aripennos IIII et dimidium. Solvit similiter.

9. Bertlaus, colona sancti Germani, et Ricsindis pictor. Isti duo tenent mansum ingenuilem I, habentem de terra arabili bunuaria VIII, de vinea aripennos III, de prato aripennos X. Solvit similiter.

10. Walateus colonus et uxor ejus colona, nomine Actildis, homines sancti Germani, habent secum infantes III, his nominibus, Actoinus, Walenteo, Electeo. Tenent mansum ingenuilem I, habentem de terra arabili bunuaria II, de vinea aripennos II et dimidium, de prato aripennos VI et dimidium. Solvit similiter.

11. Gulflaicus, colonus sancti Germani ; Godalricus colonus et uxor ejus colona, nomine Hartgaria, homines sancti Germani, habent secum infantes II, his nominibus, Adalricus, Wandrabolda. Isti duo tenent mansum ingenuilem I, habentem de terra arabili bunuaria VII et antsingas II, de vinea aripennos II, de prato aripennos VIII. Solvit similiter.

12. Gamalbertus colonus et uxor ejus colona, nomine Wadedrudis, homines sancti Germani, habent secum infantem I, nomine Ingalbertus ; Hildegaudus, colonus sancti Germani, habet secum filios II, his nominibus, Bertram, Bertarius. Isti duo tenent mansum ingenuilem I, habentem de terra arabili bunuaria V et antsingas II et dimidiam, de vinea aripennos II et dimidium, de prato aripennos VIII. Solvit similiter.

13. Wandremarus, colonus sancti Germani ; Erlegerus colonus et uxor ejus colona, nomine Odaltrudis, habent secum infantem I, nomine Odalgis ; Adalgrimus colonus et uxor ejus colona, nomine Ermengardis, homines sancti Germani, habent secum filiam I, nomine Adalgardis. Isti tres tenent mansum ingenuilem I, habentem de terra arabili bunuaria IIII et antsingas II, de vinea aripennos II, de prato aripennos VIII. Solvit similiter.

14. Bertulfus colonus et uxor ejus colona, nomine Ragenildis, homines sancti Germani, habent secum infantes II, his nominibus...; Hildebrandus colonus et uxor ejus colona, nomine Antildis, homines sancti Germani. Isti duo tenent mansum ingenuilem I, habentem de terra arabili bunuaria IIII et antsingam I, de vinea aripennum I et dimidium, de prato aripennos V. Solvit similiter.

15. Walateus colonus et uxor ejus colona, nomine Godelindis, homines sancti Germani, habent secum infantes III his nominibus, Grimhaus, Electeus, Godelsadus. Tenent dimidium mansum, habentem de terra arabili bunuaria IIII, de vinea tres partes de aripenno, de prato VIII. Facit opera de medietatem mansi.

16. Ragnericus, colonus sancti Germani, habet secum filium I, nomine Adalricus ; Haimo colonus et uxor ejus colona, nomine Nadalindis, homines sancti Germani, habent secum infantes II, his nominibus, Germanus, Haimildis ; Adam colonus et uxor ejus colona, nomine Sigrada, homines sancti Germani. Isti tres tenent mansum ingenuilem I, habentem de terra arabili bunuaria IIII et antsingas II, de vinea aripennos II, de prato aripennos III. Solvit similiter.

17. Hairbertus, colonus sancti Germani, habet secum matrem suam. Tenet mansum ingenuilem I, habentem de terra arabili bunuaria II et antsingam I, de vinea aripennos III et dimidium, de prato aripennos V. Solvit similiter.

18. Amalgaus, servus sancti Germani ; Amelius colonus et uxor ejus colona, nomine Erilindis, homines sancti Germani, habent secum infantes III, his nominibus,

Adam, Airmarus, Airlindis. Isti duo tenent mansum ingenuilem I, habentem de terra arabili bunuaria III et antsingas III, de vinea aripennos II, de prato aripennos V. Solvit similiter.

19. Andelenus, colonus sancti Germani ; Altbertus colonus et uxor ejus colona, nomine Landa, homines sancti Germani. Isti duo tenent mansum ingenuilem I, habentem de terra arabili bunuaria IIII, de vinea aripennos III, de prato aripennos V. Solvit similiter.

20. Amalgis, colona sancti Germani ; Jonam colonus et uxor ejus colona, nomine Actildis, habent secum infantem I, nomine Frotgaudus ; Martinus colonus et uxor ejus colona, nomine Wandreverta, homines sancti Germani, habent secum infantes IIII, his nominibus, Gislehardus, Jenesia, Waldedrudis. Isti tres tenent mansum ingenuilem I, habentem de terra arabili bunuaria II et antsingam dimidiam, de vinea aripennos V, de prato aripennos II et dimidium. Solvit similiter.

21. Adalgaudus colonus et uxor ejus colona, nomine Gotlindis, homines sancti Germani, habent secum infantes III, his nominibus, Godelindis, Gauttrudis, Vulfildis. Tenent mansum ingenuilem I, habentem de terra arabili bunuaria III et dimidium, de vinea aripennos II et dimidium, de prato aripennum I. Solvit similiter.

22. Hildevaldus, colonus sancti Germani, habet secum infantes II, his nominibus, Hildoardus, Hildegardis ; Grimhaus, colonus sancti Germani ; Adalgrimnus colonus et uxor ejus colona, nomine Adalgardis, homines sancti Germani, habent secum infantes III, his nominibus, Ermengardis, Adalgis, Leutardus. Tenent mansum ingenuilem I, habentem de terra arabili bunuaria VII et antsingam I, de vinea aripennos III et dimidium, et de prato aripennos VIII. Solvit similiter.

23. Grimoinus, colonus sancti Germani, habet secum fratrem suum. Tenet mansum ingenuilem I, habentem de terra arabili bunuaria IIII, de vinea aripennum I et dimidium, de prato aripennos IIII. Solvit similiter.

24. Hairmundus colonus et uxor ejus colona, nomine

Hitta, homines sancti Germani, tenent mansum ingenuilem I, habentem de terra arabili bunuaria IIII, de vinea aripennos III, de prato aripennos III. Solvit similiter.

25. Hairbertus colonus et uxor ejus colona, nomine Waldrisma, homines sancti Germani, tenent mansum ingenuilem I, habentem de terra arabili bunuaria IIII, de vinea aripennos III, de prato aripennos III et dimidium. Solvit similiter.

26. Aldulfus colonus et uxor ejus colona, nomine Amalberta, homines sancti Germani, tenent mansum ingenuilem I, habentem de terra arabili bunuaria III et antsingam I, de vinea aripennos II, de prato aripennos II et dimidium. Solvit similiter.

27. Marcellus colonus et uxor ejus colona nomine Aldedrudis, homines sancti Germani, habent secum infantes II, his nominibus, Aldo, Aldricus. Tenent mansum ingenuilem I, habentem de terra arabili bunuaria II, de vinea aripennos II et dimidium, de prato aripennum I et quartam partem de aripenno. Solvit similiter.

28. Martinus colonus et uxor ejus colona, nomine Gaugia, homines sancti Germani, habent secum infantes II, his nominibus, Ditbertus, Gautlindis ; Bertricus colonus et uxor ejus colona, nomine Adala, habent secum infantes III, his nominibus, Audac, Adalelmus, Bertedrudis. Isti duo tenent mansum ingenuilem I, habentem de terra arabili bunuaria IIII et antsingas III et dimidiam, de vinea aripennum I et dimidium, de prato aripennos III. Solvit similiter.

29. Aclehardus colonus et uxor ejus colona, nomine Adalburgis, homines sancti Germani, tenent mansum ingenuilem I, habentem de terra arabili bunuaria IIII et antsingas III, de vinea aripennos II, de prato aripennos III. Solvit similiter.

30. Odelbertus colonus et uxor ejus colona, nomine Agia, homines sancti Germani, habent secum infantes II, his nominibus, Odalricus, Hairricus ; Adalradus colonus et uxor ejus colona, nomine Gisla, homines sancti Germani. Isti duo tenent mansum iugenuilem I, habentem de terra ara-

bili bunuaria III, de vinea aripennum I et dimidium, de prato aripennum dimidium. Solvit similiter.

31. Ragenfredus colonus et uxor ejus colona, nomine Ragenildis, homines sancti Germani, habent secum infantes II, his nominibus, Grimbert, Girberga. Tenent mansum ngenuilem I, habentem de terra arabili bunuaria V et dimidium, de vinea aripennum I, de prato aripennos VIII. Solvit similiter.

32. Leotardus, colonus sancti Germani, tenet mansum I ingenuilem, habentem de terra arabili bunuaria III et antsingas III, de vinea aripennum I et dimidium, de prato aripennos II et dimidium. Solvit similiter.

33. Teutgarius colonus et uxor ejus colona, nomine Bertrudis, homines sancti Germani, habent secum infantes IIII, Bertoldus, Bertisma, Teutgildis, Teutberga; Ermentarius et uxor ejus colona, nomine Bertfreda, habent secum infantes III, his nominibus, Vulfingus, Grimharius, Magenarius. Isti duo tenent mansum I ingenuilem, habentem de terra arabili bunuaria II et antsingam I, de vinea aripennos II, de prato aripennum I. Solvit similiter.

34. Genesius, colonus sancti Germani, et uxor ejus libera, nomine Momma, tenent mansum I ingenuilem, habentem de terra arabili bunuaria VII et antsingas II, de vinea aripennos III et quartam partem de aripenno, de prato aripennum I et dimidium. Solvit similiter.

35. Gamalboldus, colonus sancti Germani, et uxor ejus colona, nomine Sichildis, tenent mansum I ingenuilem, habentem de terra arabili bunuaria III, de vinea aripennum I, de prato aripennum I et dimidium. Solvit similiter.

36. Adalmarus colonus et uxor ejus colona, nomine Gislindis, homines sancti Germani, habent secum infantes IIII, his nominibus, Adalman, Adalardus, Adalmundis, Autmarus; Autgingus colonus et uxor ejus colona, nomine Ercamberta, habent secum infantes VI, Habram, Otgarius, Petrus. Isti duo tenent mansum I ingenuilem, habentem de terra arabili bunuaria XII et antsingam I, de vinea aripennos III et tertiam partem de aripenno, de prato aripennos III et dimidium. Solvit similiter.

37. Constabulis, colona sancti Germani, habet secum infantem I, his nominibus, Acloarius. Tenet mansum I ingenuilem, habentem de terra arabili bunuaria III et antsingas III, de vinea aripennos II, de prato aripennos III et dimidium. Solvit similiter.

38. Abbo colonus et uxor ejus colona, nomine Bertlaus, homines sancti Germani, habent secum infantes III, his nominibus... Tenent mansum I ingenuilem, habentem de terra arabili bunuaria XIII et antsingas III, de vinea aripennos V, de prato aripennos VIII. Solvit similiter.

39. Girardus colonus et uxor ejus colona, nomine Ermentrudis, homines sancti Germani, habent secum infantes IIII, Ermoinus, Ermharius, Adafia, Ermentrudis ; Elisaba, colona sancti Germani. Isti duo tenent mansum I ingenuilem, habentem de terra arabile bunuaria IIII et antsingas II, de vinea aripennum I et duas partes de aripenno, de prato aripennum I. Solvit similiter.

40. Emmo colonus et uxor ejus colona, nomine Heltrudis, homines sancti Germani, habent secum infantem I, nomine...... Tenent mansum I ingenuilem, habentem de terra arabili bunuaria XV et antsingas II, de vinea aripennos VII, de prato aripennos V. Solvit similiter.

41. Erlefredus colonus et uxor ejus colona, nomine Ragenildis, homines sancti Germani, habent secum infantes III, his nominibus, Hildesindis, Ingalfridus, Airfreda. Tenent mansum I ingenuilem, habentem de terra arabili bunuaria IIII et antsingas II, de vinea aripennum I et dimidium, de prato aripennos V. Solvit similiter.

42. Dodo colonus et uxor ejus colona, nomine Airhildis, homines sancti Germani, habent secum infantes V, his nominibus, Adrianus, Erbertus, Ardingus, Haiburgo, Odelindis ; Godo, colonus sancti Germani. Isti duo tenent mansum I ingenuilem, habentem de terra arabili bunuaria VII, de vinea aripennos IIII, de prato aripennos VIII. Solvit similiter.

43. Berharius colonus et uxor ejus colona, nomine Frotlena, homines sancti Germani, habent secum infantes IIII, his nominibus, Hermeharis, Haimo, Richildis, Frode-

lindis ; Ercambaldus colonus et uxor ejus colona, nomine Doda, homines sancti Germani, habent secum infantes V, his nominibus, Elegia, Ragamboldus, Ercamburg, Dodilus, Rotrudis. Isti duo tenent mansum I ingenuilem, habentem de terra arabili bunuaria V et antsingas III, de vinea aripennos IIII et dimidium, de prato aripennos IIII. Solvit similiter.

44. Ernaldus colonus et uxor ejus colona, nomine Ansgildis, homines sancti Germani, habent secum infantes II, his nominibus, Ermaldus, Adalrada ; Ermboldus, colonus sancti Germani, habet secum matrem suam et fratrem. Isti duo tenent mansum I ingenuilem, habentem de terra arabili bunuaria V et antsingas II, de vinea aripennos IIII et dimidium, de prato aripennos IIII. Solvit similiter.

45. Godelbaldus colonus et uxor ejus libera, nomine Odeltrudis ; Aclina, colona sancti Germani, habet secum filios II, his nominibus, Acloldus. Isti duo tenent mansum I ingenuilem, habentem de terra arabili bunuaria II et antsingas II, de vinea aripennos II, de prato aripennos III Solvit similiter.

46. Amalgaudus, colonus sancti Germani, et uxor ejus libera ; Airulfus colonus et uxor ejus colona, nomine Elisanna, homines sancti Germani, habent secum infantes IIII, his nominibus, Hairbertus, Hairmarus, Acleburg ; Flavidus et uxor ejus, colona sancti Germani, nomine Ingaltrudis, habent secum infantes III, his nominibus, Girboldus, Ingalbertus. Isti tres tenent mansum I ingenuilem, habentem de terra arabili bunuaria II et antsingas II, de vinea aripennos II et dimidium, de prato aripennos III. Solvit similiter.

47. Amalbertus colonus et uxor ejus colona, nomine Dedila, homines sancti Germani, habent secum infantes IIII...... Tenent mansum I ingenuilem, habentem de terra arabili bunuaria VI et antsingas II, de vinea aripennos VI, de prato aripennos XI. Excepto hostilaricio, solvit similiter, et parvaretum.

48. Amatus colonus et uxor ejus colona, nomine Hairohildis, homines sancti Germani, habent secum infantes V :

Notalis, Wilehildis, Jenesia. Wichardus, colonus sancti Germani. Isti duo tenent mansum I ingenuilem, habentem de terra arabili bunuaria III, de vinea aripennum I et dimidium, de prato aripennos IIII. Solvit similiter.

49. Electrudis, colona sancti Germani, habet secum infantes V, his nominibus, Ermenarius, Ermentarius, Gislebertus, Acleboldus ; Haimericus colonus et uxor ejus colona, nomine Hairhildis, homines sancti Germani. Isti duo tenent mansum I ingenuilem, habentem de terra arabili bunuaria VIII et antsingas II, de vinea aripennos VIII, de prato aripennos XIIII. Solvit similiter.

50. Teutgarius, colonus sancti Germani ; Jonam colonus et uxor ejus colona, nomine Berhildis, homines sancti Germani, habent secum infantes II, his nominibus, Girardus, Hildegildis. Isti duo tenent mansum I ingenuilem, habentem de terra arabili bunuaria IIII et dimidiam, de vinea aripennos IIII, de prato aripennos VIIII. Solvit similiter.

51. Lando, colonus sancti Germani, habet secum matrem et sororem ; Herlemarus, colonus sancti Germani. Isti duo tenent mansum I ingenuilem, habentem de terra arabili bunuaria III, de vinea aripennos III, de prato aripennos II et dimidium. Solvit similiter.

52. Ebroinus colonus et uxor ejus colona, nomine Gerlindis, homines sancti Germani, habent secum infantes III, Ermnus, Petrus, Girberga ; Adalveus colonus et uxor ejus colona, nomine Airhildis, habent secum infantes III, his nominibus, Evrehardus, Adreveus, Sichelmus. Isti duo tenent mansum I ingenuilem, habentem de terra arabili bunuaria IIII et antsingam I et dimidiam, de vinea aripennos IIII, de prato similiter. Solvit similiter.

53. Ainboldus, colonus sancti Germani, habet secum matrem et sororem. Tenet mansum I ingenuilem, habentem de terra arabili bunuaria IIII et antsingas II, de vinea aripennos III et dimidium, de prato aripennos IIII et dimidium. Solvit similiter.

54. Ercambertus et uxor ejus, colona sancti Germani, nomine Gisohildis. Tenet mansum I ingenuilem, habentem

de terra arabili bunuarium I, de vinea aripennos V, de prato aripennos II. Solvit similiter.

55. Albericus colonus et uxor ejus colona, nomine Agentildis, homines sancti Germani, habent secum infantem I, his nominibus, Costabulum. Iste tenet mansum I ingenuilem, habentem de terra arabili bunuaria III, de vinea aripennos V, de práto aripennos IIII. Solvit similiter.

56. Adalmodus colonus et uxor ejus colona, nomine Christina, homines sancti Germani ; Vulgis colonus et uxor ejus colona, nomine Hermlagia, homines sancti Germani, habent secum infantem I, his nominibus, Teutgis. Isti duo tenent dimidium mansum ingenuilem, habentem de terra arabili bunuarium I, de vinea aripennos III, de prato aripennos II et dimidium. Facit sicut medietatem mansi.

57. Agenarius colonus et uxor ejus colona, nomine Adelindis, homines sancti Germani, habent secum infantes IIII, his nominibus, Agia, Lantfredus, Agenildis, Amaltrudis. Iste tenet mansum I ingenuilem, habentem de terra arabili bunuaria II et antsingas II, de vinea aripennos II, de prato aripennos II. Solvit similiter.

58. Geroldus, colonus sancti Germani ; Grimhardus, colonus sancti Germani, et uxor ejus colona, nomine Waldrada, habent secum infantes IIII, Grimoardus, Grimharius, Girradus. Isti duo tenent mansum I ingenuilem, habentem de terra arabili bunuaria V, de vinea aripennos II et tertiam partem de aripenno, de prato aripennos II. Solvit similiter.

59. Agenardus colonus et uxor ejus colona, Frothildis, homines sancti Germani, habent secum infantes II ; Walacomis, colona sancti Germani. Isti duo tenent mansum I ingenuilem, habentem de terra arabili bunuaria II et antsingam I, de vinea aripennos II, de prato aripennum I et dimidium. Solvit similiter.

60. Adalardus colonus et uxor ejus colona, nomine Ercamtrudis, homines sancti Germani, habent secum infantes IIII, his nominibus, Walateus, Odilardus, Ercanildis, Gamanildis. Iste tenet mansum I ingenuilem, habentem

de terra arabili bunuaria II, de vinea aripennos III, de prato aripennum I et dimidium. Solvit similiter.

61. Actoinus colonus et uxor ejus colona, nomine Blida, homines sancti Germani ; Adalbertus colonus et uxor ejus colona, nomine Heldelindis, homines sancti Germani. Isti duo tenent mansum I ingenuilem, habentem de terra arabili bunuaria III, et de vinea aripennos II et dimidium, de prato dimidium aripennum. Solvit similiter.

62. Desideratus, colonus sancti Germani ; Adalboldus colonus et uxor ejus colona, nomine Randoildis, homines sancti Germani ; Dodo colonus et uxor ejus colona, nomine Adalsada, homines sancti Germani. Isti tres tenent mansum I ingenuilem, habentem de terra arabili bunuaria II et antsingas II et dimidiam, de vinea aripennos III, de prato aripennum I. Solvit similiter. Excepto habent dimidium mansum, habentem de terra arabili bunuarium I et dimidium, de prato aripennum I et dimidium.

63. Frodericus colonus et uxor ejus colona, nomine Beata, homines sancti Germani, habent secum infantes IIII, Frotgaudus, Frotgarius, Frotlindis, Godelindis ; Godelharius, colonus sancti Germani ; Deodatus, colonus et uxor ejus colona, nomine Agentrudis, homines sancti Germani. Isti tres tenent mansum I ingenuilem, habentem de terra arabili bunuaria II et antsingam I, de vinea aripennos III, de prato aripennum I. Solvit similiter.

64. Siclina, colona sancti Germani ; Wineraus colonus et uxor colona, nomine Ermentrudis, homines sancti Germani, habent secum infantes IIII, his nominibus, Givraus, Gifreda, Ermenarius. Isti duo tenent mansum I ingenuilem, habentem de terra arabili bunuaria II et antsingam I, de vinea aripennos II et dimidium, de prato dimidium aripennum. Solvit similiter.

65. Mancivus colonus et uxor ejus colona, nomine Gertrudis, homines sancti Germani, habent secum infantes II, his nominibus, Benimius, Ermengarius. Iste tenet dimidium mansum, habentem de terra arabili bunuarium I et antsingam dimidiam, de vinea aripennum I, de prato

quartam partem de aripenno. Solvit similiter, sicut de dimidio manso.

66. Girlindis, colona sancti Germani, habet secum infantes VII. Tenet mansum I ingenuilem, habentem de terra arabili bunuaria IIII, de vinea aripennos II et dimidium, de prato aripennum I. Solvit similiter.

67. Electeus, colonus sancti Germani, tenet mansum I, habentem de terra arabili bunuaria IIII, de vinea aripennum I et dimidinm, de prato aripennum I. Solvit similiter.

68. Elianus, colonus sancti Germani, habent secum sororem suam ; Artgaudus colonus et uxor ejus colona, nomine Gaugia, homines sancti Germani, habent secum infantes V, Gaugina, Stephanus, Aldedrudis. Isti duo tenent mansum I ingenuilem, habentem de terra arabili bunuaria IIII et antsingas II, de vinea aripennum I et quartam partem de aripenno, de prato aripennos IIII. Solvit similiter.

69. Sigramnus, servus sancti Germani ; Geroinus colonus et uxor ejus colona, nomine Ermehildis, homines sancti Germani. Isti duo tenent mansum I ingenuilem, habentem de terra arabili bunuaria IIII et antsingam I, de vinea aripennos II et dimidium, de prato aripennos II et dimidium. Facit in vinea aripennos IIII. Solvit pascionem et de vino modios III. Arat ad hibernaticum perticas IIII, ad tramisum II. Senapo sestarium I, osarias L, pullos III, ova XV. Ubi ei injungitur.

70. Acloinus servus et uxor ejus ancilla, nomine Waldadrudis. Iste tenent mansum I ingenuilem, habentem de terra arabili bunuaria IIII, de vinea aripennum I. Cetera similiter. Et illa ancilla facit de lana dominica sarcilum I ; pastas quantum ei jubetur.

71. Alaricus, servus sancti Germani, habet matrem et sorores et fratres duos ; Aldoinus, colonus sancti Germani. Isti duo tenent mansum I ingenuilem, habentem de terra arabili bunuaria IIII et antsingam I, de vinea aripennum I et dimidium, de prato VII. Solvit similiter.

72. Richelmus colonus et uxor ejus colona, nomine

Gerisma, homines sancti Germani, habent secum infantes III, Agenildis, Riclindis, Hildegardis ; Agentelmus colonus et uxor ejus colona, nomine Godehildis, homines sancti Germani, habent secum infantes III, his nominibus, Deutselmus, Ainberga, Godebaldus. Isti duo tenent mansum I ingenuilem, habentem de terra arabili bunuaria IIII et antsingam I, de vinea aripennum I et dimidium, de prato aripennum I et dimidium. Solvit similiter.

73. Johannis colonus et uxor ejus, colona sancti Germani, nomine Teutsinda, habent secum infantes II, his nominibus, Teudulfus, Bertlindis. Iste tenet mansum I ingenuilem, habentem de terra arabili bunuaria V, de vinea aripennos II, de prato perticam I. Solvit similiter.

74. Berneardus et uxor ejus, colona sancti Germani, nomine Gulfildis, habent secum infantes III, his nominibus, Restoinus, Girtrudis, Gisla. Iste tenet mansum I ingenuilem, habentem de terra arabili bunuaria II et antsingas II, de vinea aripennum I, de prato aripennos III. Solvit similiter.

75. Ansbertus, colonus sancti Germani, habet secum fratres II et sororem. Tenet mansum I ingenuilem, habentem de terra arabili bunuaria III, de vinea aripennum I, de prato aripennos III. Solvit similiter.

76. Adalgarius, servus sancti Germani, et uxor ejus colona, nomine Hairbolda, homines sancti Germani. Iste tenet mansum I servilem. Hadoardus servus et uxor ejus ancilla, nomine Winigildis, homines sancti Germani, habent secum infantes V, Frothardus, Giroardus, Airoildis, Adois, Eligildis. Isti duo tenent mansum I ingenuilem, habentem de terra arabili bunuarium I et dimidium, de vinea tres partes de aripenno, de prato aripennos V et dimidium. Facit in vinea aripennos IIII. Solvit de vino in pascione modios III, de senape sestarium I, osarias L, pullos III, ova XV. Manuopera, ubi ei injungitur. Et illa ancilla facit sarcilum de lana dominica, et pastas quantas ei jubetur.

77. Adalgaudus colonus et uxor ejus colona, nomine Agildis, homines sancti Germani, habent secum infantem

I, his nominibus, Adalgildis; Gislebertus, colonus sancti Germani, et uxor ejus ancilla sancti Germani, nomine Germana. Isti duo tenent mansum I servilem, habentem de terra arabili bunuaria II et antsingam I, de vinea aripennum I et dimidium, de prato aripennos II et dimidium.

78. Ermenoldus, colonus sancti Germani, et uxor ejus ancilla; Fulcaldus servus et uxor ejus ancilla, nomine Ragentisma, homines sancti Germani. Isti duo tenent mansum I servilem, habentem de terra arabili bunuaria II et antsingam I et dimidiam, de vinea aripennum I, de prato aripennos II et dimidium. Solvit similiter; et illa ancilla et ejus mater faciunt sarcilos, et pastas quantas ei jubetur.

79. Rangharius servus et uxor ejus lida, nomine..., habent secum infantem I, his nominibus, Adrebaldus. Tenet mansum I servilem, habentem de terra arabili bunuarium I et antsingam I et dimidiam, de vinea dimidium aripennum, de prato aripennos III. Solvit similiter.

80. Ansgaudus colonus et uxor ejus colona, nomine Radoildis, homines sancti Germani, habent secum filios V, Ansgarius, Eligaudus, Radoardus, Radulfus, Radoinus; Hairmarus colonus et uxor ejus colona, nomine Flothildis, homines sancti Germani, habent secum infantem I, his nominibus, Ermenarius. Isti duo tenent mansum I servilem, habentem de terra arabili bunuaria III, de vinea aripennos II, de prato aripennos III. Solvit similiter.

81. Waltcaudus colonus et uxor ejus colona, nomine Aclehildis, homines sancti Germani, habent secum infantes IIII, his nominibus, Waltarius, Warengaudus, Salacus, Rathelmus; Altfridus colonus et uxor ejus colona, nomine Ragentildis, homines sancti Germani, habent secum infantes IIII, his nominibus, Deodata, Erlehildis, Altildis, Ferrelo. Isti duo tenent mansum I servilem, habentem de terra arabili bunuarium I et antsingam I, de vinea aripennos II, de prato aripennos VI. Solvit similiter.

82. Landingus servus et uxor ejus ancilla, nomine Aclildis, homines sancti Germani, habent secum infantes II, his nominibus, Acloinus, Viviana. Iste tenet mansum I

ingenuilem, habentem de terra arabili bunuarium I, de vinea aripennos III, de prato tertiam partem de aripenno. Solvit similiter ; et illa ancilla facit de lana dominica sarcilum, pastas quantas ei jubetur.

83. Elias colonus et uxor ejus ancilla, nomine Ingrada, homines sancti Germani, tenent dimidium mansum servilem, habentem de terra arabili bunuaria II, de vinea aripennum I, de prato aripennum I et dimidium. Solvit similiter sicut de dimidio manso.

84. Aclebertus et uxor ejus ancilla, nomine Frotlindis, homines sancti Germani, habent secum infantem I, his nominibus, Aclebrug ; Teutfridus, servus sancti Germani, habet secum matrem suam. Isti duo tenent mansum I servilem, habentem de terra arabili bunuaria IIII, de vinea aripennum I, de prato aripennos IIII. Solvit similiter.

85. Autgerus, servus sancti Germani ; Petrus servus et uxor ejus colona, nomine Wandelindis, homines sancti Germani ; Turpinus servus. Isti tres tenent mansum I servilem, habentem de terra arabili bunuaria II et antsingam I, de vinea aripennum I et dimidium, de prato aripennos VI. Solvit similiter.

86. Artgarius et uxor ejus colona sancti Germani, nomine Ermberta ; Winegarius est eorum filius. Leutbaldus colonus et uxor ejus colona, nomine Clara, homines sancti Germani, habent secum infantes II, his nominibus, Teutbaldus, Leutberga. Isti duo tenent mansum I servilem, habentem de terra arabili bunuarium I, de vinea aripennum I et dimidium, de prato aripennum I. Solvit similiter.

87. Acloldus, servus sancti Germani, habet secum infantes II, his nominibus, Agenoldus, Ratboldus ; Agembaldus, servus sancti Germani. Isti duo tenent mansum I servilem, habentem de terra arabili bunuaria II et antsingas II, de vinea aripennum I et dimidium, de prato aripennum I. Solvit similiter.

88. Waldramnus colonus et uxor ejus colona, nomine Gotlindis, homines sancti Germani, habent secum infantes III, his nominibus, Godelindis, Ratharius. Iste tenet mansum I servilem, habentem de terra arabili bunuaria

III, de vinea aripennum I, de prato aripennum I. Solvit similiter.

89. Adalradus, colonus sancti Germani, habet secum matrem suam; Petrus et uxor ejus colona, nomine Adreildis, homines sancti Germani, habent secum infantes II, his nominibus, Alaricus, Ratbertus. Isti duo tenent mansum I servilem, habentem de terra arabili bunuaria II et antsingas II, de vinea aripennos III et dimidium, de prato aripennos II. Solvit similiter.

90. Waltcarius colonus et uxor ejus colona, nomine Teutlindis, homines sancti Germani. Iste tenet mansum I servilem, habentem de terra arabili bunuaria III, de vinea aripennum I et dimidium; de prato aripennos II et dimidium. Solvit similiter.

91. Recepimus de Emmo de fisco dominico de terra arabili antsingas IIII.

92. Habet Ingalramnus presbyter in beneficio mansum ingenuilem I.

93. Habet Eda similiter.

94. Droctingus solvit denarios IIII.

Erlindis similiter,
Adalhardus similiter,
Allo similiter,
Ragenhardus similiter,
Johanes similiter,
Gisledrudis similiter,
Altildis similiter,
Goda similiter,
Aclevalda similiter,
Johanna similiter.
Trudina similiter,
Teoda similiter,
Johannes similiter,
Martinus similiter,
Elegius similiter,
Wiclericus similiter,
Amalgildis similiter,
Wileramnus similiter,
Wilenteus similiter,
Acleverta similiter,
Wadalbertus similiter,
Nadaleus similiter,
Sagevardus similiter,
Waldo similiter,
Alda similiter,
Segelauris similiter,
Gersenta similiter,
Rathelmus similiter,
Lupus similiter,
Ragentrudis similiter,
Ratharius similiter,
Martina similiter,
Aclildis similiter,
Odeltrudis similiter.

95. Habet in Villa Nova mansos ingenuiles LX, qu solvunt omni anno, ad hostem, aut carra III, aut boves XV, aut de argento libras VI ; de carnatico libras II et solidos XVI : de lignericia libram I et denarios XVI ; ad tertium annum vervices, cum agnis, LX.

Habet ibi mansos serviles XIIII et dimidium. Solvunt simul de vino in pascione modios CCX ; pullos CCCXXIIII, ova MDCLXX ; de carriciones pedales LXV ; ausariis MLXX ; de capatico solidos X ; scindolas III^m CCCL. Fiunt simul mansi LXXIIII et dimidius.

96. *Istos homines et istas mulieres adquisivit Morardus abba ; et sunt ex potestate Ville Nove, et stant in* Butiaco villa (Boussy-Saint-Antoine) : *Restuidis femina, filie ejus Waldrada, Oda, Willendis, filius Waldrade Martinus, et filia Waremburgis ; filius Ode, Tetbaldus.*

97. *In* pago Briacensi (Comté de Brie), *homines sancti Germani : Hermenhardus et Ingelsindis, uxor ejus, et filia ejus Odelaidis ; Restuidis femina et filia ejus Waldrada, et Oda filia ejus, et filius ejus Martinus, et Teutboldus, Odæ filius,*

AN 800.

LE livre Censier de l'abbé Irminon relate qu'au commencement du IXme siècle, l'abbaye de Saint-Germain-des-Prés possédait plusieurs biens à *Gagny* (doyenné de Raincy), ancien doyenné de Chelle.

L'église, placée sous le vocable de Saint-Germain de Paris, semble remonter au temps où l'abbaye possédait cette terre, mais elle n'est pas mentionnée dans le pouillé d'Irminon.

Irminon, Guérard et Longnon nous donnent

l'état suivant des droits de l'abbaye de Saint-Germain sur cette terre :

FISC DE GAGNY.

1. Habet in Waniaco mansum dominicatum cum casa et aliis casticiis sufficienter. Habet de terra arabili culturas IIII, quæ habent bunuaria XLVIII, ubi possunt seminari de frumento modios CXCII, de vinea aripennos LXVI, ubi possunt colligi de vino modios CCCC. Habet ibi de silva per totum in giro leuvas II, quæ possunt saginari porci CL. Habet ibi de prato aripennos XIIII, ubi potest colligi de feno carra XXX.

2. Ansegarius colonus et uxor ejus colona, nomine Ingalteus, habent secum infantes II, his nominibus, Ansegildis, Ingrisma. Tenet mansum ingenuilem, habentem de terra arabili bunuaria III et quartam partem de bunuario, de vinea aripennos III. Solvit ad hostem in uno anno de argento solidos IIII, ad alium annum solidos II ; in pascione de vino modios II ; arat ad hibernaticum perticas IIII, ad tramissum II ; curvadas, carroperas, manoperas, caplim, ubi ei injungitur ; pullos IIII, ova XV, scindulas I.

3. Aldricus colonus et uxor ejus colona, nomine Agentrudis, homines sancti Germani, habent secum infantes II, his nominibus, Godinus, Senedeus. Tenet mansum ingenuilem I, habentem de terra arabili bunuaria III et dimidium, de vinea aripennum I, de prato dimidium aripennum. Et cetera similiter.

4. Richardus, colonus sancti Germani, tenet mansum ingenuilem I, habentem de terra arabili bunuaria III et dimidium, de vinea aripennos II, de prato aripennum I. Et cetera similiter.

5. Ditfredus colonus et uxor ejus colona, nomine Waltgudis, homines sancti Germani, habent secum infantes II, his nominibus, Ragenteus, Waltgaudus. Tenet mansum ingenuilem I, habentem de terra arabili bunuaria III, de

vinea aripennos II, de prato dimidium aripennum. Cetera similiter.

6. Madalharius colonus et uxor ejus colona, nomine Jonildis, homines sancti Germani, habent secum infantes IIII, his nominibus, Jonam, Ebrinus, Madalgarius, Abram. Tenet mansum I ingenuilem, habentem de terra arabili bunuaria IIII et dimidium, de vinea aripennum I. Cetera similiter.

7. Ermsindis, colona sancti Germani, tenet mansum ingenuilem I, habentem de terra arabili bunuaria III, de vinea aripennos III et dimidium. Et cetera similiter.

8. Hildefredus colonus et uxor ejus colona, nomine Plectrudis, homines sancti Germani, habent secum infantes II, his nominibus, Hildemarus, Ademarus. Tenet mansum I ingenuilem, habentem de terra arabili bunuaria II et jornalem I, de vinea aripennum I. Cetera similiter.

9. Giroldus servus et uxor ejus colona, nomine Dominica, homines sancti Germani, habent secum infantes II, his nominibus, Gisloldus, Gerardus. Tenet mansum ingenuilem I, habentem de terra arabili bunuaria IIII, de vinea aripennum I, de prato dimidium. Cetera similiter.

10. Aldo colonus et uxor ejus colona, nomine Erlindis, homines sancti Germani, habent secum infantem I, nomine Erlandum. Tenet mansum I ingenuilem, habentem de terra arabili bunuaria III et dimidium, de vinea aripennum I, de prato dimidium aripennum. Cetera similiter.

11. Winegarius colonus et uxor ejus colona, nomine Adalgindis, habent secum infantes II, his nominibus, Adalgarius, Framoinus. Tenet mansum I ingenuilem, habentem de terra arabili bunuaria IIII, de vinea aripennum I et dimidium, de prato dimidium aripennum. Cetera similiter.

12. Dulcedramnus colonus et uxor ejus colona, nomine Ermengardis, homines sancti Germani, habent secum infantes II, his nominibus, Leudrada, Hiltbertus, Adalgardis. Tenet mansum I ingenuilem, habentem de terra arabili bunuaria II et dimidium, de vinea aripennum I, de prato dimidium aripennum. Cetera similiter.

13. Godingus colonus et uxor ejus colona, nomine Madalhildis, homines sancti Germani, tenent mansum ingenuilem I, habentem de terra arabili bunuaria II et dimidium, de vinea aripennum I, de prato similiter. Cetera similiter.

14. Sicfredus, colonus sancti Germani, tenet mansum ingenuilem I, habentem de terra arabili bunuaria II et dimidium, de prato aripennum I. Cetera similiter.

15. Berneardus colonus et uxor ejus colona, nomine Ermenildis, homines sancti Germani, habent secum infantes III, his nominibus, Ermenoldus, Godelindis, Ardois, Bernoinus. Tenet mansum ingenuilem I, habentem de terra arabili bunuaria III et dimidium, de vinea aripennum I. Cetera similiter.

16. Autlaicus colonus et uxor ejus colona, nomine Aregia, habent secum infantem I, nomine Hildegaudus. Tenet mansum ingenuilem I, habentem de terra arabili bunuaria IIII, de vinea aripennos II, de prato aripennum I. Cetera similiter.

17. Hildegaudus colonus et uxor ejus colona, nomine Agentrudis, homines sancti Germani, habent secum infantes IIII, his nominibus, Hildegaus, Agenardus, Hildebrandus, Hiltrudis. Tenet mansum ingenuilem I, habentem de terra arabili bunuaria V et dimidium, de vinea aripennos II, de prato aripennum I. Cetera similiter.

18. Hildebodus colonus et uxor ejus colona, nomine Bertildis, habent secum infantes III, his nominibus, Francobertus, Hildebertus, Hildulfus. Tenet mansum ingenuilem I, habentem de terra arabili bunuaria III et dimidium, de vinea aripennos II, de prato aripennum I. Cetera similiter.

19. Lantfredus colonus et uxor ejus colona, nomine Adalbildis, habent secum infantes II, his nominibus, Adalfredus, Lantberga. Tenet mansum ingenuilem I, habentem de terra arabili bunuaria III, de vinea aripennum I. Cetera similiter.

20. Ragamboldus, colonus sancti Germani, habet secum matrem. Tenet mansum ingenuilem I, habentem de

terra arabili bunuaria III et dimidium, de vinea aripennum I et dimidium, de prato dimidium aripennum. Cetera similiter.

21. Aregius colonus et uxor ejus colona, nomine Blitgildis, homines sancti Germani ; Ingelhaus colonus et uxor ejus colona, nomine Erlindis, habent secum infantes II, his nominibus, Rectrudis, Aclevolda ; Amalgaudus servus et uxor ejus colona, nomine Froibolda, habent secum infantes II, his nominibus, Frotberga, Lotberta ; Lontgaus, colonus sancti Germani. Isti quattuor tenent mansum ingenuilem I, habentem de terra arabili bunuaria IIII, de vinea aripennos II. Cetera similiter.

22. Baldricus colonus et uxor ejus colona, nomine Ragambolda, habent secum infantes III, his nominibus, Hiliberta, Gamaltrudis, Hildricus ; Adalboldus colonus. Isti duo tenent mansum ingenuilem I, habentem de terra arabili bunuaria IIII, de vinea aripennos III, de prato aripennum I. Cetera similiter.

23. Gunthardus colonus et uxor ejus colona, homines sancti Germani, habent secum infantes III ; Framberta, colona sancti Germani ; Berengaus, colonus sancti Germani. Isti tres tenent mansum ingenuilem I, habentem de terra arabili bunuaria IIII et dimidium, de vinea aripennos II. Cetera similiter.

24. Stradidius colonus et uxor ejus colona, homines sancti Germani ; Bernehaus colonus.* Isti duo tenent mansum ingenuilem I, habentem de terra arabili bnnuaria III et dimidium, de vinea aripennos II, de prato dimidium aripennum. Cetera similiter.

25. Beitradus colonus et uxor ejus colona, nomine Waldina, homines sancti Germani, tenent dimidium mansum, habentem de terra arabili bunuarium I et tertiam partem de bunuario, de vinea dimidium aripennum. Cetera similiter

DE SERVIS.

26. Alaricus colonus tenet mansum servilem I, habentem de terra arabili bunuaria III, de vinea aripennos II, de prato dimidium aripennum. Solvit in pascione de vino

modios III ; facit in vinea aripennos IIII^{or} ; arat ad hibernaticum perticas II ; corvadas, carroperas, manoperas, caplim, ubi ei injungitur ; faculas VII, de sinapi sestarium I, pullos IIII, ova XV.

27. Dominicus colonus et uxor ejus colona, nomine Ercantrudis, homines sancti Germani, habent secum infantes III, his nominibus, Ragenoldus, Hardradus, Hildradus. Tenet mansum servilem I, habentem de terra arabili bunuaria III, de vinea aripennum I.

28. Gislemarus servus et uxor ejus colona, homines sancti Germani, nomine Bertrada, habent secum infantes III, his nominibus, Winemarus, Winulfus, Gisledrudis ; Wandalfredus, servus sancti Germani. Isti duo tenent mansum servilem I, habentem de terra arabili bunuaria V et dimidium, de vinea aripennos II. Cetera similiter.

29. Ansfredus et uxor ejus colona, nomine Ermengardis, homines sancti Germani ; Gislebertus, servus sancti Germani. Isti duo tenent mansum servilem I, habentem de terra arabili bunuaria III et dimidium, de vinea aripennum I. Cetera similiter.

30. Ingalbertus colonus et uxor ejus colona, nomine Wandelindis, homines sancti Germani, habent secum infantem I, nomine Baltadus. Tenet mansum servilem I, habentem de terra arabili bunuaria IIII, de vinea aripennum I et dimidium, de prato quartam partem de aripenno.

31. Adalmodus colonus et uxor ejus colona, nomine Goda, homines sancti Germani. Tenet mansum servilem I habentem de terra arabili bunuaria III, de vinea aripennum I. Cetera similiter.

32. Johannes colonus et uxor ejus colona, nomine Oliva, homines sancti Germani, habent secum infantes IV, his nominibus, Ingbolda, Ermbradus, Johanna, Ermbolda. Tenet mansum servilem I, habentem de terra arabili bunuaria II, de vinea aripennum I et dimidium. Cetera similiter.

DE CAPATICO.

33. Elegius denarios IIII, Hildemaus similiter, Elisanna

similiter, Hildegardis similiter, Elaria similiter, Odalricus similiter, Achildis similiter, Elisaria similiter, Airoenus similiter, Lantbertus similiter, Electrudis similiter, Dominica similiter, Frambolda similiter, Amelius similiter, Adegarius similiter, Maurus similiter, Germana similiter, item Adegarius, Bertlindis similiter, Framengildis similiter.

DE VOTIVIS HOMINIBUS.

34. Natalifia, Bertisma, Nadalindis, Natalisma, Elifia, Sichelmus, Martinus, Sichildis, Adaltrudis, Bernegaria, Agia, Bernehildis, Adalgisdis, Adaltrudis, Fantlindis, Dominica, Valdegarius, Madaltrudis, Tanculfus, Guntberga, Leudisma, Siclina, Leudelindis, Griorgia, Lantbodus, Ingboldus, Girelma, Bertulfus servus.

35. Sunt mansi ingenuiles XXIII et dimidium, serviles VII. Exit inde in hostilicio ad unum annum de argento libras IIII et solidos X; ad alium annum, propter carnaticum, libras II et solidos V; de vino in pascione modios LXVI; pullos CXVIII cum ova. De capatico solidos VI et denarios IIII.

36. *Tenpore donni Walonis abbatis, fuerunt duo fratres in* Antoniaco (Antony, Seine) *villa, quorum unus major noster erat, nomine Gunfrædus, alter væro Fulbertus, qui gloriabantur se æsse nobiles; quos adquisivit donnus W. abba, dicens eos esse servuos sancti Germani, et faciens eis retdere kavaticum. Hujus Gunfredi fuerunt filii III et septem filiæ. Ex filiabus enim ejus acepit I Fletoldus, nomine Ermintrudem, qui suum cavaticum similiter reddidit.*

37. *Hec mulier, Alburgis nominæ, ancilla sancti Germani, nata de Antoniaco villa, cum filiabus ejus, his nominibus, Alburgis et Æva. Eva quoque habuit filiam nomine Josbergam.*

38. *De villa* Matriolas (Marolles, Seine-et-Marne), *Hermenalda; filia ejus, nomine Hildeardis, mater Gunterii, et Odila, soror ejus. Item in eadem villa: Willelmus: filius Hermenalde; sorores ejus, Hermenalda, Hildebur-*

gis, cum filiabus earum. Item in prædicta villa : Waldrea cum filiis suis, nominibus Guntardus et Hugo ; frater ejusdem Waldree, Laurentius nomine, cum filiis suis. Prædicta vero femina habet filiam nomine Richildis.

AN 800.

UN diplôme, délivré par Charlemagne en 774, mentionne qu'une terre située à la *Celle-les-Bordes*, doyenné de Saint-Arnoult (ancien doyenné de Châteaufort), *Cella Æqualina*, comme l'appelle Irminon, appartenait à cette époque à l'abbaye de Saint-Germain-des-Prés. Ce diplôme nomme ce village la Celle-St-Germain, en raison du vocable de son église, dont le patron est encore saint Germain de Paris. Cette terre, nous dit Lebœuf, pouvait avoir été donnée à l'abbaye par le roi Childebert, qui l'aurait léguée à saint Germain en personne, lorsque l'abbaye s'appelait Saint-Vincent.

S'il y a incertitude sur cette terre, Irminon nous affirme *(fol. 13)* qu'en 800 l'abbaye de St-Germain-des-Prés possédait à la Celle-les-Bordes le manoir seigneurial et les autres maisons qui en dépendaient. En outre, l'abbaye y tenait 65 bonniers de terre où l'on pouvait semer 300 muids de froment ; un arpent et demi de vigne ; 38 arpents de pré, un bois de cinq lieues de circuit où l'on pouvait engraisser mille porcs ; deux moulins produisant 20 muids de grain et un sol d'argent ; deux églises bien entretenues avec chacune leurs revenus. Ce village comptait 53 familles affranchies, *ingenuiles*.

Sans aucun doute, l'une de ces églises est l'église paroissiale dédiée à saint Germain, *Cella S. Germani*, et la seconde, selon Guérard (Polypᵗ tyque, p. 24), serait la chapelle des Bordes, dédiée à saint Jean et qui, au XVIᵉ siècle, est qualifiée : succursale de la Celle-les-Bordes. *(Longnon, Breve de Cella Æqualina. Première partie du Polyptyque, p. 29.)*

Voici, d'après Auguste Longnon, l'état des biens, au temps d'Irminon, que l'abbaye de St-Germain-des-Prés possédait à la Celle-les-Bordes.

Selon une tradition locale, le château de la Celle-les-Bordes a été bâti sur l'emplacement d'une ancienne cellule de saint Germain.

FISC DE LA CELLE-LES-BORDES.

1. Habet in Cella Equalina (1) mansum dominicatum cum casa et aliis casticiiis sufficienter. Habet ibi culturas VIII, quæ habent bunuaria LXV, quæ possunt seminari de frumento modios CCC. Habet ibi de vinea aripennum I et dimidium, de novella aripennos XIII, de prato aripennos XXXVIII. Habet ibi de silva in totum gyro leoas V, ubi possunt saginari porci mille. Habet ibi farinarios II ; exiit inde in censo de anona modios XXVII, de argento solidum I.

Habet ibi aecclesias duas cum omni aparatu diligenter constructas. Aspiciunt ibi de terra arabili bunuaria X, de vinea dimidium aripennum, de prato aripennos II. Excepto habet ibi mansos ingenuiles II, habentem de terra arabili

---

1. *Equalina silva*, ancienne forêt d'Yveline.

bunuaria X, de vinea aripennum I et quartam partem de aripenno, de prato aripennos II.

2. Arnulfus colonus et uxor ejus colona, nomine Farberta, homines sancti Germani, habent secum infantes VI, his nominibus, Guntbertus, Farbertus, Elianta, Gerburc, Alboelt, Gerlaus ; Gausbertus, colonus sancti Germani, habet secum infantes IIII, his nominibus, Gunsoinus, Ernoldus, Guntfredus, Gunsoildis. Isti duo tenent mansum ingenuilem I, habentem de terra arabili bunuaria XI, de vinea dimidium aripennum, de prato aripennos II. Solvunt ad hostem de argento solidos II, et ad alium annum solidum I ; solvunt in pascione denarios IIII ; arant ad hibernaticum perticas IIII, ad tremissum perticas II ; ad nativitatem Domini fossorium I, pullos III, ova XV ; corvadas, carroperas, manoperas, caplim ; quantum eis injungitur.

3. Ermenarius colonus et uxor ejus colona, nomine Gerlindis, homines sancti Germani, habent secum infantes III, his nominibus, Otgarius, Osgarius, Ermenarius ; Rantgarius colonus et uxor ejus colona, nomine Ragambolda, homines sancti Germani, habent secum infantem I, nomine Radulfus. Isti duo tenent mansum ingenuilem I, habentem de terra arabili bunuaria X, de vinea dimidium aripennum, de prato aripennum I. Solvunt similiter.

4. Giroldus colonus et uxor ejus colona, nomine Gundoildis, homines sancti Germani, habent secum infantes IIII, his nominibus, Girhaus, Geringus, Grimboldus, Ermenildis ; Gairbertus colonus et uxor ejus colona, nomine Artemia, homines sancti Germani, habent secum infantes IIII, his nominibus, Germarus, Gerelmus, Aldina, Gerberga. Isti duo tenent mansum ingenuilem I, habentem de terra arabili bunuaria VI et dimidium, de prato duas partes de aripenno. Solvunt similiter.

5. Waldegarius colonus et uxor ejus colona, nomine Altgeberga, homines sancti Germani, habent secum infantes III, his nominibus, Haltgebert, Wanegarius, Heldegernus. Tenent mansum ingenuilem I, habentem de terra

arabili bunuaria VI, de vinea dimidium aripennum, de prato aripennum I. Solvit similiter.

6. Waltarius, colonus sancti Germani ; Wandremarus, colonus sancti Germani. Isti duo tenent mansum ingenuilem I, habentem de terra arabili bunuaria VI. Solvunt similiter.

7. Edenultf major et uxor ejus colona, nomine Acleberta, homines sancti Germani, habent secum infantem I, nomine Edenelt. Tenent mansum ingenuilem I, habentem de terra arabili bunuaria VI. Solvit similiter.

8. Teutfredus colonus et uxor ejus colona, nomine Fulca, homines sancti Germani, habent secum infantes VI, his nominibus, Seats, Teodarus, Suspecta, Gisledrudis, Teodara. Tenent mansum ingenuilem I, habentem de terra arabili bunuaria VII, de vinea quartam partem de aripenno, de prato aripennos III. Solvit similiter.

9. Teodo colonus et uxor ejus colona, nomine Ilaria, homines sancti Germani, habent secum infantes III, Grimaldus, Teutmarus, Deodatus. Tenent ingenuilem mansum, habentem de terra arabili bunuaria XI, de vinea quartam partem de aripenno, de prato aripennos III. Solvit similiter.

10. Gyroardus colonus et uxor ejus lida, nomine Odelberga, homines sancti Germani, habent secum infantem I, nomine Baldoarium. Tenet dimidium mansum, habentem de terra arabili bunuaria IIII. Solvit sicut de dimidio manso.

11. Haldegarius, colonus sancti Germani, tenet mansum ingenuilem I, habentem de terra arabili bunuaria IIII, de vinea aripennum I, de prato aripennum I. Solvit similiter.

12. Waltadus colonus et uxor ejus colona, nomine Ermengardis, homines sancti Germani, habent secum infantes VI, his nominibus, Waltismus, Warnadus, Waltrudis, Aldinga, Ermengildis, Baldoina. Tenent mansum ingenuilem I, habentem de terra arabili bunuaria III et antsingam I, de vinea dimidium aripennum, de prato dimidium aripennum. Solvit similiter.

13. Grimboldus colonus et uxor ejus colona, nomine

Hadelindis, homines sancti Germani, habent secum infantes VI, his nominibus, Grimoldus, Hildemarus, Grimberga, Aldeildis, Hadena, Erlindis. Tenent dimidium mansum, habentem de terra arabili bunuaria IIII, de vinea quartam partem de aripenno, de prato dimidium aripennum. Solvit sicut de dimidio manso.

14. Siclebertus colonus et uxor ejus colona, nomine Adrehildis, homines sancti Germani, habent secum infantes III, his nominibus, Givraus, Adremarus, Adalberta. Tenent mansum ingenuilem I, habentem de terra arabili bunuaria IIII, de vinea aripennum I et dimidium, de prato dimidium aripennum. Solvit similiter. Excepto tenet dimidium mansum, habentem de terra arabili bunuaria II, de prato dimidium aripennum; facit sicut de dimidio manso.

15. Lantharius servus et uxor ejus colona, homines sancti Germani, tenent dimidium mansum, habentem de terra arabili bunuarium I et dimidium, de prato aripennos II et dimidium. Facit sicut de dimidium mansum.

16. Droctboldus, colonus sancti Germani; Ogtardus colonus et uxor ejus colona, nomine Elisanna, homines sancti Germani, habent secum infantes IIII, his nominibus, Framtrudis, Ermenfredus, Ermengarius, Sonhada. Isti duo tenent mansum ingenuilem I, habentem de terra arabili bunuaria IIII, de vinea dimidium aripennum, de prato aripennum I et dimidium. Solvunt similiter.

17. Johanes tenet mansum ingenuilem I, habentem de terra arabili bunuaria VI, de prato dimidium aripennum. Solvit similiter.

18. Lantbertus, colonus sancti Germani; Gislemundus, colonus sancti Germani. Isti duo tenent dimidium mansum, habentem de terra arabili bunuaria III, de prato dimidium aripennum. Facit sicut de dimidio manso.

19. Aldegarius colonus et uxor ejus colona, nomine Orienta, homines sancti Germani, habent secum infantes VI, his nominibus, Adalgudis, Ragenildis, Grimoildis, Adalhildis, Waldinus, Ragenulfus. Tenent mansum ingenuilem I, habentem de terra arabili bunuaria V, de prato duas partes de aripenno. Solvit similiter.

20. Fulcardus, colonus sancti Germani ; Waralenus colonus et uxor ejus colona, nomine Eda, homines sancti Germani, habent secum infantes III, his nominibus, Edus, Waltrudis, Alexandra. Isti duo tenent mansum ingenuilem I, habentem de terra arabili bunuaria XI, de vinea aripennum I et dimidium, de prato aripennos VI. Solvunt similiter.

21. Sointhadus colonus et uxor ejus lida, nomine Teutberga, homines sancti Germani, habent secum infantes II, his nominibus, Wiltrudis, Sointhada ; Adremarus colonus et uxor ejus colona, nomine Osgildis, homines sancti Germani, habent secum infantes II, his nominibus, Adalsundis, Ercamarus. Isti duo tenent mansum ingenuilem I, habentem de terra arabili bunuaria IIII, de vinea aripennum I et dimidium, de prato aripennos III. Solvunt similiter.

22. Nortmannus colonus et uxor ejus colona, nomine Givlindis, homines sancti Germani, habent secum infantes VI, his nominibus, Sicledrudis, Sicleramna, Girlaus, Siclehildis, Girberga, Restadus. Tenent mansum ingenuilem I, habentem de terra arabili bunuaria XI, de vinea aripennum I, de prato aripennos II. Solvit similiter.

23. Hincbertus, colonus sancti Germani ; Hildevoldus colonus et uxor ejus colona, nomine Gislera, homines sancti Germani. Isti duo tenent mansum ingenuilem I, habentem de terra arabili bunuaria XII, de vinea dimidium aripennum. Solvunt similiter.

24. Agembertus colonus et uxor ejus colona, nomine Arcantildis, homines sancti Germani. Tenet dimidium mansum, habentem de terra arabili bunuaria IIII. Facit sicut de dimidio manso.

25. Ricboldus colonus et uxor ejus colona, nomine Altchildis, homines sancti Germani, habent secum infantes III [I], his nominibus, Ricberga, Alsindis, Oldilga, Waldo. Tenent mansum ingenuilem I, habentem de terra arabili bunuaria VIIII, de vinea quartam partem de aripenno, de prato quartam partem de aripenno. Solvit similiter.

26. Girfredus colonus et uxor ejus colona, nomine

Alexandra, homines sancti Germani, habent secum infantem I, nomine Boecius. Tenet dimidium mansum, habentem de terra arabili bunuaria V, de vinea dimidium aripennum, de prato pertica I. Facit sicut de dimidio manso.

27. Benegarius colonus et uxor ejus colona, nomine Aldeverta, homines sancti Germani, habent secum infantem I, nomine Nadalfredus; Nodalbertus colonus et uxor ejus colona, nomine Ermenildis, homines sancti Germani, habent secum infantes III, his nominibus, Orsbertus, Ermenoldus, Ermensindis. Isti duo tenent mansum ingenuilem I, habentem de terra arabili bunuaria V, de vinea aripennum I, de prato aripennum I. Solvunt similiter.

28. Deodulfus colonus et uxor ejus colona, nomine Gendrada, homines sancti Germani, habent secum infantem I, nomine Deodoinus; Adalbertus, colonus sancti Germani. Isti duo tenent mansum ingenuilem I, habentem de terra arabili bunuaria XV, de vinea dimidium aripennum, de prato aripennos III. Solvunt similiter.

29. Mauriciolus colonus et uxor ejus, nomine Godila, homines sancti Germani, habent secum infantes II, his nominibus, Sointhildis, Ermentrudis; Adalhardus, colonus sancti Germani. Isti duo tenent mansum ingenuilem I, habentem de terra bunuaria VIII, de vinea duas partes de aripenno, de prato aripennos IIII. Solvunt similiter.

30. Ingoinus, colonus sancti Germani; Hincharius colonus et uxor ejus colona, nomine Saroildis, homines sancti Germani, habent secum infantes II, his nominibus, Saroinus, Gislebertus. Isti duo tenent mansum ingenuilem I, habentem de terra arabili bunuaria IIII, de vinea aripennum I, de prato aripennos III. Solvunt similiter.

31. Acco colonus et uxor ejus colona, nomine Waltildis, homines sancti Germani, habent secum infantes VI, his nominibus, Electeus, Adaloldus, Nadalgarius, Rachildis, Ermenberta, Landradus; tenent mansum ingenuilem I, habentem de terra arabili bunuaria VII, de vinea dimidium aripennum. Solvit similiter.

32. Stratarius, colonus sancti Germani; Ragenoldus, colonus sancti Germani. Isti duo tenent mansum ingenui-

lem I, habentem de terra arabili bunuaria VI et dimidium, de vinea aripenn..., de prato aripennum I et perticas II. Solvunt similiter.

33. Grimoinus colonus et uxor ejus colona, nomine Aroildis, homines sancti Germani, habent secum infantes IIII, his nominibus, Aroinus, Hairoardus, Hadoardus, Erlindis ; Giroinus colonus et uxor ejus colona, nomine Agina, homines sancti Germani, habent secum infantem I, nomine Giroardus. Isti duo tenent mansum ingenuilem I, habentem de terra arabili bunuaria VIIII et dimidium, de vinea aripennum I et dimidium, de prato aripennum I et dimidium. Solvunt similiter.

34. Stainardus colonus et uxor ejus colona, nomine Waldeburgs, homines sancti Germani, habent secum infantes IIII, his nominibus, Wilelmus, Geroildis, Ermenulfus, Gerardus ; tenent mansum ingenuilem I, habentem de terra arabili bunuaria VII, de vinea aripennum I, de prato aripennos IIII. Solvit similiter.

35. Grimharius colonus et uxor ejus lida, nomine Warmedrudis, homines sancti Germani, habent secum infantem I, nomine Girvau ; Sichelmus, colonus sancti Germani, habet secum matrem suam. Isti duo tenent mansum ingenuilem I, habentem de terra arabili bunuaria XVIII, de vinea dimidium aripennum, de prato aripennum I. Solvunt similiter.

36. Leutbertus colonus et uxor ejus colona, nomine Adalgildis, homines sancti Germani. Tenet mansum ingenuilem I, habentem de terra arabili bunuaria VIII, de vinea dimidium aripennum. Solvunt similiter.

37. Winemundus colonus et uxor ejus colona, nomine Winetildis, homines sancti Germani, habent secum infantes II, his nominibus, Widreboldus, Framberta ; tenent mansum ingenuilem I, habentem de terra arabili bunuaria VII et antsingas II, de prato aripennum I. Solvit ad hostem de argento solidos II, ad alium annum solidum I, ad tertium annum soalem I valentem solidum I ; arat ad hibernaticum perticas IIII, ad tremissum perticas II ; cor-

vados, carroperas, manoperas, caplim, quantum ei jubetur; pullos III, ova XV.

38. Sointbertus, colonus sancti Germani, tenet mansum ingenuilem I, habentem de terra arabili bunuaria V, de vinea quartam partem, de prato aripennos III. Solvit similiter.

39. Adalulfus, colonus sancti Germani, tenet mansum ingenuilem I, habentem de terra arabili bunuaria V et antsingas II, de vinea dimidium aripennum, de prato aripennum I et dimidium. Solvit similiter.

40. Daroinus, colonus sancti Germani, tenet mansum ingenuilem I, habentem de terra arabili bunuaria VIII, de vinea aripennum I, de prato quartam partem de aripenno. Solvit similiter.

41. Vulfegarius, colonus sancti Germani, tenet dimidium mansum, habentem de terra arabili bunuaria III. Facit sicut et dimidio manso.

42. Airmarus et uxor ejus colona, nomine Salvia, homines sancti Germani, habent secum infantes II, his nominibus, Hartmarus, Gaustrudis; tenent mansum ingenuilem I, habentem de terra arabili bunuaria VII, de vinea quartam partam de aripenno, de prato aripennum I. Solvit similiter.

43. Bertegarius colonus et uxor ejus colona, nomine Amalgardis, homines sancti Germani. Tenet dimidium mansum, habentem de terra arabili bunuaria II, de prato aripennos II. Solvit similiter.

44. Adalhardus colonus et uxor ejus lida, que solvit denarios VIII, nomine Adalfrida, homines sancti Germani, habent secum infantem I, nomine Adalgardis. Tenet dimidium mansum, habentem de terra arabili bunuarium et dimidium, de prato aripennum I. Solvit sicut de dimidio manso.

45. Adalhardus, lidus sancti Germani; Warmenfredus colonus et uxor ejus colona, nomine Gautlindis, homines sancti Germani. Isti duo tenent mansum ingenuilem I, habentem de terra arabili bunuaria X. Solvunt similiter.

46. Erlulfus colonus et uxor ejus colona, nomine Madal-

berta, homines sancti Germani, habent secum infantes II, his nominibus, Nadalia, Nadalburgs ; tenent dimidium mansum, habentem de terra arabili bunuaria V, de prato aripennum I et dimidium. Solvit sicut de dimidio manso.

47. Nadalfredus servus et uxor ejus colona, nomine Radohis, homines sancti Germani, habent secum infantes V, his nominibus, Constantinus, Adalbruc, Nadalia, Radohilt, Ratberga ; tenent mansum ingenuilem I, habentem de terra arabili bunuaria VIII, de vinea duas partes de aripenno, de prato aripennos II. Solvit similiter.

48. Leodoardus, servus sancti Germani, tenet mansum ingenuilem I, habentem de terra arabili bunuaria X, de prato dimidium aripennum. Solvit similiter.

49. Guntboldus colonus et uxor ejus colona, nomine Gaugina, homines sancti Germani, tenent mansum ingenuilem I, habentem de terra arabili bunuaria VIII, de vinea dimidium aripennum, de prato aripennum I et dimidium. Solvit similiter.

50. Boso colonus et uxor ejus ancilla, nomine Teodelindis, homines sancti Germani, habent secum infantem I, nomine Haldulfus ; Ursinianus, colonus sancti Germani, habet secum infantes II, his nominibus, Restoinus, Restoildis. Isti duo tenent mansum ingenuilem I, habentem de terra arabili bunuaria VII, de vinea aripennum I, de prato dimidium aripennum. Solvunt similiter.

51. Gisloldus colonus et uxor ejus colona, nomine Sichildis, homines sancti Germani, habent secum infantes II, his nominibus, Magenardus, Magenildis ; tenent mansum ingenuilem I, habentem de terra arabili bunuaria V et dimidiam antsingam, de prato aripennos III. Solvit similiter.

52. Rageneus colonus et uxor ejus colona, nomine Wilhildis, homines sancti Germani, habent secum infantes II, his nominibus, Ragenarius, Cristofolus ; tenent mansum ingenuilem I, habentem de terra arabili bunuaria II et dimidium, de prato aripennos II. Solvit similiter.

53. Giroldus et uxor ejus lida, homines sancti Germani, habent secum infantes III, his nominibus, Giroardus,

Giroinus, Giroldus ; tenent mansum ingenuilem I, habentem de terra arabili bunuaria III, de prato aripennos III. Solvit similiter.

54. Winegarius servus et uxor ejus colona, nomine Walantrudis, homines sancti Germani, habent secum infantes III, his nominibus, Walateus, Waldina, Ragentrudis ; Wildeharius servus et uxor ejus colona, nomine Adalindis, homines sancti Germani. Isti duo tenent mansum ingenuilem I, habentem de terra arabili bunuaria IIII et dimidium, de prato aripennos IIII et dimidium. Solvunt similiter.

55. Gisloinus, colonus sancti Germani ; Adaluinus colonus et uxor ejus ancilla, nomine Autgelindis, homines sancti Germani, habent secum infantes II, his nominibus, Adalboldus, Celsa. Isti duo tenent mansum ingenuilem I, habentem de terra arabili bunuaria IIII, de prato aripennum I et dimidium. Solvunt similiter.

56. Adalmarus colonus et uxor ejus colona, nomine Winegildis, homines sancti Germani, habent secum infantes V, his nominibus, Adalbertus, Adalmodus, Adalongus, Adalgis, Sointfrida ; tenent mansum ingenuilem I, habentem de terra arabili bunuaria IIII, de vinea aripennum I, de prato aripennos III. Solvit similiter.

57. Aldramnus, colonus sancti Germani ; Alexander, colonus sancti Germani. Isti duo tenent mansum ingenuilem I, habentem de terra arabili bunuaria V, de vinea aripennum I, de prato aripennum I. Solvunt similiter.

58. Wandalfredus colonus et uxor ejus colona, nomine Idoara, homines sancti Germani, habent secum infantes IIII (sic), his nominibus, Amaltrudis, Hildoinus, Secundus; tenent dimidium mansum, habentem de terra arabili bunuaria III, de prato aripennum I. Solvit similiter.

59. Wiltranus colonus et uxor ejus colona, nomine Ercanildis, habent secum infantes IIII, his nominibus, Ercanradus, Winefredus, Walateo, Wileberga ; Otgarius, servus sancti Germani. Isti duo tenent mansum ingenuilem I, habentem de terra arabili bunuaria VIII, de prato aripennum I. Solvunt similiter.

60. Wasco, colonus sancti Germani, tenet mansum ingenuilem I, habentem de terra arabili bunuaria v, de prato aripennum I. Solvit similiter.

61. *De alodo sancti Germani, sito in pago* Madriacensi (Merey, Eure). *Quem alodum, id est villam quæ vocatur* Nidalfa (Neauphlette, Seine-et-Oise), *pariter cum ecclesia, dederunt sancto Germano ad luminaria Sigebertus, Hilduinus, Fulcoldus, Dodo, Winigis, Isnardus, Alkerus, Albuinus, Ermenricus, Aimardus, Rainardus, Harkerus, Framnus, Berta, ingenua femina. Isti homines fuerunt liberi et ingenui ; sed quia militiam regis non valebant exercere, tradiderunt alodos suos sancto Germano, nominatos his nominibus : Nidalfam cum ecclesia sancti Martini, Domeri Montem,* Berheri Vallem (Bréval) (1), Gelle, (Gilles, Eure-et-Loir). *Et duas areas molendini dederunt, unum super villam Gelle, et alterum subtus villam ipsam; item maxnile ubi dicitur ad Mansum Fulcoldi, cujus terra et prati jacent juxta terram sanctæ Mariæ quæ est de Salcido. In Villa Aiardi sunt mansi quinque, habentes duodecim arpennos prati. Omnes sylvæ quæ sunt a Nidalfi usque ad villam* Blarit (Bléry) (2) *et usque* Attiliacum (Tilly), *sunt sancti Germani, pertinentes ad potestatem ejus sancti. De istis villis vero in antea sunt sylvæ quæ pertinent ad comitatum.*

62. Habet in Cella Equilina mansos ingenuiles LIII, qui solvunt, omni anno, ad hostem aut carrum I aut boves VI aut de argento solidos LXXVIII, et in pascione solidos X. Et sunt ex ipsis mansis XXII qui solvunt ad tertium annum soales XXII et fossorios XXX ; pullos CLX, ova DCCC.

Fiunt simul inter mansos vestitos et absos LXX.

En mentionnant les acquisitions faites en 697, nous avons parlé de la Celle-Saint-Cloud (Vil-

---

1. Cette terre fut réunie en 1192 au domaine royal par Philippe-Auguste.
2. Hameau de Boissy-Mauvoisin.

laris), et, suivant l'ordre chronologique, nous reproduisons ici l'état des biens que l'abbaye tenait dans cette commune :

FISC DE LA CELLE-SAINT-CLOUD.

1. Habet in Villare in cella fratrum mansum dominicatum cum casa et aliis casticiis sufficienter.

2. Habet ibi ecclesias II cum omni apparatu diligenter constructas.

3. Habet ibi de terra arabili culturas X, ubi possunt seminari modii DC.

Habet ibi de vinea veteri aripennos LIII; de vinea novella, quam domnus Irmino abba plantavit, aripennos VIIII, ubi possunt colligi in totum modii CCCC.

Habet ibi de prato aripennos L, ubi possunt colligi de feno carra XL.

Habet ibi de silva, sicut æstimatur totum in gyro, leuas II et dimidiam.

Habet in *Nirbanio* (Beynes) de silva bunuaria III.

Habet in *Lebiaco* (Lévy-Saint-Nom) de silva ubi possunt saginari in totum porci CLXX.

4. Habet Bodo colonus et uxor ejus colona, nomine Ermentrudis, homines sancti Germani, habent secum infantes III. Tenet mansum ingenuilem I, habentem de terra arabili bunuaria VIII et antsingas II, de vinea aripennos II, de prato aripennos VII. Solvit ad hostem de argento solidos II, de vino in pascione modios II; ad tertium annum scindolas C; de sepe perticas III. Arat ad hibernaticum perticas IIII, ad tramisem perticas II. In unaquaque ebdomada corvadas II, manuoperam I. Pullos III, ova XV; et caropera ubi injungitur. Et habet medietatem de farinarium, inde solvit de argento solidos II.

5. Frambertus colonus et uxor ejus colona, nomine Odelindis, homines sancti Germani, habent secum infantem I. Tenet mansum ingenuilem I, habentem de terra arabili bunuaria VIII, de vinea aripennum I et duas partes

de aripenno, de prato aripennos II et tertiam partem de aripenno. Excepto scindolas, cetera solvit sicut Bodo.

6. Isti duo tenent alium mansum in censo, habentem de terra arabili bunuaria XIII, de vinea aripennos VI, de prato aripennos VI. Inde solvunt solidos V et denarios III.

7. Waltarius servus habet secum infantem I; Waldegaudus servus et uxor ejus colona, nomine Elegia. Isti duo tenent mansum ingenuilem I, habentem de terra arabili bunuaria IIII et antsingam I, de vinea aripennum I et dimidium, de prato aripennos II. Faciunt de vinea aripennos IIII. Excepto scindolas, cetera solvit sicut Bodo.

8. Ragenoldus colonus et uxor ejus colona, nomine Adalsindis, habent secum infantes VI; Flodoinus colonus et uxor ejus Agenildis, homines sancti Germani. Isti duo tenent mansum ingenuilem I, habentem de terra arabili bunuaria X, de vinea aripennos II, de prato aripennos II. Cetera solvit sicut Bodo.

9. Josep colonus et uxor ejus colona, nomine Berta, homines sancti Germani, habent secum infantes VI. Tenet mansum I ingenuilem, habentem de terra arabili bunuaria XI, de vinea aripennum I et dimidium, de prato aripennum I et dimidium. Excepto scindolas, cetera solvit similiter.

10. Ermfredus, homo sancti Petri, tenet mansum ingenuilem I, habentem de terra arabili bunuaria VI et antsingas II, de vinea aripennum I et dimidium, de prato aripennos II. Cetera similiter.

11. Bertulfus colonus et uxor ejus colona, nomine Eusebia, homines sancti Germani, habent secum infantes V. Tenet mansum ingenuilem I, habentem de terra arabili bunuaria IIII, de vinea aripennum I, de prato I. Excepto scindolas, cetera similiter.

12. Agenricus colonus et uxor ejus colona, nomine Gerildis, homines sancti Germani. Tenet mansum ingenuilem I, habentem de terra arabili bunuaria VI, de vinea aripennum I, de prato tertiam partem de aripenno. Excepto scindolas, cetera similiter.

13. Teodaldus colonus et uxor ejus colona, nomine Eribolda, homines sancti Germani, habent secum infantes III; Evrebaldus, colonus sancti Germani. Isti duo tenent mansum ingenuilem I, habentem de terra arabili bunuaria VI, de vinea aripennum I et dimidium, de prato aripennum I et dimidium. Cetera similiter.

14. Withelmus servus et uxor ejus colona, nomine Ermentrudis, homines sancti Germani, habent secum infantes II. Tenet mansum ingenuilem I, habentem de terra arabili bunuaria VIII, de vinea aripennum I et dimidium, de prato aripennum I et dimidium. Facit in vinea aripennos IIII. Cetera similiter.

15. Radoinus servus et uxor ejus colona, nomine Germentrada, homines sancti Germani, habent secum infantes III. Tenet mansum ingenuilem I, habentem de terra arabili bunuaria VI et dimidium, de prato aripennos II Facit in vinea aripennos IIII. Excepto scindolas, cetera similiter.

16. Radulfus colonus; Erloldus colonus et uxor ejus colona, nomine Odilberga, homines sancti Germani, habent secum infantes V; Waltsinda, colona sancti Germani, habet secum infantes IIII. Isti tres tenent mansum ingenuilem I, habentem de terra arabili bunuaria VIII, de vinea aripennum I et dimidium, de prato aripennum I. Cetera similiter.

17. Ermengaudus colonus et uxor ejus colona, nomine Bertramna, homines sancti Germani, habent secum infantes III. Tenet mansum ingenuilem I, habentem de terra arabili bunuaria VIII, de vinea aripennum dimidium, de prato aripennos II. Excepto scindolas, cetera similiter.

18. Sindulfus servus et uxor ejus ancilla, nomine Bertedrudis, homines sancti Germani, habet secum infantem I; Benegaudus et uxor ejus ancilla sancti Germani, nomine Rainberga, habent secum infantes II. Isti duo tenent mansum ingenuilem I, habentem de terra arabili bunuaria VIII, de vinea dimidium aripennum, de prato aripennum I et dimidium. Excepto scindolas, cetera similiter.

19. Ermoinus; Natalis colonus et uxor ejus colona, no-

mine Audimia, homines sancti Germani, habent secum infantes II. Isti duo tenent mansum ingenuilem I, habentem de terra arabili bunuaria IIII et dimidium, de vinea aripennum I dimidium, de prato aripennos II et dimidium. Excepto scindolas, cetera similiter.

20. Frotboldus, servus sancti Germani ; Deodatus colonus et uxor ejus colona, nomine Warnehildis, homines sancti Germani. Isti duo tenent mansum ingenuilem I, habentem de terra arabili bunuaria VIII et antsingam I, de vinea dimidium aripennum, de prato aripennum I. Solvunt ad hostem de argento solidos II, de vino modium I. Arant ad hibernaticum perticas IIII, ad tramisem perticas II ; et in unaquaque ebdomada corvadas II. Faciunt in vinea aripennos IIII, ad tertium annum perticas III de sepe.

21. Hildegaudus colonus et uxor ejus colona, nomine Witlindis, habent secum infantes III. Tenet mansum ingenuilem I, habentem de terra arabili bunuaria IIII, de vinea aripennos III, de prato aripennos II. Excepto ad tramisem non facit, cetera facit sicut Bodo.

DE BUSLONI CURTE. (Boulincourt (1), arr. de Rambouillet.)

22. Cricianus, colonus sancti Germani ; Cristofolus colonus et uxor ejus colona, nomine Hildegudis, homines sancti Germani, habent secum infantes II. Isti duo tenent mansum ingenuilem I, habentem de terra arabili bunuaria VI, de vinea aripennum I et dimidium, de prato aripennum I. Solvunt ad hostem de argento solidos II, de vino modios II, ad tercium annum scindolas C ; de sepe perticas III. Pullos III, ova XV. Arant ad hibernaticum perticas III. Caropera ubi eis injungitur.

23. Giroardus et uxor ejus colona, nomine Baltildis, habent secum infantes II. Tenet mansum ingenuilem I, habentem de terra arabili bunuaria IIII et antsingas II, de

---

1. Hameau de Villiers-le-Mahieu.

vinea aripennos II, de prato aripennum I. Cetera solvit sicut Cricianus.

24. Rotharius colonus et uxor ejus colona, nomine Restibia, homines sancti Germani ; Teutgaudus colonus. Isti duo tenent mansum ingenuilem I, habentem de terra arabili bunuaria V, de vinea aripennum I, de prato dimidium aripennum. Cetera solvit sicut Cricianus.

25. Fulcaldus et uxor ejus colona, nomine Rictrudis, habent secum infantes V ; Ansbaldus colonus et uxor ejus colona, nomine Elilindis, habent secum infantes III. Tenent mansum ingenuilem I, habentem de terra arabili bunuaria V et antsingam I, de vinea aripennum I, de prato aripennum I. Solvunt similiter.

26. Framnoinus colonus et uxor ejus Ernegundis, habent secum infantem I ; Gisloinus colonus ; Sichardus colonus et uxor ejus colona, nomine Ercantrudis, habent secum filios III. Isti tres tenent mansum ingenuilem I, habentem de terra arabili bunuaria IIII, de vinea aripennos III, de prato aripennos II. Solvunt ad hostem de argento solidos II, de vino modios II ; in unaquaque ebdomada corvadas II. Ad tertium annum faciunt sepem perticas III. Arant ad hibernaticum perticas IIII. Pullos III, ova XV.

27. Amalbert colonus et uxor ejus colona, nomine Hiltrudis, homines sancti Germani, tenent mansum ingenuilem I, habentem de terra arabili bunuaria IIII, de vinea aripennos IIII, de prato aripennum I et dimidium. Cetera solvit usque huc, sicut Cricianus.

28. Ercanteus colonus et uxor ejus colona, nomine Teitla, homines sancti Germani, habent secum infantes III. Tenet mansum ingenuilem I, habentem de terra arabili bunuaria X, de vinea aripennos II, de prato aripennum I. Cetera solvit sicut Bodo.

29. Ardoinus colonus et uxor ejus Fulberta, homines sancti Germani, tenent mansum ingenuilem I, habentem de terra arabili bunuaria VIIII, de vinea aripennum I et duas partes de aripenno, de prato aripennos III. Cetera solvit sicut Bodo.

30. Ingobodus colonus et uxor ejus colona, nomine Co-

lonia, homines sancti Germani, habent secum infantem I; Acloinus colonus. Isti duo tenent mansum ingenuilem I, habentem de terra arabili bunuaria XI, de vinea duas partes de aripenno, de prato aripennum I. Solvunt similiter.

31. Ermedramnus colonus et uxor ejus colona, nomine Ermentera, homines sancti Germani, habent secum infantes II. Tenet mansum ingenuilem I, habentem de terra arabili bunuaria VIII, de vinea duas partes de aripenno, de prato aripennos II. Solvit similiter.

32. Madalricus, colonus sancti Germani ; Adalcarius et uxor ejus Madaltrudis, colona sancti Germani, habent secum infantes II. Tenet mansum ingenuilem I, habentem de terra arabili bunuaria VII et antsingas II, de vinea aripennum I et dimidium, de prato aripennum I et dimidium. Solvit similiter.

33. Ermenarius, colonus sancti Germani, tenet mansum ingenuilem I, habentem de terra arabili bunuaria VIII, de vinea aripennum I, de prato aripennum I et dimidium. Solvit similiter.

34. Bertinus colonus et uxor ejus colona, nomine Ragenildis, homines sancti Germani, habent secum infantes III; Evrinus, colonus sancti Germani. Tenent mansum ingenuilem I, habentem de terra arabili bunuaria XI et dimidiam antsingam, de vinea aripennum I, de prato III. Solvit similiter.

35. Eribaldus colonus et uxor ejus colona nomine Ragenildis, homines sancti Germani, habent secum infantes III ; Restaldus, colonus sancti Germani. Isti duo tenent mansum ingenuilem I, habentem de terra arabili bunuaria VIII, de vinea aripennum I, de prato aripennos III. Excepto vino minuit modium I, cetera solvit similiter.

36. Vulfardus, colonus sancti Germani, tenet mansum ingenuilem I, habentem de terra arabili bunuaria VII et antsingam I, de vinea aripennum I, de prato aripennum I. Cetera solvit sicut Bodo.

37. Gunsbertus, colonus sancti Germani ; Cristofolus,

colonus sancti Germani; Mortgilus colonus et uxor ejus colona, nomine Ermengudis, homines sancti Germani, habent secum infantes III. Isti tres tenent mansum ingenuilem I, habentem de terra arabili bunuaria VIIII, de vinea aripennos III et dimidium, de prato aripennum I. Solvunt ad hostem de argento solidos II, de vino modios IIII. Arant ad hibernaticum perticas VIII. Pullos VI, ova XXX. Ad tertium annum de sepe perticas III. Et habent unum farinarium, unde solvunt de vino modios XVI. In unaquaque ebdomada corvadas II; manoperas, caplim faciunt quantum sibi jubetur; caropera ubi eis injungitur.

38. Godevertus colonus et uxor ejus colona, nomine Ingenildis, homines sancti Germani, habent secum infantes III. Tenet dimidium mansum ingenuilem, habentem de terra arabili bunuaria II et antsingam I, de vinea aripennos II. Solvit ad hostem de argento solidum I, de vino modium I. Arat ad hibernaticum perticas II. In unaquaque ebdomoda dies III. Pullos III, ova XV. Caroperas ubi ei injungitur.

39. Waltarius, colonus sancti Germani, tenet dimidium mansum, habentem de terra arabili bunuaria II et antsingam I, de vinea aripennum I, de prato duas partes de aripenno. Solvit ad hostem denarios VIII, de vino modium I. Arat ad hibernaticum perticas IIII. Pullos III, ova XV. Manoperas ubi ei injungitur.

40. Martinus colonus et uxor ejus colona, nomine Bertoara, homines sancti Germani, habent secum infantes IIII; Bertaldus colonus et uxor ejus colona, nomine Adalgardis, homines sancti Germani, habent secum infantes VI; Hercanarius colonus et uxor ejus colona, nomine Winiberta, homines sancti Germani, habent secum infantes IIII. Isti tres tenent mansum ingenuilem I, habentem de terra arabili bunuaria VIIII, de vinea aripennos IIII, de prato aripennos IIII. Excepto antsingam ad tramisem, cetera sicut Bodo.

41. Siclebertus, colonus sancti Germani; Segevertus, colonus sancti Germani; Siclebaldus, colonus sancti Germani. Isti tres tenent mansum ingenuilem I, habentem de

terra arabili bunuaria IIII, de vinea aripennos III, de prato aripennos III.

42. Ragentlandus servus et uxor ejus colona, nomine Ingramna, homines sancti Germani, habent secum infantes III. Tenet mansum ingenuilem I, habentem de terra arabili bunuaria VI et antsingam I, de vinea aripennum I et dimidium, de prato aripennos III. Solvit ad hostem de argento solidos II, de vino modios III. Arat ad hibernaticum perticas VIII. Ad tertium annum scindolas C, et ad sepem perticas III. In unaquaque ebdomada corvadas II. Pullos III, ova XV. Caroperas ubi ei injungitur. Facit in vinea aripennos IIII.

43. Godalharius, colonus sancti Germani ; Ogebertus colonus et uxor ejus colona, nomine Stargisa, homines sancti Germani, habent secum infantes IIII. Isti duo tenent mansum ingenuilem I, habentem de terra arabili bunuaria III et antsingam I, de vinea aripennum I et quartam partem de aripenno, de prato aripennos II. Excepto antsingam ad tramisem, cetera facit sicut Bodo.

44. Frambertus, colonus saucti Germani ; Ebrehardus, colonus sancti Germani. Isti duo tenent mansum ingenuilem I, habentem de terra arabili bunuaria III et dimidium, de vinea aripennos II, de prato aripennos II et dimidium. Solvit similiter.

45. Amanoldus colonus et uxor ejus colona, nomine Ercantrudis, homines sancti Germani, habent secum infantes III ; Natlaharius colonus et uxor ejus colona, nomine Ermenildis, homines sancti Germani, habent secum infantes III. Isti duo tenent mansum ingenuilem I, habentem de terra arabili bunuaria VI, de vinea aripennos II, de prato aripennum I. Solvit similiter.

46. Giboinus colonus et uxor ejus colona, nomine Ingildis, habent secum infantes II. Tenet dimidium mansum ingenuilem, habentem de terra arabili bunuaria II, de vinea aripennum I et dimidium, de prato aripennos II. Solvit ad hostem solidum I, de vino modium I. Arat ad hibernaticum perticas II. Corvadas, caroperas, ubi ei injungitur. Pullos tres, ova XV.

47. Giroldus colonus et uxor ejus colona, nomine Amada, habent secum filios II et filiam I. Tenet dimidium mansum, habentem de terra arabili bunuaria III et dimidium, de vinea aripennos II, de prato aripennum I. Solvit ad hostem de argento solidum I, de vino modium I. Arat ad hibernaticum perticas II. Ad tertium annum de sepe perticas II. Pullos III, ova XV. Caroperas ubi ei injungitur.

48. Hairteus colonus et uxor ejus colona, nomine Ragentrudis, homines sancti Germani, habent secum infantem I. Tenet mansum ingenuilem I, habentem de terra arabili bunuaria XX, de vinea aripennum I et duas partes de aripenno, de prato aripennos IIII. Inde facit antsingas II ad hibernaticum, et corvadas, et parveredum solvit.

49. Teudericus colonus et uxor ejus colona, nomine Ragnildis, homines sancti Germani, habent secum infantes II. Tenet mansum ingenuilem I, habentem de terra arabili bunuaria IIII, de vinea duas partes de aripenno. Solvit ad hostem solidum I, de vino modium I. Arat ad hibernaticum perticas IIII, ad tramisem perticas II. Corvadas, caroperas, ubi ei injungitur ; manoperas. Pullos III, ova XV. Ad tercium annum de sepe perticam I et dimidiam.

50. Ingo colonus et uxor ejus colona, nomine Rattrudis, homines sancti Germani, habent secum infantes IIII. Tenet mansum ingenuilem I, habentem de terra arabili bunuaria IIII, de vinea terciam partem de aripenno, de prato aripennum I. Solvit vervicem I cum agno, in pascione denarios IIII ; pullos III, ova XV ; manoperas.

51. Ingalramnus colonus tenet mansum ingenuilem I, habentem de terra arabili bunuaria V et antsingas II, de vinea terciam partem de aripenno, de prato aripennos II. Cetera solvit sicut Ingo.

52. Gisloldus tenet mansum ingenuilem I, habentem de terra arabili bunuaria VI et dimidium, de vinea duas partes de aripenno, de prato aripennum I. Cetera solvit sicut Ingo.

53. Ermenarius, colonus sancti Germani ; Betlina, colona sancti Germani, habet secum infantes IIII. Isti duo tenent mansum ingenuilem I, habentem de terra arabili bunuaria VI, de vinea aripennum I, de prato aripennum I. Solvunt ad hostem de argento solidum I, de vino modium I. Arat ad hibernaticum perticas IIII, ad tramisem perticas II. Manoperas, corvada. Pullos III, ova XV. Ad tercium annum de sepe perticas III. Caroperas ubi eis injungitur.

54. Martinus colonus et uxor ejus colona, nomine Hilttrudis, homines sancti Germani, habent secum infantes IIII. Tenet dimidium mansum ingenuilem, habentem de terra arabili bunuaria III et antsingam I, de vinea aripennum I et dimidium, de prato aripennum I. Solvit ad hostem de argento solidum I, de vino modium I. Arat ad hibernaticum perticas II, ad tramisem perticam I. Manoperas, caroperas ubi ei injungitur. Pullos III, ova XV.

55. Antianus colonus et uxor ejus colona, nomine Genana, homines sancti Germani, habent secum infantes IIII. Tenet dimidium mansum, habentem de terra arabili bunuaria II et antsingam I, de prato aripennum I. Solvit ad hostem denarios VI. Arat ad hibernaticum perticas II. Manoperas. Pullos III, ova XV.

56. Restaldus colonus et uxor ejus colona, nomine Adrildis, homines sancti Germani, habent secum infantes III. Tenet de terra arabili bunuarium I et antsingam I, facit in unaquaque ebdomada diem I. Pullos III, ova XV.

57. Gisloldus habet de terra arabili antsingam I, de vinea aripennum I. Solvit inde de vino modium I, pullum I, ova V ; et in unaquaque ebdomada diem I.

58. Ermenradus colonus et uxor ejus colona, nomine Beregildis, habent secum infantes VI. Tenet mansum ingenuilem I, habentem de terra arabili bunuaria VI, de vinea aripennos III et dimidium. Inde facit ad hibernaticum perticas IIII, et solvit parveredum.

59. Ebraldus colonus habet de terra arabili bunuarium I; inde facit in ebdomada die I. Pullum I.

60. Sichelmus tenet de terra jornalem I ; inde facit in ebdomada die I. Pullum I, ova V.

61. Ogebertus habet de vinea aripennos II, et nihil inde facit.

62. Genismus servus habet secum infantes II. Tenet mansum servilem I, habentem de terra arabili bunuaria III et antsingas II. Solvit de vino. In ebdomada corvadas II ; manoperas. Pullos III, ova XV. Facit de vinea aripennos IIII ; ad tercium annum de sepe perticam I.

63. Witleis servus et uxor ejus colona, nomine Gilslehildis, habent secum infantes IIII. Tenet mansum servilem I, habentem de terra arabili bunuaria III, de vinea aripennum I, de prato aripennum I. Cetera solvit sicut Genismus.

64. Ragfridus colonus et uxor ejus ancilla, nomine Adalgundis, habent secum infantes III. Tenet mansum servilem I, habentem de terra arabili bunuaria III, de vinea aripennos II. Solvit de vino modios II. Manoperas. Pullos III, ova XV. Ad tercium annum de sepe perticam I. Facit in vinea aripennos IIII.

65. Ercanaldus servus et uxor ejus colona, nomine Eriberta, homines sancti Germani, habent secum infantem I. Tenet mansum servilem I, habentem de terra arabili bunuaria V, de vinea aripennum I, de prato aripennum I. Solvit de vino modios II, pullos III, ova XV. Corvadas, manoperas. Ad tercium annum de sepe perticam I. Facit in vinea aripennos IIII.

66. Guntharius servus et uxor ejus colona, nomine Ercanildis, habent secum infantes V. Tenet dimidium mansum servilem, habentem de terra arabili bunuaria II et antsingas II, de vinea dimidium aripennum, de prato aripennum I. Solvit de vino modium I. Arat ad hibernaticum perticas II. Pullos III, ova XV. Ad tercium annum de sepe perticam I. Manoperas, corvadas.

67. Bertaldus servus et uxor ejus ancilla, nomine Ermentrudis, habent secum infantes IIII. Tenet dimidium mansum servilem, habentem de terra arabili bunuaria II et antsingam I, de vinea aripennum I. Solvit de vino modium I, pullos III, ova XV. Caroperas, manoperas.

68. Witbaldus servus et uxor ejus colona, nomine Ermenildis, habent secum infantes IIII. Tenet dimidium mansum servilem, habentem de terra arabili bunuaria II et antsingam I. Pullos III, ova XV. Facit in vinea aripennos IIII ; manoperas, caroperas.

69. Radoardus tenet mansum ingenuilem I, habentem de terra arabili bunuaria IIII et antsingas II, de vinea aripennos II et dimidium, de prato aripennum I. Facit antsingam I, et solvit de argento solidos V.

70. Cristingaudus, Ragenus, Gersinda, Radoardus. Isti quattuor habent de terra arabili antsingas II, de vinea dimidium aripennum. Inde solvunt de argento solidum I.

71. Framnus habet de terra arabili bunuarium I, de vinea aripennum I. Inde solvit denarios VI.

72. Aitingaudus habet de terra antsingas II. Inde solvit denarios VIII ; et in messe diem I, et in prato similiter.

73. Hildegaudus solvit solidos III.

74. Lotfridus solvit in censum denarios IIII.

75. Vulflandus et uxor ejus, nomine Clara. Abet de terra bunuaria II, de vinea aripennum I, de prato aripennos II. Inde solvit de argento solidos II. Arat ad hibernaticum perticas II.

76. Hildegarius colonus et uxor ejus colona, nomine Gislefreda, homines sancti Germani, habent secum infantem I. Tenet mansum ingenuilem I, habentem de terra arabili bunuaria V et dimidiam antsingam, de vinea aripennum I, de prato antsingam I. Solvit in censo de argento solidos III. Arat ad hibernaticum antsingam I. De vino modium I, pullos III, ova XV.

77. Habet Gerardus de terra bunuarium. Solvit inde in censo solidos II.

78. Ermenricus et uxor ejus colona, nomine Adrehildis, habet de terra bunuaria II, inter vineam et pratum dimidium aripennum. Inde solvit de argento solidum I et denarios VI.

79. Gisluifus, homo sancti Germani, habet de terra bunuarium I, de vinea quartam partem de aripenno, de prato

dimidium aripennum. Inde facit antsingam I. Et in censum de argento solidos II.

80. Waltarius in censum denarios III.

81. Waltarius denarios IIII, Elismus similiter, Anstrudis similiter, Radoildis similiter, Eusebia similiter, Ava similiter, Hilduildis similiter, Hairhardus similiter, Alemunus similiter, Hildegarius similiter, Gisla similiter, Ragenus similiter, Rantguda similiter, Gotlindis similiter, Nordoinus similiter, Gislefrida similiter, Raganfridus similiter, Cristengaudus similiter, Siclehildis similiter, Gersinda similiter, Ragambertus similiter, Hartgarius similiter, Otbaldam similiter, Ercanfridus similiter, Sicleberta similiter, Esau similiter, Andreharius similiter, Morondus similiter et soror sua similiter.

82. Habet in *Filcusas* (Fourqueux) de vinea aripennos VII.

83. *Habet in comitatu Witramni, in Pinciacensi pago, villam quæ vocatur Magedon (Médan); et in ipsa villa habet I mansum indominicatum; et ad ipsum mansum pertinent XXIIII ospitia cum ecclesia indominicata, culturis, pratis, vineis, cum uno farinario, et quicquid ad ipsum prædictum mansum pertinere videtur.*

84. SUNT in Villare Cella fratrum, secundum quod suprascriptum tenetur, mansi ingenuiles LI, qui solvunt hostilitio solidos LXXXIII denarios II omni anno; pastione vini modios LXXXV; de argento solidum I, de censu solidos XXVIII denarios VII, vini modios XVII, vervices III; scindolas IIMCC ad tertium annum.

Sunt mansi serviles V et medius. Solvunt vini modios X. Solvunt pullos cum ovis inter totum CLXXXIII.

Solvunt forcapii solidos X.

(*Breve de Villari. A. Longnon.*)

Au IXe siècle, l'abbaye possédait à la *Celle-St-Cloud* (la Celle des Frères, *cella Fratrum, cellule*), cinquante manses d'affranchis, cinq manses de serfs, deux lieues de bois, cinquante-quatre arpents de vieilles vignes. Il y avait deux églises, l'une au centre, sous l'invocation de saint Pierre, l'autre au hameau du *Chesnay*. L'église Saint-Pierre fut ménacée par les Normands en 846 ; mais elle était entourée de remparts et les pirates furent forcés de se retirer.

Les moines de Saint-Germain-des-Prés firent bâtir à la Celle un asile pour ceux de leurs frères qui avaient besoin d'air pur ; mais, pendant les guerres de religion, l'église Saint-Pierre ayant été dévastée par le parti huguenot, ils ne s'y crurent plus en sûreté, et cédèrent leur domaine à Joachim Sandras, dont les héritiers le vendirent à Louis XIV par contrat du 21 avril 1683.

Le roi annexa la majeure partie des terres et des bois au parc de Versailles.

Quant à l'ancien asile des moines convalescents, agrandi par Joachim Sandras, le roi l'abandonna, moyennant finances, à Bachelier, son premier valet de chambre.

AN 800.

L'AUTEUR anonyme qui a écrit, vers la fin du règne de Charlemagne, l'Histoire de la translation du corps de saint Germain, évêque de Paris, rapporte un miracle qui aurait eu pour théâtre le *Vicus Corboilus (Le Vieux-Corbeil)*, aujourd'hui *Saint-Germain-lès-Corbeil*.

Le *Vicus Corboilus* dépendait sous Charlemagne

de la fameuse abbaye parisienne : *nam eamdem villam quondam beati fuisse Germani rarus qui nesciat.* A ce sujet, Lebœuf *(tome XIII)* dit : « que ce vieux Corbeil existait dès le sixième
» siècle et était une terre appartenant à saint
» Germain, qui y avait fait bâtir une église qu'on
» croit avoir été en l'honneur de saint Vincent,
» dans laquelle la tradition, au huitième siècle,
» était qu'il y avait couché sur de l'herbe verte, et
» qui, depuis sa mort, prit son nom. »

AN 811.

Le savant abbé Irminon, qui a laissé un Polyptique ou pouillé de son abbaye, précieux document pour l'histoire des personnes et des terres au IXe siècle, fut le successeur de Robert.

Aimoin *(livre 5, col. 34)* le représente comme un abbé prudent, sage et d'un grand ordre dans le temporel.

Dom Bouillart *(page 23)* le cite comme ayant marqué dans un livre tous les revenus de son monastère, distinguant ce qui était destiné aux religieux de ce que l'abbé devait avoir pour son entretien.

Il augmenta considérablement les biens de son monastère en plantant des vignes, en bâtissant des moulins. Ses travaux se portèrent sur notre territoire, puisque nous trouvons dans cette liste qu'il fit bâtir 3 moulins : *in Mantula, Maule*, et défricher plusieurs terres incultes du côté de *Poissy : in Sicca valle*, Saint-Germain de Secval (Guerville), *in Mansionis villa*, Maisons-sur-Seine.

FISC DE MAULE (1).

1. Habet in *Mantula* mansum indominicatum cum casa et capella et aliis casticiis sufficienter. Habet ibi de vinea aripennos XLIIII, ubi possunt colligi de vino modii CL ; de terra dominicata, inter Mantulam et Hostoldi Villam, culturas XI, quæ habent bunuaria CCLXX, et possunt seminari de modiis frumenti D ; de prato aripennos XX, ubi possunt colligi de feno carra XL. Habet ibi III lucos qui non ferunt fructum, habentes, juxta æstimationem, bunuaria C. Habet ibi farinarios III, quos domnus Irmino abbas in aptiori loco transmutavit et melius renovavit ; qui solvunt de moltura modios CCC.

2. Habet *in Maroilo* (Mareil-sur-Mauldre) ecclesiam bene constructam, aspicientem ad memoratam villam. Habet ibi de terra arabili bunuaria XVI, de vinea aripennos VII, de prato aripennos III. Aspiciunt ibi mansi IIII et hospites duo. Habent de terra arabili bunuaria XXXI, de vinea aripennos II, de prato aripennos III. Solvunt pullos et ova : et unusquisque arat ad hibernaticum perticas IIII et duos ad tramisum ; et faciunt curvadas, et faciunt dies III. Hospites vero nihil ei faciunt, præter unum diem in ebdomada.

3. Adalramnus, major, colonus sancti Germani, et uxor ejus, quorum infantes non sunt sancti Germani. Manet *in Allogilo* (Auteuil, Seine-et-Oise). Tenet mansos II ingenuiles, habentes de terra arabili bunuaria XXVIIII, de vinea aripennos III, de prato aripennos IIII, de silvula, quam nunc nutrit, bunuaria II. Solvunt æqualiter omne censum, sicut alii mansi ingenuiles.

---

1. *Mantula, Manlia* (Maule), *de pago Pinciacinse* (le Pincerais). Ancien Doyenné de Poissy, au diocèse de Chartres.

4. Madalboldus, decanus et colonus, et uxor ejus colona, nomine Ermentrudis, homines sancti Germani. Isti sunt filii eorum : Rainarius, Frudoldus, Gulfradus, Ermenoldus, Framneharius, Gisentrudis, Vulfrada. Manet in *Mantula*. Tenet ibi mansum I ingenuilem, habentem de terra arabili bunuaria X, de vinea aripennum I, de prato duas partes de aripenno. Solvit ad hostem, aut III solidos, aut tertiam partem de bove ; de vino modium I, pullos III, ova XV. Arat ad hibertanicum perticas IIII, ad tramisum II. In unaquaque ebdomada, per singulas stationes, curvadas II et diem I ; et quando curvadas non facit, dies III. Facit caropera abicunque ei injungitur. Solvit pullum regale.

5. Ercoinus colonus et uxor ejus colona, nomine Wilia, homines sancti Germani ; et Frotcarius colonus et uxor ejus, colona de *Sicca Valle* (Secval), nomine Flavia, homines sancti Germani : iste est eorum filius, Flodegarius. Manent in Mantula. Tenet mansum I ingenuilem, habentem de terra arabili bunuaria XI et jornalem I supra, de vinea aripennum I, de prato aripennum I et dimidium. Solvunt similiter.

6. Ragenoldus colonus et uxor ejus colona, nomine Leodimia, homines sancti Germani : Leuthardus est eorum filius. Manet in Mantula. Tenet mansum I ingenuilem, habentem de terra arabili bunuaria VIIII, de vinea aripennum I, de prato aripennum I et dimidium. Solvit similiter.

7. Waluppus colonus et uxor ejus colona, nomine Wicberta, homines sancti Germani. Isti sunt filii eorum vel filiæ : Ardulfus, Walismus, Gerberga, Walantrudis, Girflidis. Manet in Mantula. Tenet mansum I ingenuilem, habentem de terra arabili bunuaria VIII, de vinea aripennum I et dimidium, de prato aripennum I. Solvit similiter.

8. Arnaldus colonus et uxor ejus colona, nomine Waldegundis, homines sancti Germani. Isti sunt filii eorum vel filiæ : Arnulfus, Hildegarius, Arnolda, Andriga. Manet in Mantula. Tenet mansum I ingenuilem, habentem de terra arabili bunuaria VIIII, de vinea aripennum I, de prato similiter ; et solvit similiter.

9. Madalbertus colonus et uxor ejus colona, nomine

Arigildis, homines sancti Germani : Aregaudus et Madalberga, filii eorum. Et Restedumnus colonus et uxor ejus colona, nomine Ermengardis, homines sancti Germani. Isti duo manent in Mantula. Tenent mansum I ingenuilem, habentem de terra arabili bunuaria X, de vinea aripennum I, de prato similiter. Solvunt similiter.

10. Rumoldus colonus, homo sancti Germani, manet in Mantula. Tenet mansum I ingenuilem, habentem de terra arabili bunuaria VIII et jornalem I, de vinea aripennum I, de prato dimidium aripennum. Solvit similiter.

11. Ulfoardus colonus et uxor ejus colona, nomine Godelindis, homines sancti Germani : ista est filia eorum, Gutonia. Manet in Mantula. Tenet mansum I ingenuilem, habentem de terra arabili bunuaria XII, de vinea aripennum I, de prato dimidium aripennum. Solvit similiter, et unum modium de vino supra.

12. Landoarius, colonus, de beneficii Paterni, et uxor ejus colona, homines sancti Germani. Isti sunt filii eorum : Walandus, Hairveus, Hairuildis, Walabildis, Wandala, Raina, Wandelindis. Et Actuinus et Artbertus coloni, homines sancti Germani. Isti tres manent in Mantula. Tenent mansum I ingenuilem, habentem de terra arabili bunuaria XVII, de vinea duas partes de aripenno, de prato aripennum et dimidium. Solvunt similiter, et unum modium de vino supra.

13. Ingalboldus colonus, homo sancti Germani. Isti sunt ejus filii : Ansboldus, Ingaltrudis, Aclildis. Manet in Mantula. Tenet mansum I ingenuilem, habentem de terra arabili bunuaria VIII, de vinea dimidium aripennum, de prato similiter. Solvit similiter.

14. Godalricus colonus et uxor ejus colona, nomine Leodildis, homines sancti Germani. Isti sunt filii eorum vel filiæ : Leodo, Hildegildis, Eodildis. Manet in Mantula. Tenet mansum I ingenuilem, habentem de terra arabili bunuaria VII, de vinea aripennum I. Solvit similiter.

15. Ercauildis, colona sancti Germani. Isti sunt filius ejus vel filiæ : Agenarius, Ermenardus, Agenildis, Ercantrudis. Manet in Mantula. Tenet mansum I ingenuilem,

habentem de terra arabili bunuaria VII, de vinea aripennum I, de prato duas partes de aripenno. Solvit similiter. Et unum modium de vino supra.

16. Bladalinus colonus et uxor ejus colona, nomine Rainberga, homines sancti Germani : Rainbertus, Rainboldus sunt filii eorum. Manet in Mantula. Tenet mansum I ingenuilem, habentem de terra arabili bunuaria X, de vinea aripennum I, de prato tertiam partem de aripenno. Solvit similiter.

17. Mainardus colonus et uxor ejus colona, nomine Rangildis, homines sancti Germani ; et Johannes colonus et uxor ejus colona, nomine Ermhildis. Isti sunt filii eorum vel filiæ : Framhardus, Trutgildis, Ermentrudis, Ermemberta, Balfrida, Johanna. Isti duo manent in Mantula. Tenent mansum I ingenuilem, habentem de terra arabili bunuaria XVIII, de vinea aripennum I, de prato dimidium aripennum. Solvunt similiter, et unum modium de vino supra.

18. Wicbolda, colona sancti Germani. Isti sunt filii ejus : Winegarius, Winitharius. Et David, lidus, homo sancti Germani. Isti duo manent in Mantula. Tenent mansum I ingenuilem, habentem de terra arabili bunuaria XII, de vinea dimidium aripennum, de prato similiter. Solvunt similiter, et unum modium de vino supra.

19. Odo colonus et uxor ejus colona, nomine Madalhildis, homines sancti Germani. Isti sunt filii eorum vel filiæ : Ermenarius, Ermengisus, Doningus, Frotgardis. Manet in Mantula. Tenent mansum I ingenuilem, habentem de terra arabili bunuaria VIIII, de vinea dimidium aripennum, de prato aripennum I. Solvit similiter, et C scindulas supra ; et dimidiam perticam ad tramisum.

20. Ercambertus colonus et uxor ejus colona, nomine Aclindis, homines sancti Germani. Isti sunt filii eorum vel filiæ : Aclemarus, Ercamboldus, Agitara. Manet in Mantula. Tenent mansum I ingenuilem, habentem de terra arabili bunuaria VIII, de vinea aripennum I, de prato similiter. Solvit similiter.

21. Gislemarus colonus, homo sancti Germani ; et Ode-

lelmus, colonus et uxor ejus colona, nomine Raintrudis, homines sancti Germani. Manent in Mantula. Tenent mansum I ingenuilem, habentem de terra arabili bunuaria VI, de vinea aripennos II, de prato aripennum I. Solvunt similiter, et modios II de vino supra.

22. Hincbertus colonus, homo sancti Germani. Manet in Mantula. Tenet mansum ingenuilem I, habentem de terra arabili bunuaria VII, de vinea duas partes de aripenno, de prato aripennum I. Solvit modium I de vino et C scindulas, et dimidiam perticam ad tramisum, excepto supramemoratum censum.

23. Hiltcarius colonus et uxor ejus colona, nomine Godalindis, homines sancti Germani. Isti sunt filii eorum vel filiæ : Inguinus, Giringa, Edalgildis. Et Odilus colonus et uxor ejus colona, nomine Acleverta, homines sancti Germani : iste est filius eorum, Evremirus. Manet in Mantula. Tenent mansum I ingenuilem, habentem de terra arabili bunuaria XIII, de vinea aripennum I, de prato dimidium aripennum. Solvit similiter.

24. Rantgarius colonus et uxor ejus, nomine Plectrudis, homines sancti Germani ; est filius eorum Frocarius. Manet in Mantula. Tenent mansum ingenuilem, habentem de terra arabili bunuaria XI, de vinea aripennum I, de prato similiter. Solvit similiter.

De Altogilo (Auteuil).

25. Godalharius colonus et uxor ejus colona, nomine Girberta, homines sancti Germani. Ipse Godalharius habet de alia femina colona filios II, Godinum et Godalboldum. Manent in Altogilo. Tenent mansum I ingenuilem, habentem de terra arabili bunuaria VIII, de vinea aripennum I, de prato dimidium aripennum. Solvit similiter.

26. Acleharius colonus et uxor ejus colona, nomine Girberga, homines sancti Germani. Filii eorum sunt et filiæ : Andefridus, Idelgarius, Benedictus, Stadius, Ercantia. Manet in Altogilo. Tenent Mansum I ingenuilem, habentem de terra arabili bunuaria VIIII, de vinea aripennum I, de prato dimidium aripennum. Solvit similiter.

* Isti VIII solvunt scindulas et vinum, et dimidiam perticam ad tramisum æqualiter.

27. Berulfus servus et uxor ejus colona de Bisconcella, nomine Ermovildis, homines sancti Germani. Habet ipse Berulfus de alia femina colona filias duas, Bertlindem et Givaram. Manet in Altogilo. Tenent mansum I ingenuilem, habentem de terra arabili bunuaria XI, de vinea aripennum I, de prato similiter. Solvit similiter absque scindulas.

De Hostrulfi Curte (Autroucourt, lieu disparu).

28. Ercanradus servus et uxor ejus colona, de Sicca Valle, nomine Gislindis, homines sancti Germani. Isti sunt filii eorum : Richardus, Gislevertus. Manet in Ostrulfi Curte. Et socius ejus Erlulfus colonus, homo sancti Germani. Tenent mansum I ingenuilem, habentem de terra arabili bunuaria X, de vinea aripennum I, de prato aripennos II. Solvit similiter.

De Mairoilo (Mareil-sur-Mauldre).

29. Airboldus, colonus sancti Germani ; et frater ejus, similiter colonus, et uxor ejus libera, nomine Gunthildis. Isti sunt filii eorum et filiæ ; Gundulfus, Airsindis, Airlindis, Gunda, Alsindis. Manent in Maroilo. Tenent mansum I ingenuilem, habentem de terra arabili bunuaria X, de vinea aripennum I, de prato aripennum I. Solvunt de vino modios II, et perticas III ad hibernaticum et tres ad tramisum ; et relicum censum similiter.

30. Isaac colonus et uxor ejus colona, nomine Amalgundis, homines sancti Germani. Isti sunt filii eorum et filiæ : Wilefridus, Amalgaudus, Genellus, Gerlindis. Manet in Maroilo. Tenet mansum I ingenuilem, habentem de terra arabili bunuaria VIIII, de vinea aripennum I. Solvit similiter absque perticas I.

Item de Mantula. De his qui multones solvunt.

31. Girveus colonus et uxor ejus colona, Acleverta, homines sancti Germani, habent filium I et filiam I, Girfri-

dum et Aclevertam. Manet in Mantula. Tenent mansum
I ingenuilem, habentem de terra arabili bunuaria VIII, de
vinea tertiam partem de aripenno, de prato dimidiam partem de aripenno. Solvit de vino modium I, de capite suo
multones II, pullos III, ova XV, pullum regalem. Arat perticas IIII ad hibernaticum et II ad tramisum.

32. Aguinus colonus, homo sancti Germani, manet in
Mantula. Tenet mansum I ingenuilem, habentem de terra
arabili bunuaria VII, de vinea dimidium aripennum, de
prato similiter. Solvit similiter.

33. Teudulfus colonus, de *Sicca Valle*, et uxor ejus colona, nomine Giroildis, homines sancti Germani. Habet ipsa
Giroildis de alio marito colono II infantes, Gilmarum et
Bipplinam. Manet in Mantula. Tenet mansum I ingenuilem, habentem de terra arabili bunuaria VII, de vinea
dimidium aripennum, de prato similiter. Solvit similiter.

34. Bernegarius colonus et uxor ejus colona, nomine
Adalburgis, homines sancti Germani. Isti sunt filii eorum
vel filiæ : Odelelmus, Flodegarius, Gautmarus, Adalgardis, Gisloina, Teutburgis. Manet in Mantula. Tenet mansum I ingenuilem, habentem de terra arabili bunuaria
VIII, de vinea aripennum I, de prato dimidium aripennum.
Solvit similiter.

35. Gauginus colonus et uxor ejus colona, nomine
Leutgardis, homines sancti Germani. Isti sunt filii eorum
vel filiæ : Gautuinus, Eva. Manet *in Mantula* (Maule).
Tenent Mansum I ingenuilem, habentem de terra arabili
bunuaria VII, de vinea dimidium aripennum, de prato aripennum I. Solvit similiter.

36. Beata, colona sancti Germani. Isti sunt filiæ eorum :
Ernearius, Germanus, Saruinus, Ermentarius, Ermentisma.
Manet in Mantula. Tenet mansum I ingenuilem, habentem
de terra arabili bunuaria V, de prato aripennum I. Solvit
similiter.

37. Godalcarius colonus et uxor ejus colona, nomine
Amantrudis, homines sancti Germani : iste est eorum filius,
Electeus. Manet in Mantula. Tenet mansum I ingenuilem,
habentem de terra arabili bunuaria VII, de vinea terciam

partem de aripenno, de prato duas partes de aripenno. Solvunt similiter isti æqualiter.

38. Sindus colonus et uxor ejus colona, nomine Hotlindis, homines sancti Germani. Isti sunt eorum filii : Otbertus, Grimo, Walcarius, Walindis. Manet in Mantula. Tenet mansum I ingenuilem, habentem de terra arabili bunuaria VI, de vinea aripennum I. Solvit similiter. Iste debet solvere duos modios de vino supra.

39. Ercangaudus colonus et uxor ejus lida, nomine Lisabiris, homines sancti Germani. Isti sunt filii eorum : Frotgaudus, Gislulfus, Benedictus. Manet in *Marogilo*. Tenet mansum I ingenuilem, habentem de terra arabili bunuaria VIII, de vinea aripennum I et dimidium. Solvit similiter. Isti duo solvunt equaliter.

De Bola (Beule) (1).

40. Altbertus colonus et uxor ejus colona, nomine Gothildis, homines sancti Germani. Isti sunt filii eorum vel filiæ : Waltharius, Maginbertus, Stradarius, Agtrudis, Altberta, Ragentrudis. Manet in Bola. Tenet mansum I ingenuilem, habentem de terra arabili bunuaria VIII et jornales II, de prato aripennum I ; et solvit similiter, et denarios IIII supra de capite suo ; excepto vino, quod non solvit.

Isti debent esse scripti ad boves.

41. Flodericus et Flavidus, lidi, et uxor ejus colona, nomine Ermengildis, homines sancti Germani. Isti sunt eorum infantes : Modericus, Salvia, Rantgardis. Manent in Mantula. Tenent mansum I ingenuilem, habentem de terra arabili bunuaria VIIII, de vinea dimidium aripennum, de prato similiter. Solvunt de vino modium I, ad hostem solidos III, et reliqua sicut de integro manso.

42. Hildegarius, colonus, homo sancti Germani, tenet mansum I ingenuilem in Mantula, habentem de terra arabili bunuaria X, de vinea aripennum I, de prato aripennos II. Solvit similiter, sed iste nihil inde reddit.

---

1. Ecart de Maule.

43. Ermenarius, servus domni abbatis, et uxor ejus libera, nomine Ermengardis. Manet in *Maroilo*. Tenet mansum I ingenuilem, habentem de terra arabili bunuaria X, de vinea aripennum I, de prato tertiam partem de aripenno. Debet omne censum solvere, sicut de integro manso, sed iste nihil inde fecit.

44. Gunthardus colonus et uxor ejus colona, nomine Godreverta, homines sancti Germani, habent filium I, nomine Andream. Manet in Bola. Tenet dimidium mansum, habentem de terra arabili bunuaria V, de prato tertiam partem de aripenno. Solvit multonem I et denarios II; et cetera facit sicut de dimidium mansum.

45. Godalharius colonus et uxor ejus colona, nomine Balthildis, homines sancti Germani. Isti sunt filii eorum vel filiæ : Gotharius, Godaltrudis, Aclehildis, Godalhildis. Manet in Bola. Tenet dimidium mansum, habentem de terra arabili bunuaria IIII, de prato dimidium aripennum. Solvit similiter.

46. Leutboldus colonus, homo sancti Germani. Manet in Bola. Tenet dimidium mansum, habentem de terra arabili bunuaria V. Solvit similiter. Isti tres solvunt equaliter.

Item in Mantula.

47. Adoardus colonus et uxor ejus colona, nomine Eosanna, homines sancti Germani. Manet in Mantula. Tenet dimidium mansum, habentem de terra arabili bunuaria VIII, de vinea tertiam partem de aripenno. Solvit modium I de vino et multonem I, et reliqua sicut de dimidio manso.

48. Adalgrimus, colonus, de *Buxido* (Boissy-Maugis, Orne), et uxor ejus colona, nomine Ermentrudis. Isti sunt filii eorum vel filiæ : Ermenulfus, Ermenardus, Adalgisa, Adalberga. Manet in Mantula. Tenet dimidium mansum, habentem de terra arabili bunuaria V. Habet ibi de vinea quartam partem de aripenno. Solvit multonem, et reliqua sicut de dimidio manso. Iste non solvit vinum.

49. Valantinus colonus et uxor ejus colona, nomine Ercanildis, homines sancti Germani. Isti sunt filii eorum vel filiæ : Ercamberta, Airoldus. Manet in Mantula. Tenet mansum I ingenuilem, habentem de terra arabili bunuaria IIII, de vinea aripennum I. Solvit de vino modios II et multones II, et facit rigas, et reliqua sicut de integro manso. Et iste bovem debet solvere, sed ante non fuit ad bovem.

50. Aroicus colonus et uxor ejus colona, nomine Winegildis, homines sancti Germani. Isti sunt filii eorum vel filiæ : Winegarius, Grimlindis, Winegardis. Manet in Mantula. Tenet mansum I ingenuilem, habentem de terra arabili bunuaria XIII, de vinea aripennum I et dimidium, de prato aripennum I. Facit totum servicium sicut de integro manso.

51. Rainboldus, colonus et uxor ejus colona, nomine Teutlindis, homines sancti Germani : Valantinus est eorum filius. Manet in Mantula. Tenet mansum I ingenuilem, habentem de terra arabili bunuaria VII. Solvit multonem I, pullos III, ova XV, et facit rigas, sicut de integro manso.

52. Gauginus colonus et uxor ejus colona, Anslindis, homines sancti Germani, habent filium I, nomine Ansarium. Manet *in Maroilo*. Tenet dimidium mansum, habentem de terra arabili bunuaria IIII, de vinea tertiam partem de aripenno. Solvit multonem I, et denarios IIII de capite suo ; et cetera solvit similiter.

53. Gerfridus colonus et uxor ejus ancilla, nomine Rainildis, homines sancti Germani. Isti sunt filii eorum vel filiæ : Ragenarius, Winefridus, Winegildis. Manet in Mantula. Tenet mansum I ingenuilem, habentem de terra arabili bunuaria IIII, de prato quartam partem de aripenno. Arat quattuor perticas ad hibernaticum, et solvit pullos III et quartum regalem, ova XV ; et nihil aliud inde facit, nisi quattuor perticas ad hibernaticum.

54. Godinus advena et uxor ejus, colona sancti Germani, nomine Adregundis. Isti sunt filii eorum vel filiæ : Gislemarus, Ulfinus, Celsa, Godelindis. Manet in *Pociolis* (Pui-

seux). Tenet mansum I ingenuilem, habentem de terra arabili bunuaria XII. Solvit multones II, et rigas ; pullos IIII, ova XV ; facit curvadas et caropera et dies.

55. Ansedramnus servus et uxor ejus colona, nomine Gundoina, homines sancti Germani : est filius ejus Teutbertus. Manet in Mantula. Tenet dimidium mansum, habentem de terra arabili bunuaria IIII. Solvit pullos III, ova XV ; arat perticas II ad hibernaticum. Non solvit multonem.

56. Baldrevertus, colonus sancti Germani, tenet mansum I ingenuilem, habentem de terra arabili bunuaria III, de prato dimidium aripennum. Solvit pullos III et ova ; arat perticas IIII ad hibernaticum.

57. Rainardus, servus sancti Germani, de *Salcido* (Saussay, Eure-et-Loir), et uxor ejus libera, nomine Ilisabia. Isti sunt eorum infantes : Rainarius, Magenarius, Narthildis. Manet in Mantula. Tenet dimidium mansum, habentem de terra arabili bunuaria IIII. Solvit pullos III et ova ; arat ad hibernaticum perticas II ; facit II in ebdomada.

58. Adalradus colonus et uxor ejus colona, nomine Waltberta, homines sancti Germani. Manet in *Bola*. Tenet dimidium mansum, habentem de terra arabili bunuaria VII. Solvit multonem et denarios II, pullos III et ova, et reliqua sicut de dimidio manso.

DE MANSIBUS SERVILIS.

59. Adrevertus servus et uxor ejus lida, nomine Ymnetrudis, homines sancti Germani. Isti sunt eorum infantes : Remistagnus, Bernegaudus, Winegaudus. Manet in Mantula. Tenet mansum I servilem, habentem de terra arabili bunuaria VI, de vinea duas partes de aripenno I et dimidium. Solvit dimidium modium de vino, pullos III et quartum regalis, ova XV. Fodit vineam ; arat IIII perticas ad hibernaticum ; facit curvadas et caropera.

60. Trutboldus, colonus sancti Germani, manet in Man-

tula. Tenet mansum I servilem, habentem de terra arabili bunuaria VII, de vinea dimidium aripennum, de prato tertiam partem de aripenno. Solvit IIII denarios ; arat perticas IIII ad hibernaticum et duas ad tramisum ; et reliqua similiter.

61. Aregarius servus et uxor ejus colona, nomine Petranilla, homines sancti Germani. Isti sunt filii eorum : Petrus, Airboldus. Manet. Tenet mansum I servilem, habentem de terra arabili bunuaria VIII, de vinea aripennum I, de prato duas partes de aripenno. Solvit dimidium modium de vino, pullos et ova ; arat IIII perticas ad hibernaticum; fecit curvadas et caropera.

62. Bernardus lidus, homo sancti Germani. Isti sunt filii eorum : Berengarius, Bernico, Bernegardis, Rinca, Remegia, Mancia. Manet in Mantula. Tenet mansum I servilem, habentem de terra arabili bunuaria VII, de vinea dimidium aripennum, de prato tertiam partem de aripenno. Solvit similiter.

63. Teutboldus servus et uxor ejus ancilla, nomine Hiltrudis, homines sancti Germani. Isti sunt eorum infantes: Teutgaudus, Leutrudis, Teutbolda, Alda, Adalgudis. Manet in Mantula. Tenet mansum I servilem, habentem de terra arabili bunuaria V, de vinea dimidium aripennum, de prato similiter. Solvit similiter.

64. Frodoldus servus, homo sancti Germani, et uxor ejus advena, nomine Julia. Isti sunt eorum infantes : Frotlindis, Avizone. Manet in Mantula. Tenet mansum I servilem, habentem de terra arabili hunuaria IIII et dimidium, de prato dimidium aripennum. Solvit similiter.

65. Adalgrimus servus et uxor ejus colona, nomine Gulframna, homines sancti Germani. Isti sunt eorum infantes : Frotgrimus, Adalgarisma. Manet in Mantula. Tenet mansum I servilem, habentem de terra arabili bunuaria V, de vinea dimidium aripennum, de prato duas partes de aripenno. Solvit similiter.

66. Constantinus servus, homo sancti Germani, et uxor ejus advena, nomine Adalindis. Manet in Mantula. Tenet mansum I servilem, habentem de terra arabili VIII bunua-

ria, de vinea dimidium aripennum, de prato similiter. Solvit similiter.

67. Wilericus servus et uxor ejus colona, nomine Balthildis, de Bisconcella, homines sancti Germani. Isti sunt eorum infantes : Richardus, Rainfrida. Manet in Mantula. Tenet mansum I servilem, habentem de terra arabili bunuaria VIII, de vinea aripennum I, de prato similiter. Solvit similiter.

68. Lantbertus lidus et uxor ejus colona, nomine Aidramna, homines sancti Germani. Isti sunt eorum infantes: Mainbertus, Aginildis, Magimberta, Ermenildis, Ermengardis. Manet in Mantula. Tenet mansum I servilem, habentem de terra arabili bunuaria XII, de vinea aripennum I, de prato similiter, de silva bunuarium I. Solvit similiter.

69. Evrehardus servus et uxor ejus colona, nomine Fredegundis, homines sancti Germani. Isti sunt eorum infantes : Fredegarius, Adalsindis. Manet in Mantula. Tenet mansum I servilem, habentem de terra arabili bunuaria V, de vinea aripennum I. Solvit similiter.

70. Gundoinus servus et uxor ejus colona, nomine Framnehildis, homines sancti Germani. Isti sunt eorum infantes : Bernoicus, Beligardis. Manet in Mantula. Tenet mansum I servilem, habentem de terra arabili bunuaria IIII, de vinea duas partes de aripenno, de prato dimidium aripennum. Solvit similiter.

71. Radacus advena et uxor ejus colona, de beneficio Guntharii, femina sancti Germani. Manet in Mantula. Tenent mansum I servilem, habentem de terra arabili bunuaria VIIII, de vinea duas partes de aripenno, de prato dimidium aripennum. Solvit similiter.

72. Ingalbertus colonus et uxor ejus colona, nomine Odilhildis, homines sancti Germani : Ansevertus est eorum filius. Manet in Mantula. Tenet mansum I servilem, habentem de terra arabili bunuaria VII, de vinea aripennum I, de prato similiter. Solvit similiter.

73. Fredevertus colonus et uxor ejus colona, nomine Eutberta, homines sancti Germani. Isti sunt eorum infan-

tes : Rainfredus, Hunuanus, Otbertus, Teutberga. Manet in Mantula. Tenet mansum I servilem, habentem de terra arabili bunuaria VIII, de vinea duas partes de aripenno, de prato similiter. Solvit similiter, et duas perticas supra ad tramisum.

De hospitibus qui sunt in Bovanis Villa (Boinville).

74. Ermengarius colonus et uxor ejus lida, nomine Genuvefa, homines sancti Germani. Isti sunt eorum infantes : Alberadus, Ermengisus, Savinus, Ermena. Manet in Altogilo. Tenet hospicium, habens de terra arabili bunuaria III. Solvit pullos III, ova XV. Arat perticas II ad tramisum. Facit curvadas, si habuerit unde.

75. Audoinus colonus et uxor ejus colona, nomine Ingalrada, homines sancti Germani : Ingalmarus est eorum filius. Manet in Altogilo. Tenet hospicium, habens de terra arabili bunuaria V, inter vinea et prato dimidium aripennum. Solvit pullos et ova XV. Arat perticas IIII ad hibernaticum, ad tramisum II ; et reliqua similiter.

76. Godalfridus colonus et uxor ejus colona, nomine Eusebia, homines sancti Germani. Isti sunt eorum filii vel filiæ : Aclevertus, Ratboldus, Godrevertus, Godalricus. Manet in Bola. Tenet hospicium, habens de terra arabili bunuaria II. Solvit pullos et ova ; et arat perticam I ad hibernaticum. Facit curvadam I ; et diem I, quando curvadam non facit.

77. Acluinus colonus et uxor ejus colona, nomine Madalgudis, homines sancti Germani. Isti sunt eorum filii vel filiæ : Berila, Deotimia. Manet in Bola. Tenet hospicium, habens de terra arabili jornalem I. Solvit pullum I et ova V in anno ; et diem I in unaquaque ebdomada.

De mansibus censilis qui sunt in Petralvi (1) (Perrau).

78. Gulfoinus colonus et uxor ejus colona, nomine Teo-

---

1. Lieu dit de la commune de Jumeauville.

dalgardis, homines sancti Germani. Isti sunt eorum infantes : Gulfardus, Angalgarius, Tutinus, Gulframnus, Leutrudis. Manet in Mantula. Tenet proprietatem patris sui, quam partibus sancti Germani condonavit, habentem de terra arabili bunuaria XVI, de vinea aripennum I, de prato similiter. Solvit inde solidum I, pullos III et ova. Arat perticas IIII ad hibernaticum, et II ad tramisum, et bannos III in unaquaque satione.

79. Wllivertus colonus et uxor ejus colona, nomine Frotlindis, homines sancti Germani. Isti sunt eorum infantes : Wilibertus, Wilihildis, Wilirada. Et Hildebertus, colonus sancti Germani. Isti duo manent in *Fiolinis* (1) (Flins-sur-Seine). Tenet mansum I ingenuilem, habentem de terra arabili bunuaria XXIIII, de prato aripennos III. Solvunt solidos V, pullos III et ova. Arant ad hibernaticum perticas VI, ad tramisum II.

80. Raivinus servus et uxor ejus colona, nomine Eusebia. Isti sunt eorum infantes : Ermenarius, Euseius. Manet in Mantula. Tenet hospicium habens de terra arabili jornalem I, de vinea tertiam partem de aripenno. Solvit inde pullum I, ova V, et diem I in unaquaque ebdomada.

De Hostoldi Villa (Autouville) (2).

81. Ratbertus colonus, homo sancti Germani, et uxor ejus advena, cujus infantes non sunt sancti Germani. Manet in Hostoldi Villa. Tenet mansum I...., habentem de terra arabili bunuaria XVIII. Solvit pullos III, ova XV. Arat ad hibernaticum perticas IIII, ad tramisum II ; et in unaquaque ebdomada, curvadam I ad unamquamque sationem. Facit caropera infra pagum cum uno socio, extra pagum cum IIII sociis suis ; et quando curvadam facit, duos dies operatur cum manu ; et quando curvadam non facit, tres dies operatur cum manu.

82. Otbertus..., homo sancti Germani, et uxor ejus advena,

---

1. Près de Flins subsiste encore le Bois de Saint-Vincent, rappelant l'Abbaye de Saint-Germain-des-Prés.

2. Ce nom n'a laissé aucune trace dans la topographie des environs de Maule.

cujus infantes non sunt sancti Germani. Manet in Hostoldi Villa. Tenet mansum I..., habentem de terra arabili bunuaria XVIII. Facit similiter.

83. Odelindis... et infantes ejus Ursbertus, Lupa, Odalgisus, Framnegarius, homines sancti Germani. Manet in Hostoldi Villa. Tenet mansum I... habentem de terra arabili bunuaria VIIII. Facit similiter.

84. Ricboldus advena et uxor ejus colona sancti Germani, nomine Gislindis. Isti sunt eorum infantes : Gislemarus, Ercambodus, Rigoldus, Ricburgis, Ricberga, Ricsindis. Manet in Hostoldivilla. Tenet mansum I...., habentem de terra arabili bunuaria VIII, et facit similiter.

85. Girboldus colonus et uxor ejus colona, nomine Godalhildis, homines sancti Germani. Isti sunt eorum filii vel filiæ : Gausboldus, Airoldus, Gulfoldus, Gulfrada, Otfrida, Godelindis, Gausburgis. Manet in Hostoldivilla. Tenet dimidium mansum..., habentem de terra arabili bunuaria XIII. Facit similiter.

86. Bernulfus..., homo sancti Germani, et uxor ejus extranea, cujus infantes non sunt sancti Germani. Manet in Ostoldivilla. Tenet dimidium mansum..., habentem de terra arabili bunuaria VIII. Solvit ad unum annum pullos II, ad alterum I, et reliqua sicut de dimidio manso.

87. Bernarius, Berneardus, Johannes sunt nepotes Ratberti et homines sancti Germani.

88. Meroldus, Rantgarius, Rainoldus, Lantbertus, Gundoinus, Fredevertus, Gislemarus, Ercuinus, Gulfoinus, Ingalboldus, Walapo, Magenardus, Edelgerus, Arnaldus, Ercambertus, Landoidus, Godalgerus, Gauginus, Madalbertus, Rainardus, Rainboldus, Hincbertus, Airboldus, Odo, Bladalenus, Girveus, Adalgrimus, Altbertus, Ratbertus, Autbertus.

89. Isti sunt servi :

Ercanradus,	Frodoldus,	Wilericus,
Adrevertus,	Adalgrimus,	Beirulfus,
Haregarius,	Constantinus,	Raivinus.
Teutboldus		

90. Istae sunt ancillæ :
Hiltrudis...

91. Isti sunt lidi :

David,	Flavidus,	Lantbertus,
Flodericus,	Bernardus,	Gundoinus.

92. Istæ sunt lidæ :

Lisaviris,	Ymnædrudis,	Genuvefa.

93. Sunt mansi ingenuiles XLVIIII, et duo dati in beneficio ; serviles XVI, censiles II. Solvunt de hostilitio libras IIII et solidos IIII ; de capatica solidum I et dimidium , de censilibus mansis, solidos VI. Sunt in summa libræ IIII et solidi XII et dimidium ; multones XXXI, pulli CCXCIIII, ova mille CLXXX, scindulæ DCCC.

Adalramnus, major, habet mansos II. Agramnus presbyter, V.

Sunt in Hostoldivilla mansi V et dimidius.

Sunt in summa mansi LXXXI.

(A. Longnon, Breve de Mantula.)

Un quartier de Maule, nommé encore Saint-Vincent, nous y indique suffisamment le passage des moines de l'abbaye de Saint-Germain-des-Prés.

En 1180, un des barons de Maule est mis au nombre des vassaux de Saint-Germain-des-Prés pour cinq sols qu'il recevait à la St-Germain et cinq autres qu'il touchait à la Saint-Remy.

En 1372, Jacques du Buat, chanoine de Saint-Paul et de Saint-Denis en France, donna sa maison du Buat au prieuré de Maule ; une rue de Maule porte encore le nom de ce généreux bienfaiteur.

FISC DE MAISONS-SUR-SEINE.

1. Habet in *Mansionibns* (Maisons-sur-Seine) mansum dominicatum cum casa et aliis ædificiis sufficienter. Habet ibi de vinea veteri aripennos XLVI, de novella, quam domnus Irmino plantavit, aripennos IIII, ubi possunt colligi de vino modii C : de terra dominicata inter Mansiones et *Camborciacum* (Chambourcy), habet culturas VII et campellum I, quæ habent bunuarios CCXX, et insulam I quam domnus Irmino styrpavit, in qua continentur bunuarii VI : et possunt seminari de modiis frumenti et sigali DCL ; de prato aripennos CX, ex quibus possunt colligi de fæno carra C.

Habet in *Lida* (Saint-Germain-en-Laye) de silva, juxta æstimationem, totum in giro leuas III, in qua possunt saginari porci CC. Habet in *Creua* (forêt de Marly) de silva totum in giro, sicut æstimatum est, leuvas II, in qua possunt saginari porci CL. Habet ibi lucos II parvulos, ad nutriendum purcellos.

2. Habet ibi *ecclesias* II ; unam in Mansionibus (église St-Nicolas-de-Maisons), et alteram in *Camborciaco* (église de Saint-Saturnin de Chambourcy), cum casis et aliis casticiis. Aspiciuut ibi hospites III. Unus ex illis solvit XVI denarios, pullos III, ova XV ; et illi duo solvunt de argento solidum I, pullos III, ova XV, duo carra de ligna ; et arant perticas IIII ad hibernaticum, et II ad tramisum. Habet inter presbyterum et ipsos de vinea aripennos IIII, de terra arabili bunuarios XXXV, de prato aripennos VIII. Sunt mansi tres et dimidius.

De Camburciaco (Chambourcy).

3. Cristingaudus colonus et uxor ejus..., nomine Amaltrudis, homines sancti Germani. Isti sunt eorum infantes... Manent in Camburciaco. Tenent mansum I ingenuilem, ubi habet de terra arabili bunuarios XI, de vinea aripennos II, de prato aripennos II. Solvit ad hostem aut solidos IIII, aut dimidium bovem ; de vino in canonica modium I,

et denarios IIII in lignaricia, et IIII denarios de capite suo : pro hoc accipiunt passionem. Ad tertium annum gergia I ; et de curte dominica trahit fimum, V carra in cultura dominica ; similiter ad tertium annum ; de carrationibus pedalem I, omni anno ; centum scindulas ; similiter omni anno. Arat ad hibernaticum perticas IIII, ad tramisum perticas II. In prato secat perticas IIII. Pullos III, ova XV. Et in unaquaque satione, omni ebdomada, facit curvadas II, et manuopera diem I ; facit caropera, et scutit XII modios de annona in granica dominica, et ducit eam ad monasterium.

4. Airoardus colonus, homo sancti Germani, tenet mansum et dimidium ingenuilem, habentem de terra arabili bunuarios XV, de vinea aripennos III et dimidium. Solvit similiter.

5. Gautsarius colonus et uxor ejus, nomine Godaltrudis, homines sancti Germani. Isti sunt eorum infantes... Tenet dimidium mansum ingenuilem, habentem de terra arabili bunuarios IIII, de vinea aripennum I et dimidium, de prato aripennum dimidium. Solvit sicut de dimidio manso.

6. Sichelmus colonus et uxor ejus ancilla, nomine Landa. Isti sunt eorum infantes.... Tenet mansum ingenuilem, habentem de terra arabili bunuarios XII, de vinea aripennum I et dimidium, de prato aripennos II. Solvit similiter. Uxor vero ejus aut facit sarcilem, aut solvit denarios XII.

7. Amalgisus colonus, homo sancti Germani, habet filium I lidum de alia fimina de fisco dominico.... et uxor colona de beneficio Bettonis, et de ipsa femina filium aut filiam non habet. Tenet mansum I ingenuilem, habentem de terra arabili bunuarios VI, de vinea aripennum I et dimidium, de prato aripennum I. Solvit similiter.

8. Erlenteus colonus et uxor colona Sanctæ Mariæ, nomme Hildegardis, homines sancti Germani. Isti sunt eorum infantes.... Tenent mansum ingenuilem dimidium, habentem de terra arabili bunuarios VI, de vinea aripennos III, de prato aripennos II et dimidium. Solvit omne

debitum sicut de dimidio manso. Et habet unciam I de terra arabili, habentem bunuaria tria, et de prato aripennum I, quæ de hereditate proximorum suorum ei in hereditate successit. Facit inde perticam I ad tramisum, et solvit inde denarios IIII.

9. Aldegarius colonus et uxor ejus colona, nomine Adalhildis, homines sancti Germani. Isti sunt eorum infantes... Tenet dimidium mansum ingenuilem, habentem de terra arabili bunuarios V, de vinea aripennum I et dimidium, de prato similiter.

10. Teutboldus colonus et uxor ejus colona, nomine Framneildis, homines sancti Germani. Istæ sunt eorum filie.... Tenet mansum I ingenuilem, habentem de terra arabili bunuarios VIII, de vinea aripennos II, de prato aripennos II. Solvit similiter.

11. Landolinus colonus, et uxor ejus colona, nomine Iltrudis, homines sancti Germani. Ista est eorum filia... Tenet mansum I ingenuilem, babentem de terra arabili bunuarios VIIII, de vinea aripennum I et dimidium, de prato aripennum I. Solvit eundem censum.

De Potentiaco.
(Poncy, dépendance de Chambourcy).

12. Adalharius colonus et uxor ejus colona, nomine Wathildis, homines sancti Germani. Isti sunt eorum infantes... Tenet dimidium mansum ingenuilem, babentem de terra arabili bunuarios VI, de prato aripennum I. Solvit omne debitum sicut de dimidio manso.

13. Aimardus colonus et uxor ejus colona, nomine Gisla, homines sancti Germani. Isti sunt eorum infantes... Tenet mansum ingenuilem I, habentem de terra arabili bunuarios XV, de vinea aripennos II, de prato similiter. Solvit similiter.

14. Ingo colonus, Ingalramnus colonus et Leudramnus colonus. Teuthardus advena et Algundis colona, uxor ejus, homines sancti Germani. Ista est eorum filia... Inter istos totos tenent mansum I ingenuilem, habentem de

terra arabili bunuarios XV, de vinea aripennos II, de prato similiter.

15. Deusadjuva colonus et uxor oolona, nomine Eusebia, homines sancti Germani. Isti sunt eorum infantes... Geroardus advena et uxor ejus colona, homines sancti Germani. Isti sunt eorum infantes... Inter istos tenent mansum I ingenuilem, habentem de terra arabili bunuarios VIIII, de vinea aripennum I, de prato similiter. Solvunt similiter.

16. Radoinus colonus et uxor ejus colona, nomine Autrudis, homines sancti Germani. Isti sunt eorum infantes... Aregarius vero colonus et uxor ejus colona, nomine Grimhildis. Isti sunt eorum infantes... Artgaudus colonus et uxor ejus ancilla, nomine Hiltrudis. Istæ sunt eorum filiæ... Isti tres fratres tenent mansum I ingenuilem, habentem de terra arabili bunuarios XVI, de vinea aripennos III, de prato similiter. Solvunt similiter. Et supradicta ancilla solvit XII denarios.

17. Adalfredus colonus et uxor ejus colona, nomine Ermoflidis, homines sancti Germani. Isti sunt eorum infantes..... Et Giltrada colona. Isti sunt eorum infantes..... Isti duo tenent mansum I ingenuilem, habentem de terra arabili bunuarios VIIII, de vinea aripennum I, de prato similiter.

18. Amalgardus colonus et uxor ejus advena. Teutmannus lidus et uxor ejus colona, homines sancti Germani. Isti sunt eorum infantes..... Isti duo tenent mansum ingenuilem I, habentem de terra arabili bunuarios VIII, de vinea dimidium aripennum, de prato similiter. Solvunt similiter.

19. Agardus lidus et uxor ejus colona, nomine Framnedrudis, homines sancti Germani. Iste est eorum filius..... Tenet mansum I ingenuilem, habentem de terra arabili bunuarios VIIII, de vinea aripennum I. Solvit ad hostem denarios XII, et denarios IIII de capite suo. Solvit pullos III, ova XV, et facit antsingam.

20. Altsindus advena et uxor ejus, nomine Plectrudis, colona sancti Germani. Isti sunt eorum infantes..... Et

Aldradus colonus et uxor ejus colona, nomine Acleildis, homines sancti Germani. Isti sunt eorum infantes..... Isti duo tenent dimidium mansum ingenuilem, habentem de terra arabili bunuarios V, de vinea aripennos II, de prato aripennum I. Solvunt de airbanno solidos II, unusquisque denarios IIII, et de herbatico agnellum I inter utrosque.

21. Acleharius colonus et uxor ejus colona, nomine Ermenildis, homines sancti Germani ; et absque liberis sunt. Tenent quartam partem de manso ingenuili. Solvunt ad hostem denarios XII, et denarios IIII de capite suo ; et solvunt simul cum sociis suis VI modios de vino.

22. Aimericus colonus et uxor ejus colona, nomine Gauda, homines sancti Germani ; isti sunt eorum infantes..... Ingo colonus. Ingalramnus colonus. Deusadjuva colonus. Ermingus colonus et uxor ejus colona, nomine Airuina ; isti sunt eorum infantes..... Bertinus colonus. Frotcarius colonus et uxor ejus colona, nomine Rainoara ; isti sunt eorum infantes..... Teuthardus advena. Adalharius colonus. Leudramnus colonus. Aimardus colonus. Ingina colona. Isti XII tenent dimidium mansum ingenuilem, habentem de terra arabili bunuarios V, de vinea aripennos II ; et solvunt de vino modios XV, et unusquisque solvit denarios IIII de capite suo, et pullos simul et ova.

23. Restoldus..... et uxor ejus colona, nomine Benedicta, homines sancti Germani. Isti sunt eorum infantes..... Tenet mansum absum, habentem ne terra arabili bunuarios VI, de prato aripennum I. Solvit inde multonem ; et arat IIII perticas ad hibernaticum et II ad tramisum. Nihil exinde aliud solvit.

24. Bernoalus colonus et uxor ejus, nomine Sigrada. Ista est eorum filia.... Tenet mansum I ingenuilem, habentem de terra arabili bunuarios IIII, de vinea dimidium aripennum, de prato aripennum I. Solvit multonem I ; et facit III dies in unaquaque ebdomada. Pullos III, ova XV, et denarios IIII de capite suo.

25. Adalgaudus colonus et uxor ejus colona, nomine Adalindis. Isti sunt eorum infantes..... Tenet mansum I,

habentem de terra arabili bunuarios VIII, et de prato aripennos III. Solvit multonem I, et facit similiter.

26. Abbo colonus, homo sancti Germani, habet mansum I ingenuilem, habentem de terra arabili bunuarios VI, de vinea aripennum I, de prato aripennos III. Solvit similiter.

27. Giltradus colonus et uxor ejus colona, nomine Agia. Isti sunt eorum infantes..... Tenet mansum ingenuilem I, habentem de terra arabili bunuarios VI ; et solvit multones II : reliquum servitium facit sicut superiores.

28. Ricboldus colonus et uxor ejus colona, nomine Berta, homines sancti Germani. Isti sunt eorum infantes..... Tenet dimidium mansum, habentem de terra arabili bunuarios VI, de vinea dimidium aripennum. Solvit multonem I de uno anno. Arat perticas II ad hibernaticum, et I ad tramisum ; et solvit denarios IIII de capite suo, III pullos et ova XV.

29. Item Aldegarius et item Altsindus tenent mansum ingenuilem I, habentem de terra arabili bunuarios XIII, aripennum I de prato. Solvunt multones II ; arant ad hibernaticum perticas IIII et duas ad tramisum.

30. Item Rotcarius colonus, et Agleharius et Bertinus coloni tenent alium mansum ingenuilem, habentem de terra arabili bunuarios VI. Solvit multonem, et reliquum servitium simili modo exhibet.

31. Bernardus colonus ; et Grimoenus colonus et uxor ejus colona, nomine Hildedrudis : non habent filios. Tenet mansum I ingenuilem, habentem de terra arabili bunuarios XIIII, de prato aripennos III. Solvunt multones II. Arant inter utrosque perticas IIII ad hibernaticum et II ad tramisum ; et solvunt similiter.

32. Item Adalfredus colonus tenet mansum ingenuilem I, habentem de terra arabili bunuarios IIII. Solvit multonem I, et facit similiter.

De Molinellis (Les Moulineaux, dépendance de Bailly et de Fontenay-le-Fleury.)

38. Adalharius, colonus sancti Germani, et uxor ejus

colona, nomine Teodela, de beneficio Guntharii, homines sancti Germani. Isti sunt eorum infantes...... Tenet dimidium mansum ingenuilem, habentem de terra arabili bunuarios v, de prato aripennum I.

39. Aglehildis, colona sancti Germani, et Deodramnus colonus, filius ejus, homines sancti Germani. Tenent dimidium mansum ingenuilem, habentem de terra arabili bunuarios v, de vinea aripennum I, de prato aripennum I.

De Mansionibus.

Madanulfus colonus et uxor ejus colona, nomine Adalindis, homines sancti Germani. Iste est eorum filius...... Tenet dimidium mansum, habentem de terra arabili bunuarios IIII, de vinea aripennum I, de prato similiter.

42. Wandelgarius colonus et Guntbertus, frater ejus, et mater eorum colona, nomine Amaltrudis, homines sancti Germani. Tenent dimidium mansum ingenuilem, habentem de terra arabili bunuarios v, de prato aripennum I.

43. Gentianus colonus et uxor ejus colona, nomine Evrehildis, de beneficio Guntharii, homines sancti Germani..... Tenet dimidium mansum, habentem de terra arabili bunuarios IIII, de vinea aripennum I, de prato similiter.

44. Vinegardus colonus et uxor ejus colona, nomine Aia, homines sancti Germani. Tenet quartam partem de manso ingenuili, habentem de terra arabili bunuarios III, de vinea dimidium aripennum, de prato similiter.

(*De Mansionis villa. A. Longnon*).

Au IXe siècle, époque où vivait l'abbé Irminon, la plupart des villages, des fermes ou des moulins des environs de Mantes appartenaient à l'abbaye de Saint-Germain-des-Prés.

Du reste, le Polyptyque d'Irminon nous indique les quelques biens suivants :

Cavannas, le moulin de *Chavannes ;* Lodosa, *Leuse*, hameau de Villette ; Arnoni villa, *Arnouville ;* Semodi villa, *Senneville ;* Fraxinello, *Fresnel ;* Porto, *Port-Villez* ; Bovani villa, *Boinville ;* Septoilum, *Septeuil ;* Macerias, *Mézières ;* le moulin d'*Epiers*, canton de Houdan.

La terre de Mézières (Maceriæ) fut donnée au Chapitre de Notre-Dame de Paris en 970.

FISC DE CHAVANNES (Moulin de la commune de Villette)
et de LEUZE (Ferme de Villette).

1. Waltbertus et uxor ejus colona, nomine Rathildis. Isti sunt eorum infantes : Rado, Waldrada. Tenet mansellum I, habentem de terra arabili bunuaria III et dimidium, de prato octava parte de aripenno. Arat inde ab hibernaticum perticas IIII, ad tramisem III, et jornalem I in corvada ; et in blado mittit operarios X. Solvit pullos et ova.

2. Airmundus colonus ; et Airbertus colonus et uxor ejus colona, nomine Godalberga : Airberta est eorum filia. Tenent mansellum I, habentem de terra arabili bunuaria III et dimidium, de vinea dimidium aripennum, de prato similiter. Arat ad hibernaticum perticas IIII, ad tramisem III, et in curvada jornalem I. Facit manopera, dies III in ebdomada. Solvit pullos III, ova XV.

3. Eugenius colonus et uxor ejus colona, nomine Genisia. Isti sunt eorum infantes : Genesius, Jutcarius, Eugenia. Tenet de terra arabili bunuarium I et perticas XII. Arat inde ad hibernaticum perticas IIII, ad tramisem III, et nihil aliud facit.

4. Sicledulfus colonus et uxor ejus colona, nomine Gamalberga. Isti sunt eorum infantes : Sicleharius, Gamalberga. Tenet mansellum I, habentem de terra arabili

bunuaria II et dimidium, de prato dimidium aripennum. Arat ad hibernaticum perticas IIII, ad tramisem III, et in curvada jornalem I ; pullos III, ova XV. Operatur dies III in ebdomada.

5. Airveus colonus et uxor ejus ancilla, nomine Girlindis. Isti sunt eorum infantes : Evaidus, Plectrudis, Airuildis. Tenet mansellum I, habentem de terra arabili bunuaria II, de prato dimidium aripennum. Solvit similiter.

6. Precariam quam tenet Elavia et Godalberga.

Boinville.

7. Constabulis colonus et uxor ejus colona, nomine Frotsindis. Isti sunt eorum infantes : Bernegarius, Ainbertus, Angenildis, Frotgildis. Tenet mansum I ingenuilem, habentem de terra arabili bunuaria VIII, de vinea aripennum I, de silva bunuarium I. Solvit totum debitum sicut ceteri Siccavellenses.

8. Wichardus colonus et uxor ejus lida, nomine Droildis. Isti sunt eorum infantes : Giroardus, Richildis. Tenet mansum I ingenuilem, habentem de terra arabili bunuaria VIIII, de vinea dimidium aripennum. Solvit similiter.

9. Fredericus colonus et uxor ejus colona, nomine Lanthildis. Isti sunt eorum infantes : Fredegis, Ermenulfus, Ermentrudis, Lantrudis. Tenet mansum I ingenuilem, habentem de terra arabili bunuaria VII, de vinea aripennum I, de concidis aripennum I. Solvit similiter.

10. Leutardus colonus et uxor ejus colona, nomine Frotbolda : Leuthardus est eorum filius. Tenet mansum I ingenuilem, habentem de terra arabili bunuaria VIIII, de vinea aripennum I, de concide aripennum I. Solvit similiter.

11. Fredevertus colonus et uxor ejus colona, nomine Frodoara. Isti sunt eorum infantes : Fredernus, Adalwara. Tenet mansum I ingenuilem, habentem de terra arabili bunuaria VIIII, de vinea aripennum I, de concidis aripennum I.

12. Airhardus, colonus, tenet mansum I ingenuilem

habentem de terra arabili bunuaria VIII, de vinea aripennum I, de prato octavam partem de aripenno, de concidis aripennum I. Facit similiter.

13. Flotharius colonus et uxor ejus colona, nomine Adaltrudis. Tenet mansum I ingenuilem, habentem de terra arabili bunuaria VIII, de vinea dimidium aripennum, de concidis aripennum I. Facit similiter.

14. Wicleboldus, colonus, tenet mansum I ingenuilem, habentem de terra arabili bunuaria VI et dimidium, de concidis dimidium aripennum. Facit similiter.

15. Geroardus colonus et uxor ejus colona, nomine Johanna. Isti sunt eorum infantes : Geroinus, Ingalboldus, Beligardis, Hildegardis. Tenet mansum I ingenuilem habentem de terra arabili bunuaria VIII, de vinea quartam partem de aripenno. Facit similiter.

16. Fredegarius colonus et uxor ejus colona, nomine Walda. Tenet mansum I ingenuilem, habentem de terra arabili bunuaria X, de vinea quintam partem de aripenno, de concidis dimidium aripennum. Facit similiter.

17. Aclevertus, colonus. Et Mannus, colonus ; isti sunt ejus infantes : Gunthardus, Manuis. Et Elisma, colona : Ermgarius est ejus filius. Et Airgundis, colona ; isti sunt ejus infantes : Giramnus, Airulfus, Agenildis, Ermenildis. Tenent mansum I ingenuilem, habentem de terra arabili bunuaria X, de vinea aripennos II, de prato quartam partem de aripenno, de concidis dimidium aripennum. Facit similiter.

18. Remegius colonus et uxor ejus colona de beneficio Fredelonis, nomine Ermina. Isti sunt eorum infantes : Remegarius, Bertoara. Tenet mansum I ingenuilem, habentem de terra arabili bunuaria VII, de vinea aripennum I, de concidis aripennum I. Facit similiter.

19. Ingalbertus colonus et uxor ejus lida, nomine Dominica. Isti sunt eorum infantes : Ingalboldus, Laivartus. Tenet mansum I ingenuilem, habentem de terra arabili bunuaria V. Facit similiter.

20. Teudericus, colonus, tenet mansum I ingenuilem, habentem de terra arabili bunuaria VII. Facit similiter.

21. Hunbertus colonus et uxor ejus colona de beneficio Fredelonis, nomine Placia. Tenent mansum I ingenuilem, habentem de terra arabili bunuaria VI. Facit similiter.

22. Giroinus colonus et uxor ejus de beneficio Ermengaudi, nomine Radalindis. Tenet mansum I ingenuilem, habentem de terra arabili bunuaria VI. Facit similiter.

23. Ratgaudus colonus et uxor ejus colona, nomine Deodata. Isti sunt eorum infantes : Grimoldus, Ratharius, Deodatus, Ratgarius, Ratrudis, Adalgrimus. Tenet dimidium mansum ingenuilem, habentem de terra arabili bunuaria IIII, de vinea dimidium aripennum. Reddit medietatem debiti de integro manso.

24. Gotboldus colonus et uxor ejus colona, nomine Datlina : Frotboldus est eorum filius. Tene' mansum I ingenuilem, habentem de terra arabili bunuaria VI, de silva dimidium, de concidis I. Arat ad hibernaticum perticas IIII, ad tramisem III, et in curvada IIII, et nihil aliud facit.

25. Evrehardus servus et uxor ejus ancilla, nomine Wandrehildis. Isti sunt eorum infantes : Giroardus, Wandrevoldus. Tenet hospicium, habentem de terra arabili jornales II. Solvit inde pullum I et ova V, et facit diem I in unaquaque ebdomada.

26. Sunt in summa mansi ingenuiles XVII, per focos vero XVIIII. Solvunt ad hostem, ad unum annum, aut boves III et dimidium et ad alium annum IIII, aut de argento solidos XXIIII, ad alium annum XXX ; et multones XXV ; pullos LII, ova CCL ; de lignaricia solidos XV et denarios IIII ; de vino modios XXXIII. Ad tercium annum solvunt oviculas XVII ; item ad tercium annum leares XVII, valentem unumquemque denarios IIII. Similiter ad tercium annum solvunt scindolas DCCCL ; si vero datur eis silva, MD.

27. Iste sunt lidae : Droihildis, Dominica. Iste debent solvere camsilos IIII aut denarios XVI.

Ista est ancilla : Wandrehildis. Ista debet facere de dominica lana sarcilem I et pascere pastas.

28. Isti dixerunt jurati :

Constabulis,	Wicleboldus,	Fredevertus,
Leutardus,	Fredegarius,	Wichardus,
Fredericus,	Flotharius,	Giroardus.
Airardus,	Teudericus,	

(*Breve de Cavannas. A. Longnon.*)

AN 816.

LE fils de Charlemagne, Louis I le Débonnaire, fut aussi généreux que son père pour l'abbaye de Saint-Germain-des-Prés.

Par une donation qu'il signa d'Aix-la-Chapelle, il accorda aux religieux un droit de pêche dans un *gord* (1) de la rivière de Seine que Charles-Martel avait fait établir près de *Rueil* et dont il avait l'unique propriété. Ce don est fait à l'abbaye de St-Germain, sauf le droit que les religieux de Sainte-Geniève possédaient d'y pêcher pendant une nuit. Dans la suite, cette étendue d'eau fut appelée : *Charlevanne, Carolivenna*, et plus tard : *La Chaussée*.

En 1224, il y avait à Charlevanne *(La Chaussée)* une léproserie (maladrerie de Sainte-Madeleine) qui formait une petite communauté. Quinze paroisses avaient le droit d'y placer leurs malades, ce qui fait supposer qu'elle était une des plus riches du royaume. En 1346, les Anglais s'emparèrent de Charlevanne qu'ils pillèrent. Un château

---

1. Gord ou gort (gurges), vieux mot français qui signifie une pêcherie spéciale, composée de deux rangs de perches plantées au fond d'une rivière, soutenant des filets disposés en entonnoir.

élevé à *La Chaussée* passe pour avoir été le séjour de Gabrielle d'Estrées.

La charte de Louis le Débonnaire est datée du 29 août 816 ; nous en copions cet extrait :

> Igitur notum sit omnibus fidelibus nostris præsentibus scilicet et futuris, quia ob emolumentum animæ nostræ, quamdam piscariam, quam olim proavus noster bonæ memoriæ Karolus in *pago Pinciacense*, in villa quæ vocatur *Rioilus*, in fluvio videlicet Sequanæ fieri jussit ad monasterium Sancti Germani.

La province de Pincerais, dépendant de l'évêché de Chartres, s'étendait depuis l'extrémité orientale de la plaine d'*Achères* jusqu'au port Villez, devant l'embouchure de l'Epte.

Selon le chroniqueur français Aimoin (950-1008), « les Normands (peuples du nord), cruels et barbares, firent en 846, au mois de mars, une descente en France, sous la conduite de Regnier, et abordèrent à Rouen, avec 26 bâtiments. Ils débarquèrent sans trouver aucune résistance et s'étendirent de tous côtés, pillant, tuant, faisant des prisonniers et ravageant, le long de la Seine, tout ce qui se trouvait sur leur passage. Etant arrivés en un lieu appelé *Charlevanne*, proche de Rueil, ils apprirent que le Roy Charles marchait contre eux ; ce qui les obligea de passer de l'autre côté de la Seine où il y avait peu de troupes qu'ils mirent en fuite. Ils voulurent ensuite mettre le feu par trois ou quatre fois à deux églises du village de la *Celle-Saint-Cloud*, dépendant de l'abbaye, dont l'une était dédiée à saint Pierre et l'autre à saint Germain; mais, voyant qu'ils ne pouvaient réussir, ils brûlèrent les granges voisines et passèrent dans une île où ils pendirent à des pieux environ cent onze chrétiens et plusieurs autres à des arbres et dans les maisons, sans compter ceux qu'ils tuèrent dans la campagne .Enfin, ils entrèrent dans Paris, la veille de Pâques, et pillèrent l'abbaye de Saint-Germain. »

(Aimoin, liv. I de mirac.
S. Germ. col. I.)

AN 829.

EN 829, Hillduin I, tout à la fois abbé de Saint-Germain-des-Prés, de Saint-Denis et de St-Médard de Soissons, voulant assurer l'avenir matériel de l'abbaye de St-Germain, fit le partage des biens du monastère et en assigna une partie considérable pour entretenir *honnêtement six cent vingt religieux*. Il leur donna pour la nourriture de chaque année : mille quatre cent quarante muids de blé, pur froment, et cent quatre-vingts, pour recevoir les hôtes ; deux mille muids de vin, cent quatre-vingts muids de légumes, c'est-à-dire : de pois, de fèves et d'autres espèces ; cent soixante fromages ; vingt muids de graisse ou cinquante porcs........ Pour l'entretien des habits, des autres besoins de la communauté et des malades, Hilduin laissa les terres suivantes : Antoni, la *Celle-Saint-Cloud*, Marolles près Montereau, Cachant, Nogent,

Epinay-sur-Orge, *Valenton*, Emant et les bois d'Otté.

Afin que cet acte fût plus authentique, l'abbé de Saint-Germain le fit confirmer par le roi, à Aix-la-Chapelle, le 13 Janvier 829.

Extrait de la charte de Louis-le-Débonnaire confirmant ce partage :

Ad vestimenta etiam vel omnes eorum necessitates secundum regularem institutionem procurandas, constituimus illis easdem villas, quas ipse per suam concessionem eis visus est condonasse...... Alteram, cujus vocabulum est *Cella* quæ dicitur *Villaris*, cum omnibus appendiciis suis, quantum ipse præsenti tempore ad suum opus illic habuit, vel quidquid homines per precaria vel beneficia illius tenent et illic pertinere videtur..... Sextam, cujus vocabulum est *Spinogilum* cum ipsa capella, vel quidquid inde opus suum habuit. Septimam, locellum quæ vocatur *Valedronis*..... Has ergo villas cum appendiciis et reditibus suis, ut diximus, ad omnes ejusdem congregationis tam infirmorum quam senum necessitates faciendas, et sustentacula mortalis vitæ ministranda ; imperiali auctoritate...... eis concedimus.

(*J. Bouillart. Recueil des Chartes. 1re partie. Preuves XV.*)

Cette même année, 829, l'abbé Hilduin décida que les religieux de Saint-Germain récolteraient leur vin à Thiais (Seine) et à *Villeneuve-Saint-Georges*.

Ce règlement fut confirmé, en 872, par le roi Charles le Chauve, le 20 avril....

Vinum autem in potum cotidianum refectionis et Theodaxio et *Villa-Nova* tam de vineis dominicis quam parcionibus, fratribus dari censuimus...... Duobus etiam fratribus in eadem Villa Nova laborantibus quæ dari ibidem consuetudo fuit, dentur, et torcularia juxta solitum reemendentur, et vasa vinaria præparentur vinumque more ad monasterium deferatur.......

Actum monasterio sancti Dionysii in Dei nomine feliciter. Amen.

(*Dom. J. Bouillart. Recueil des Chartes. Preuve XXII. p. XIX et XX.*)

En 872, après les désastreuses irruptions des Normands qui avaient diminué les revenus de l'abbaye, Gozlin fit, à l'exemple de l'abbé Hilduin, un second partage des biens de l'abbaye, et cette même charte du roi Charles le Chauve de 872 confirma la donation faite, en 829, à l'abbaye de : *La Celle-Saint-Cloud, Epinay-sur-Orge* et *Valenton*.

D'après le livre censier rédigé sous l'abbé Irminon, *(fol. 23)*, Lebœuf nous retrace *Epinay-sur-Orge* comme « un pays de vignes, labourages, prés et bois. L'abbaye de St-Germain-des-Prés y avait une maison seigneuriale, cent arpents de vigne qui pouvaient produire 850 muids de vin, trente arpents de prés qui fournissaient cinquantes charretées de foin, un bois, au lieu dit *le Breuil*, d'une lieue et demie de circuit, où l'on pouvait engraisser 200 porcs, un moulin et en autre revenu : soixante muids de bléd. »

(*Lebœuf. T. X. p. 129.*)

L'abbaye de Saint-Germain-des-Prés avait à *Epinay* une chapelle et non une église, car la charte de Louis-le-Débonnaire, dont nous avons donné un extrait, dit : *Spinogilum cum ipsa capella.*

Le Pouillé de Pelletier, imprimé en 1692, attribue à l'abbé de Saint-Germain-des-Prés la nomination à la cure d'Epinay, mais Lebœuf pense que c'est une erreur.

Jusqu'à la Révolution, la terre d'Epinay fut la possession de l'abbaye de Saint-Germain-des-Prés.

Nous reproduisons, d'après A. Longnon, le : *Breve de Spinogilo. p. 66-75.*

FISC D'ÉPINAY-SUR-ORGE.

1. Habet in Spinogilo mansum dominicatum cum casa et aliis casticiis sufficienter. Habet ibi de terra arabili culturas VI quæ habent bunuaria CL, ubi potest seminare modios CCL. Habet ibi de vinea aripennos C, ubi potest colligi de vino modios DCCCL. Habet ibi de prato aripennos XXX, ubi potest colligi de feno carra L. Habet ibi silva quæ habet in totum leguam I et dimidiam, ubi possunt saginari porci CC. Habet ibi farinarium I, unde exit in censum de annona modios LX.

2. Habet ibi Ricbertus ecclesiam in beneficio cum omni apparatu diligenter constructam, ubi aspicit mansus I, habens de terra arabili bunuaria IIII, de vinea aripennos VII et dimidium, de prato aripennos III. Et sunt in suum dominium mansi II, quæ habent de terra arabili bunuaria XI, de vinea aripennos XII, de prato aripennos VI.

3. Gamalfredus colonus et uxor ejus colona, nomine Adalhildis, homines sancti Germani, habent secum infantes IIII. Tenet mansum ingenuilem I, habentem de terra arabili bunuaria VIII, de vinea aripennos III, de prato

aripennos V. Solvit in pastione de vino modios III, et in alium annum multonem I, et ad alium annum soledos II et denarios III, et propter lignaricia denarios IIII, scindolas C ; et facit in vinea dominica aripennum I ; arat ad tramisem perticas II ; corvadas, manuoperas, caroperas, quantum ei injungitur.

4. Donefredus, colonus sancti Germani, tenet mansum ingenuilem I, habentem de terra arabili bunuaria V et dimidiam antsingam, de vinea aripennos III et quartam partem de aripenno, de prato aripennum I et dimidium. Solvit similiter.

5. Ermenarius colonus et uxor ejus colona, nomine Siclefrida, homines sancti Germani, habent secum infantem I, nomine Siclehildis ; Wandalbertus, colonus sancti Germani. Isti duo tenent mansum ingenuilem I, habentem de terra arabili bunuaria V et dimidiam antsingam, de vinea aripennos III et dimidium, de prato aripennum I et dimidium. Solvunt similiter.

6. Ragamboldus colonus et uxor ejus colona, nomine Aclevalda, homines sancti Germani, habent secum infantes II, Hildeboldus, Ragamberga ; Warnadus colonus et uxor ejus colona, nomine Adalgudis, homines sancti Germani, habent secum infantes II, his nominibus, Adalgis, Droctara. Isti duo tenent mansum ingenuilem I, habentem de terra arabili bunuaria XI, de vinea aripennos III et dimidium, de prato aripennos II et dimidium. Solvunt similiter.

7. Aclevertus colonus et uxor ejus colona, nomine Landisma, homines sancti Germani, habent secum infantes IIII, his nominibus, Electeo, Gislevertus, Elictildis, Ulframna. Tenet mansum ingenuilem I, habentem de terra arabili bunuaria X et antsingam I, de vinea aripennos III et quartam partem de aripenno, de prato aripennos V. Solvit similiter.

8. Adalharius, colonus sancti Germani, habet secum infantes II, Restoinus, Adalgudis ; Waldemia libera. Isti duo tenent mansum ingenuilem I, habentem de terra

arabili bunuaria x, de vinea aripennos III, de prato aripennos VII. Solvunt similiter.

9. Bertarius colonus et uxor ejus colona, nomine Drocberta, homines sancti Germani, habent secum infantes III; Erlefredus colonus et uxor ejus colona, nomine Raghildis, homines sancti Germani, habent secum infantes III, his nominibus, Rainthardus, Giltramna, Ragentrudis. Isti duo tenent mansum ingenuilem I, habentem de terra arabili bunuaria X et antsingam I, de vinea aripennos II et dimidium, de prato aripennos VII. Solvunt similiter.

10. Baldoldus colonus et uxor ejus colona, nomine Baltfrida, homines sancti Germani, habent secum infantes IIII, his nominibus, Baldoinus, Airhildis, Baldisma, Waltarius; Eldoinus, colonus sancti Germani. Isti duo tenent mansum ingenuilem I, habentem de terra arabili bunuaria XI et antsingas II, de vinea aripennos III et duas partes de aripenno, de prato aripennos II et dimidium. Solvunt similiter.

11. Berneardus colonus et uxor ejus colona, nomine Rotberta, homines sancti Germani, habent secum infantem I, nomine Ermengarius. Tenet mansum ingenuilem I, habentem de terra arabili bunuaria X et antsingam I, de vinea aripennos II, de prato aripennos III. Solvit similiter.

12. Ermenoldus colonus et uxor ejus colona, nomine Aclisma, homines sancti Germani, habent secum infantes II, his nominibus, Ermenarius, Amalricus; Framengarius colonus et uxor ejus colona, nomine Landedrudis, homines sancti Germani, habent secum infantes III, his nominibus, Flodoildis, Framengildis, Flodois. Isti duo tenent mansum ingenuilem I, habentem de terra arabili bunuaria XI et antsingas II, de vinea aripennos III et duas partes de aripenno, de prato aripennos IIII et dimidium. Solvunt similiter.

13. Lantfredus colonus et uxor ejus colona, nomine Gentildis, homines sancti Germani, habent secum infantes II, his nominibus, Guntberga, Dructildis; Martinus colonus et uxor ejus colona, nomine Plectrudis, homines

sancti Germani, habent secum infantes IIII. Isti duo tenent mansum ingenuilem I, habentem de terra arabili bunuaria V, de vinea aripennos II, de prato aripennos V. Solvunt similiter.

14. Evrehanius colonus habet secum matrem et sororem ; tenet mansum ingenuilem I, habentem de terra arabili bunuaria VII, de vinea aripennos II et dimidium, de prato aripennum I. Solvit similiter.

15. Berneharius colonus et uxor ejus colona, nomine Judildis, homines sancti Germani, habent secum infantes II, his nominibus, Bernegis, Bernoinus ; Stradidivus colonus et uxor ejus colona, nomine Walantrudis, homines sancti Germani, habent secum filium I, nomine Anstasius. Isti duo tenent mansum ingenuilem I, habentem de terra arabili bunuaria VII et antsingam I, de vinea aripennos III, de prato aripennum I. Solvunt similiter.

16. Ermenfredus colonus et uxor ejus colona, nomine Scupilia, homines sancti Germani, habent secum infantes V, his nominibus, Scopilius, Aganfredus, Ansarius, Blitgarius, Ermenfrida. Tenet mansum ingenuilem I, habentem de terra arabili bunuaria VIII, de vinea aripennos II et dimidium, de prato aripennos III. Solvit similiter.

17. Anstasius colonus et uxor ejus colona, nomine Bertildis, homines sancti Germani, habent secum infantes II, his nominibus, Laidradus, Machildis. Tenet mansum ingenuilem I, habentem de terra arabili bunuaria XI, de vinea aripennos III, de prato similiter. Solvit similiter.

18. Germenulfus et uxor ejus, colona sancti Germani, habent secum infantes IIII, his nominibus, Germanus, Pascuarius, Aclehildis, Germana. Tenet mansum ingenuilem I, habentem de terra arabili bunuaria X, de vinea aripennos II et dimidium, de prato dimidium aripennum. Solvit similiter.

19. Guntbertus et uxor ejus, colona sancti Germani, nomine Teudelindis, habent secum infantes IIII. Tenet mansum ingenuilem I, habentem de terra arabili bunuaria VII, de vinea aripennos II, de prato aripennos II. Solvit similiter.

20. Waldegarius colonus et uxor ejus colona, nomine Adalgardis, homines sancti Germani, habent secum infantes II, his nominibus, Adalgis, Leutgardis. Tenet mansum ingenuilem I, habentem de terra arabili bunuaria IIII, de vinea aripennum I et dimidium, de prato aripennum I. Solvit in pastione de vino modium I, vervicem I ; cetera solvit sicut Gamalfredus.

21. Eldradus colonus et uxor ejus colona, nomine Adalgardis, homines sancti Germani, habent secum infantes II, his nominibus, Adalradus, Ragamberta ; Ermenoldus colonus et uxor ejus colona, nomine Hercanhildis, homines sancti Germani, habent secum infantem I, nomine Hercanrada. Isti duo tenent mansum ingenuilem I, habentem de terra arabili bunuaria VII, de vinea aripennum I et dimidium, de prato aripennos II. Solvunt similiter.

22. Fulcoinus colonus et uxor ejus colona, nomine Adalgrimna, homines sancti Germani, habent secum infantes II, his nominibus, Bertfredus, Fulcois. Tenet mansum ingenuilem I, habentem de terra arabili bunuaria VII, de vinea aripennos II et dimidium, de prato aripennos III. Solvit similiter.

23. Autgarius colonus et uxor ejus colona, nomine Landa, homines sancti Germani, habent secum infantes III, his nominibus, Lantbertus, Autbertus, Autgildis. Tenet mansum ingenuilem I, habentem de terra arabili bunuaria VII, de vinea aripennum I et dimidium, de prato aripennum I et dimidium. Solvit similiter.

24. Sichaus colonus et uxor ejus colona, nomine Blatsinda, homines sancti Germani, habent secum infantes III, his nominibus, Hiltrudis, Austrudis, Sichildis. Tenet mansum ingenuilem I, habentem de terra arabili bunuaria IIII, de vinea aripennum I et quartam partem de aripenno. Solvit similiter.

25. Adalmannus colonus et uxor ejus colona, nomine Eldois, homines sancti Germani, habent secum infantem I, nomine Adalrada ; Ingo colonus et uxor ejus colona, nomine Adalbolda, homines sancti Germani, habent secum infantem I, nomine Agambodus. Isti duo tenent

mansum ingenuilem I, habentem de terra arabili bunuaria x, de vinea aripennos II, de prato aripennum I. Solvunt similiter.

26. Landricus colonus et uxor ejus colona, nomine Agentrudis, homines sancti Germani, habent secum infantes II, his nominibus, Landrada, Framengildis ; Aldedrudis, colona sancti Germani, habet secum infantem I, his nominibus, Haltbertus ; Danegildis, colona sancti Germani, habet secum infantes III, his nominibus, Dominicus, Landoldus, Amalberga. Isti tres tenent mansum ingenuilem I, habentem de terra arabili bunuaria VI et dimidium, de vinea aripennos III et dimidium, de prato aripennos II. Solvunt similiter.

27. Ragambertus, colonus sancti Germani, habet secum infantes III, his nominibus, Ragenarius, Ragamberta, Godelindis. Tenet mansum ingenuilem I, habentem de terra arabili bunuaria V, de vinea aripennum I et dimidium, de prato aripennum I. Solvit similiter.

28. Sicharius colonus et uxor ejus colona, nomine Ostedrudis, homines sancti Germani, habet secum infantes IIII, his nominibus, Ermenoldus, Richarius, Ermenarius, Ermenildis. Tenet mansum ingenuilem I, habentem de terra arabili bunuaria V, de vinea aripennum I et duas partes de aripenno, de prato aripennum I. Solvit similiter.

29. Bernehardus colonus et uxor ejus colona, nomine Gentildis, homines sancti Germani, habent secum infantes III, his nominibus, Agenteus, Hildois, Agamberga, Aldeberga ; Adrebarius et uxor ejus, colona sancti Germani, nomine Autlindis, habent secum infantes II, his nominibus, Hildeboldus, Farohildis. Isti duo tenent mansum ingenuilem I, habentem de terra arabili bunuaria VII, de vinea aripennos II et dimidium, de prato aripennos VII et dimidium. Solvunt similiter.

30. Adalharius colonus et uxor ejus colona, nomine Randoildis, homines sancti Germani, habent secum infantes III, his nominibus, Ratbertus, Ratgis, Adalhildis. Tenet mansum ingenuilem I, habentem de terra arabili

bunuaria VI et dimidiam antsingam, de vinea aripennum I, de prato aripennos II. Solvit similiter.

31. Randoinus colonus et uxor ejus colona, nomine Gisoïldis, homines sancti Germani, habent secum infantes III, his nominibus, Aldoinus, Ragenteus, Girboldus. Tenet mansum ingenuilem I, habentem de terra arabili bunuaria IIII, de vinea aripennum I et dimidium, de prato aripennum I. Solvit similiter.

32. Ingalmarus et uxor ejus, colona sancti Germani, nomine Berla, habent secum infantes II, his nominibus, Saul, Ingalsindis. Tenet mansum ingenuilem I, habentem de terra arabili bunuaria IIII, de vinea aripennos II et dimidium, de prato aripennos II. Solvit similiter.

33. Bertramnus colonus et uxor ejus colona, nomine Autrudis, homines sancti Germani, habent secum infantes IIII. Tenet mansum ingenuilem I, habentem de terra arabili bunuaria IIII, de vinea aripennum I et duas partes de aripenno, de prato aripennum I. Solvit in pastione de vino modios II et multonem I. Facit in vinea aripennum I. Arat ad hibernaticum perticas IIII, ad tramisem perticam I. Manuoperas, caroperas, quantum ei injungitur. Pullos III, ova XV.

34. Ermboldus colonus et uxor ejus colona, nomine Acletrudis, homines sancti Germani, habent secum infantes II ; Amalricus, colonus sancti Germani. Isti duo tenent mansum ingenuilem I, habentem de terra arabili bunuaria VI et dimidium, de vinea aripennum I et dimidium. Solvunt similiter.

35. Ardoinus colonus et uxor ejus colona, nomine Lisegundis, homines sancti Germani, habent secum infantes III, his nominibus, Frotbertus, Dagobertus, Johanna ; Aclulfus, colonus sancti Germani. Isti duo tenent dimidium mansum servilem, habentem de terra arabili bunuaria III et dimidiam antsingam, de vinea aripennum I, de prato aripennos II et dimidium. Solvunt in pastione de vino modium I et dimidium, et faciunt in vinea dominica aripennos IIII, et manoperas in unaquaque ebdomada dies Pullos III, ova XV.

36. Radoardus lidus et uxor ejus lida, nomine Sicletrudis, — solvit denarios VIII, — homines sancti Germani, habent secum infantes III. Tenet mansum ingenuilem I, habentem de terra arabili bunuaria VII, de vinea aripennum I. Solvit in pastione de vino modios III. Facit in vinea aripennos IIII, in unaquaque ebdomada curvadas II; manoperas, caroperas, quantum ei injungitur.

37. Ingalbertus servus et uxor ejus colona, nomine Danegildis, homines sancti Germani, habent secum infantes III. Tenet mansum servilem I, habentem de terra arabili bunuaria III et dimidiam antsingam, de vinea aripennum I. Solvit de vino modios II. Facit in vinea aripennos IIII et manoperas. Pullos III, ova XV.

38. Aclehardus, colonus sancti Germani, tenet mansum servilem I, habentem de terra arabili bunuaria III et dimidium, de vinea aripennum I, de prato aripennum I et quartam partem de aripenno. Solvit similiter.

39. Waldegarius colonus et uxor ejus colona, nomine Ermenildis, homines sancti Germani. Tenet mansum servilem I, habentem de terra arabili bunuaria III, de vinea quartam partem de aripenno. Solvit in pastione de vino modium I. Facit in vinea aripennos IIII et manoperas in unaquaque ebdomada. Pullos III, ova XV.

40. Maurondus colonus et uxor ejus colona, nomine Agildis, homines sancti Germani, habent secum infantes II. Tenet mansum servilem I, habentem de terra arabili bunuaria III et antsingam I, de vinea dimidium aripennum, de prato duas partes de aripenno. Solvit similiter.

41. Maurinus, colonus sancti Germani, habet secum nfantem I; tenet mansum ingenuilem I, habentem de terra arabili bunuaria IIII et antsingam I, de vinea aripennum I et dimidium. Cetera solvit sicut Radoardus.

42. Dominicus servus et uxor ejus colona, nomine Gaudildis, homines sancti Germani, habent secum infantes III. Tenet mansum servilem I, habentem de terra arabili bunuaria V et dimidium, de vinea aripennum I et dimidium, de prato aripennum I et dimidium. Cetera solvit sicut Waldegarius.

43. Gundoldus colonus et uxor ejus colona, nomine Autbolda, homines sancti Germani. Tenet mansum ingenuilem I, habentem de terra arabili bunuaria IIII, de vinea aripennum I, de prato aripennos II. Cetera solvit sicut Radoardus.

44. Constantinus colonus et uxor ejus colona, nomine Ingeltrudis, habent secum infantem I et matrem et fratres II et sororem I. Tenet mansum servilem I, habentem de terra arabili bunuaria VII, de vinea aripennos II. Cetera solvit sicut Waldegarius.

45. *Galtfridus servus et uxor ejus colona tenent mansum ingenuilem I, habentem de terra arabili bunuaria V et dimidium, de vinea aripennum I et dimidium, de prato aripennum I et dimidium.*

46. Scubiculus colonus et uxor ejus colona, nomine Teodildis, homines sancti Germani, habent secum infantes II. Tenet hospicium I, habens de terra arabili antsingam I, de vinea aripennum I. Inde facit in vinea dominica aripennum I, et in unaquaque ebdomada diem I. Pullos III, ova XV.

47. Gunthadus, colonus sancti Germani, habet secum sororem I; tenet hospicium I, ubi habet de terra arabili antsingam I et dimidiam, de vinea aripennum I; et facit inde aripennum I. Cetera similiter.

48. Amadus et Ragenoldus, coloni sancti Germani, habent secum matrem. Isti duo tenent hospicium, habens de terra arabili antsingam I, de vinea aripennum I et dimidium. Solvunt de vino modium I, et faciunt in vinea aripennos II, in unaquaque ebdomada dies III; ova X, pullos II.

49. Eldiengus, colonus sancti Germani, tenet hospicium, habens de terra arabili bunuaria II et dimidiam antsingam, de vinea dimidium aripennum. Inde facit in vinea aripennum I, in unaquaque ebdomada diem I. Pullos II, ova X.

50. Aclevalda, colona sancti Germani, habet secum infantes II; tenet hospicium I, habens de terra arabili

antsingam I. Inde facit in vinea dimidium aripennum. Pullum I, ova V.

51. Mancebodus colonus et uxor ejus colona, nomine Berthildis, homines sancti Germani, habent secum infantem I. Tenet hospicium I, habens de terra arabili antsingas II, de vinea duas partes de aripenno. Solvit de vino modium I. Facit in vinea dimidium aripennum, et facit ortum dominicum. Pullos III, ova XV.

52. Ingalboldus, sacerdos sancti Germani, de beneficio Godoeno, tenet hospicium nostrum, habens de terra arabili bunuaria II et antsingam I, de vinea tres partes de aripenno. Solvit de vino modium I, et facit aripennum I et antsingam I, et in unaquaque ebdomada curvatam I et diem I. Pullos III, ova XV.

53. Martinus, colonus sancti Germani, habet secum infantes II; tenet hospicium I, habens de terra arabili antsingam I, de vinea aripennum I; et inde facit aripennum I in vinea dominica; et est foristarius de silva et vinea dominica.

54. Undoinus tenet hospicium I, habens de terra arabili bunuaria III. Solvit de vino modium I et denarios III; et facit aripennum I et perticas V. Corvatas, manoperas, quantum ei injungitur.

55. Habet ibi Ragamboldus in beneficio mansum I habentem de terra arabili bunuaria XI et antsingam I et dimidiam, de vinea aripennos IIII, de prato aripennos III et dimidium.

56. Isti juraverunt : Eldradus, Antasius, Erlefredus, Scubiculus, Donefredus, Adalmannus, Berneardus, Ragambertus, Radoardus, Maurinus, Autgarius, Waldegarius.

57. SUNT in Spinogilo, juxta quod suprascriptum habetur, mansi ingenuiles XXXII. Solvunt hostilicio solidos LXVIII, ad tertium annum multones XVIIII, ad tertium annum vervices XIII; lignaricia solidos X, pastione vini modios LXVIII, scindolas III M, pullos cum ovis XCVI.

Sunt mansi serviles XI. Solvunt pastione vini modios XVIIII et dimidium, pullos cum ovis XXXIII.

Sunt ibidem hospitia VIIII. Solvunt vini modios IIII, pullos cum ovis XVII, denarios III.

58. Isti sunt servi ex villa Spinogilo : Dominicus, Gotboldus, Jordanis, Dominica, Hildegardis, Radoara, Frotlindis, Berthildis, Ragenardis, Beata, Ranois, Donefredus, Edralus, Elia, Elisabia, Adalardus, Odilardus, Rainois, Adalindis, Adalrada, Hildegardis, Adalhildis, Flodaldus, Gaudaldus, Martina, Godelbertus, Sechadus, Adalbertus, Richardus, Ingalbertus.

Dom J. Bouillart (Abbaye de *Saint-Germain-des-Prés, liv. III*) relate, au sujet des dîmes d'Epinay, qu'en 1209, un gentilhomme, nommé Ferric Doison, en donna la cinquième partie à l'abbaye, et qu'il vendit les quatre autres pour la somme de cent quarante livres.

(Ex. cartul. donationis.)

AN 847.

EN 847, Gozlin, oncle du roi Chauve, fut élu abbé de Saint-Germain-des-Prés et, sous son abbatiat, le seigneur Brunard fit don à l'abbaye de plusieurs fonds de terre situés au village de Celsiacum *(Souzy-la-Briche)* sur le territoire d'Etampes, pour l'entretien du luminaire devant le tombeau de saint Germain.

Cette charte est datée du premier avril 849.

Dans la même année, 849, une comtesse,

nommée Ève, fit la donation de la seigneurie de *Fulloni campus* et de quelques autres biens situés dans le pays de Châtres *(Arpajon)* pour l'entretien du même luminaire.

(*Irminon. liv. V. Polyptyque.*)

Pour ces biens situés dans le *Pagus Castrensis*, Lebœuf pense qu'il faut comprendre *Leudeville*, *(Ludohnis)*, à 2 lieues de Châtres, et avoue ignorer si cette dame était comtesse de Paris, d'Etampes ou de Châtres.

Au tome XI, page 75, Lebœuf dit : que les religieux de Saint-Germain-des-Prés possédaient un ou deux domaines à Leudeville (canton d'Arpajon), des biens à Thiais *(Seine)* et à Epinay-sur-Orge. Il précise en ajoutant que le domaine de Leudeville s'étendait du côté de *Vert-le-Grand.*

Charte du seigneur Brunard.

Donatio quam fecit Brunardus de alodo proprie ereditatis suæ, in villa *Celsiaco*. In nomine sancte et individue Trinitatis. Ego Brunardus ingenuus de ingenuis parentibus natus, tam pro remedio anime meæ quam pro remedio genitoris mei seu genetricis necnon parentum meorum, trado et transfundo duos mansos proprie ereditatis meæ beatissimo presuli Germano Parisiacæ urbis, sitos in villa ipsius sancti pontificis nomine *Celsiaco,* in pago *Stampinse.* Totum eidem concedimus sancto cum integritate et cum omnibus eorum appenditiis, terris cultis et incultis, pratis et cum una molendini area : eo quidem tenore, ut de redituro censu, quod exinde exierit, queat lumen habere ante sanctum ejus sepulcrum ; quatinus, ejus piis meritis in intercessionibus, valeamus adipisci perfectionem mentis a Domino, et contemplari eum in sede magestatis suæ : Si quis vero, quod minime credimus, fuerit successorum nostrorum, qui contra hanc traditionem assurgere temtaverit, coactus auri libras X componat, et insuper quod repetit minime adquirat ; et veniant super eum omnes maledictiones que sunt scripte in libris.

Actum Parisius anno regni X Karoli, Kalendas apriles, abbato Gozlino.

Ego Brunardus, qui hanc traditionem fieri rogavi, mea manu firmavi. Conradus comes suscripsit. Gozlinus abbas suscripsit. Fulco, et Wibertus et Jeronimus, filii Brunardi, subscripserunt.

(Bouillart. preuv. XIX.)

Le pays de Souzy-la-Briche, qui est indiqué comme une dépendance de l'Etampois dans Irminon, était une terre d'assez grand rapport pour l'abbaye de Saint-Germain-des-Prés d'après la donation suivante transcrite par Longnon *(p. 182, Breve de Villamilt)*. Villemeux (Eure-et-Loir).

Donatio Hildemodi.

Habet in *Celsiaco* villa mansum indominicatum absum, ubi aspitiunt de terra arabili bunuaria VII. Habet ibi sex mansos, qui solvunt de argento, omni anno, solidos VIII, pro carropera ad *Trecas* (1) denarios VIII. Arant ad ibernaticum perticas X, ad tramisum perticas IIII ; curvadas IIII, si bovos habuerint ; carroperam in *Æquilinam* (2) ad tertium annum. Traunt de fimo, ad tertium annum quantum trahere possunt per tuos dies ; bannos III. Sunt ibi quinque homines sancti Germani, qui solvunt denarios XX. Fatiunt in unaquæque ebdomada dies VI per bladum ; fatiunt curvadas III, et accipiunt panem et pulmentum. Solvunt

---

1. Troyes (Aube).
2. Yveline-forêt.

pullos VI cum ovis. Habet ibi de silva bunuaria II. Aspicit ibi ecclesia edificata in honore sancti Martini cum doto; attamen nihil solvit. Pertinent ad ipsam ecclesiam hospitia V, sed tamen absa sunt præter I, qui solvit ad ipsam ecclesiam denarios VI. Habet ad ipsam ecclesiam de benefitio mansum I, qui solvit de argento solidos VIII.

Dans le *Breve de Villamilt*, nous trouvons les noms des colons de l'abbaye de Saint-Germain-des-Prés qui étaient de Thionville-sur-Opton (canton de Houdan), de *Chalo-Saint-Mars* et de *Chalou-la-Reine*, (arrond. d'Etampes.)

« Vulframus, major et colonus et uxor ejus colona nomine Leutgardis..... Iste manet in Theodulfi-Villa. » (*Thionville*). (*Pag. 100. art. 8.*)

« Erbemarus colonus et uxor ejus, colona sancti Germani, de Calau (*Chalou*), nomine Airbolda. »
(*P. 103. art. 21.*)

Tardif *(Mon. hist. page 133)* nous dit que Calau était un des domaines de l'abbaye de Saint-Germain-des-Prés dans l'Etampois.

Du reste, dans la charte de 872 du roi Charles-le-Chauve, où il est fait mention des biens qui serviront à l'entretien des religieux, nous trouvons que cette terre de Calau est très bien désignée par l'extrait suivant : ....

.... Pro stipendiis autem victualibus quæ eis a parte abbatis persolvi debebantur, sicut in præfato genitoris nostri præcepto continetur ac nostro, delegamus eis una cum consensu et voluntate memorati Gozlini abbatis omniumque fratrum ejusdeam congregationis has villas infra scriptas.

Calau in pago Stampinse cum integritate et hospitiis suis quæ sunt in alba terra.......

FISC DE MORSANG-SUR-SEINE.
(Canton de Corbeil).

1. Habet *in Murcincto* (Morsang-sur-Seine) casa dominica cum aliis casticiis sufficienter. Habet ibi de terra arabili bunuaria CXXII, quæ possunt seminari modiis DC. Habet ibi de vinea aripennos CX, ubi possunt in totum colligi de vino modii DC ; de prato aripennos XXX, ubi possunt colligi de feno carra XL ; de silva, sicut æstimatur in giro, per totum, leuas II ; et possunt saginari porci CCC.

2. Habet ibi ecclesias II (1), cum omni apparatu diligenter constructas. Aspiciunt ibi mansus serviles I et dimidius, habens de terra arabili bunuaria III et antsingam I, de vinea aripennos V, de prato aripennum I. Exiit inde curvatas III.

3. Geningus, major et colonus sancti Germani, tenet mansum I ingenuilem, habentem de terra arabili bunuaria IIII, de vinea aripennos II, de prato dimidium aripennum. Solvit in pascione de vino modios II. Facit in vinea aripennos II ; ad tertium annum juniculam. Arat perticas VII. Curvadas, caplim, caroperas, manoperas, quantum ei injungitur. Pullos III, ova XV.

4. Grimhardus colonus et uxor ejus colona, nomine Walda, homines sancti Germani. Tenet mansum I ingenuilem, habentem de terra arabili bunuaria III et dimidiam antsingam, de vinea aripennum I, de prato similiter. Solvit similiter.

5. Gisoinus, colonus sancti Germani, et uxor ejus libera,

---

1. L'église paroissiale encore dédiée à Saint-Germain de Paris et l'ancienne chapelle Saint-Médard qui était unie dès 1481 à la cure de Morsang.

nomine Winedrudis, habent secum infantes v, his nominibus, Bertfridus, Giso, Gisoardus, Gisoildis, Bernoildis. Tenet mansum I ingenuilem, habentem de terra arabili bunuaria XI, de vinea aripennos III, de prato quartam partem de aripenno. Solvit similiter.

6. Gislardus colonus et uxor ejus colona, nomine Teutgundis, homines sancti Germani, habent secum infantes II, his nominibus, Adaltrudis, Adaltramna. Tenet mansum I ingenuilem, habentem de terra arabili bunuaria VI, de vinea aripennos IIII, de prato dimidium aripennum. Solvit similiter.

7. Blitgarius colonus et uxor ejus colona, nomine Gislindis, homines sancti Germani, habent secum infantes II, his nominibus, Gisledrudis, Deurtrudis; Gislardus colonus et uxor ejus colona, nomine Dodalagia, homines sancti Germani, habent secum infantes IIII, his nominibus, Dodalbertus, Gisleramnus, Gislebrandus... Tenet mansum I ingenuilem, habentem de terra arabili bunuaria XII, de vinea aripennos III, de prato aripennum I. Solvit similiter.

8. Alveus colonus et uxor ejus colona, nomine Ermoildis, homines sancti Germani, habent secum infantes IIII, similiter coloni, his nominibus, Adalgarius, Erlandus, Erlildis, Ernildis, Aldo. Tenet mansum I ingenuilem, habentem de terra arabili bunuaria XII, de vinea aripennos II, de prato aripennum I. Solvit similiter.

9. Farcinctus colonus et uxor ejus colona, nomine Evrehildis, homines sancti Germani. Tenet mansum I ingenuilem, habentem de terra arabili bunuaria IIII et antsingas II, de vinea aripennos II, de prato aripennos .IIII. Solvit similiter.

10. Farnoinus colonus et uxor ejus colona, nomine Airoildis, homines sancti Germani, habent secum infantes III his nominibus, Airoin, Frambertus, Airois. Tenet mansum I ingenuilem, habentem de terra arabili bunuaria VIIII, de vinea aripennos III, de prato aripennos III et dimidium. Solvit similiter.

11. Rainlandus colonus et uxor ejus colona, nomine Ingramna, homines sancti Germani, solvunt senapi sesta-

rium I, ausarias L.. Ostremundus colonus et uxor ejus colona, nomine Agia. Isti duo tenent mansum I ingenuilem, habentem de terra arabili bunuaria VII, de vinea aripennos IIII. Solvit similiter.

12. Drocfredus colonus et uxor ejus colona, nomine Audrada, homines sancti Germani, habent secum infantes II, his nominibus, Droitberga, Droitisma; Ermenardus colonus et uxor ejus colona, nomine Agenildis, homines sancti Germani. Isti duo tenent mansum I ingenuilem, habentem de terra arabili bunuaria VI, de vinea aripennos II, de prato aripennos IIII. Solvit similiter.

13. Evroinus, colonus sancti Germani, habent secum infantes IIII, his nominibus, Bonus, Evraldus, Ebroinus, Elisanna, Osanna. Tenet mansum I ingenuilem, habentem de terra arabili bunuaria XVII, de vinea aripennos IIII, de prato aripennos VI. Solvit similiter.

14. Albericus, colonus, et uxor ejus, libera. Tenet mansos II ingenuiles, habentes de terra arabili bunuaria XV; de vinea aripennos III, de prato aripennos VII. Solvit similiter.

15. Aclefredus colonus et uxor ejus colona, nomine Warmentrudis, homines sancti Germani, habent secum infantes II, his nominibus, Domnehildis, Adalfredus. Tenet mansum I ingenuilem, habentem de terra arabili bunuaria V et dimidiam antsingam, de vinea aripennum I et quartam partem de aripenno, de prato aripennum I et dimidium. Solvit similiter.

16. Waltarius colonus et uxor ejus colona, nomine Bernehildis, homines sancti Germani. Tenet mansum I ingenuilem, habentem de terra arabili bunuaria VII, de vinea aripennum I et dimidium; de prato aripennos II. Solvit similiter.

17. Ermgarius colonus et uxor ejus colona, nomine Electa, habent secum infantes II, his nominibus, Electrudis, Electardus. Tenet mansum I ingenuilem, habentem de terra arabili bunuaria V et antsingas II, de vinea aripennos III, de prato aripennum I et dimidium. Solvit similiter.

18. Dodoinus colonus et uxor ejus colona, nomine Deodrada, homines sancti Germani, habent secum infantes II, his nominibus, Gerbertus, Daudoart. Tenet mansum I ingenuilem, habentem de terra arabili bunuaria II, de vinea aripennum I et dimidium, de prato similiter. Soivit in pascione de vino modios II. Facit in vinea aripennos II; ad tertium annum multonem I. Facit perticas IIII, caplim, caroperas, manoperas, quantum ei injungitur. Pullos III, ova XV.

19. Trudoinus, colonus sancti Germani, habet secum infantes III, his nominibus, Rotgarius, Ingalfredus, Alina. Tenet mansum I ingenuilem, habentem de terra arabili bunuarium de vinea aripennum I, de prato aripennum I. Solvit similiter.

20. Ratbertus, colonus sancti Germani, tenet dimidium mansum, habentem de terra arabili antsingas IIII, de vinea aripennum I, de prato aripennum I. Solvit similiter.

21. Ragambaldus, colonus sancti Germani, habet secum infantes III, his nominibus, Hildeboldus, Giroaldus, Evregildis. Tenet mansum I ingenuilem, habentem de terra arabili antsingas VII, de vinea aripennum I, de prato quartam partem de aripenno. Solvit in pascione de vino modium I, cetera similiter.

22. Adremarus colonus et uxor ejus colona, nomine Branthildis, homines sancti Germani, habent secum infantes II, his nominibus, Autgarius, Ermengaudus. Tenet mansum I ingenuilem, habentem de terra arabili bunuaria V, de vinea aripennum I.

23. Aringaudus colonus et uxor ejus colona, nomine Autgaria, homines sancti Germani, habent secum infantes II. Tenet mansum I ingenuilem, habentem bunuaria IIII et antsingas II, de vinea aripennum I, de prato aripennum I. Solvit similiter.

24. Augarius, colonus sancti Germani, tenet dimidium mansum, habentem de terra arabili bunuaria V et dimidium, de vinea aripennum I et dimidium, de prato aripennos II et dimidium. Facit sicut medietatem mansi.

25. Autgingus colonus et uxor ejus colona, nomine Go-

daltrudis, homines sancti Germani. Tenet mansum I ingenuilem, habentem de terra arabili bunuaria IIII et antsingas II, de vinea aripennum I et dimidium, de prato similiter. Solvit similiter.

26. Gerfredus colonus et uxor ejus colona, nomine Ermburga, homines sancti Germani. Tenet mansum I ingenuilem, habentem de terra arabili bunuaria III, de vinea aripennum I, de prato aripennum I et dimidium.

27. Adalgaudus colonus et uxor ejus colona, nomine Ragnoildis, homines sancti Germani, habent secum infantes II, his nominibus, Ragemarus, Waltsis. Tenet mansum I ingenuilem, habentem de terra arabili bunuaria IIII et antsingas II, de vinea aripennum I et dimidium, de prato aripennos II. Solvit similiter.

28. Ermenteus colonus et uxor ejus colona, nomine Electrudis, homines sancti Germani ; Ermenaldus, colonus sancti Germani. Isti duo tenent mansum I ingenuilem, habentem de terra arabili bunuaria IIII, de vinea aripennum I, de prato similiter. Solvit similiter.

29. Acleardus colonus et uxor ejus colona, nomine Domedrudis, homines sancti Germani. Tenet mansum I ingenuilem, habentem de terra arabili bunuaria IIII, de vinea aripennum I, de prato aripennum I. Solvit similiter.

30. Rathelmus colonus et uxor ejus colona, nomine Ermtrudis, homines sancti Germani, habent secum infantes III, his nominibus, Autbaldus, Ermberta, Autberta ; Audricus colonus et uxor ejus colona, nomine Adalgundis, homines sancti Germani. Isti duo tenent mansum I ingenuilem, habentem de terra arabili bunuaria IIII et antsingas II, de vinea aripennos III, de prato aripennos III. Solvit similiter.

31. Farlenus, colonus sancti Germani, tenet mansum I ingenuilem, habentem de terra arabili bunuaria IIII, de vinea aripennos II et dimidium, de prato aripennos II. Solvit similiter.

32. Guntbertus colonus et uxor ejus colona, nomine Benedicta, homines sancti Germani. Tenet mansum I ingenuilem, habentem de terra arabili bunuaria V, de vinea

aripennum I, de prato dimidium aripennum. Solvit similiter.

33. Constantinus et uxor ejus colona, nomine Hairtrudis, homines sancti Germani, habent secum infantes III, his nominibus, Remegius, Frelinus, Hildegis. Tenet mansum I ingenuilem, habentem de terra arabili bunuaria II, de vinea aripennum I, de prato dimidium aripennum. Solvit similiter.

34. Dodalhardus colonus et uxor ejus colona, nomine Harlindis, homines sancti Germani, tenent mansum I ingenuilem, habentem de terra arabili bunuaria III, de vinea aripennum I, de prato aripennum I. Solvit similiter.

35. Maurus servus et uxor ejus ancilla, nomine Mauringa, homines sancti Germani, tenent mansum I ingenuilem, habentem de terra arabili bunuaria III, de vinea aripennum I et dimidium, de prato aripennum I. Solvit similiter.

36. Amalricus colonus et uxor ejus colona, nomine Hiltrudis, homines sancti Germani, habent secum infantes II, his nominibus, Gamanildis, Hildebrus. Iste tenet mansum I ingenuilem, habentem de terra arabili bunuaria VIII, de vinea duas partes de aripenno, de prato aripennum I. Solvit similiter.

37. Adalboldus, colonus sancti Germani, tenet mansum I ingenuilem, habentem de terra arabili bunuaria II, de vinea dimidium aripennum, de prato aripennum dimidium. Solvit similiter.

38. Sichardus colonus et uxor ejus colona, nomine Winerada, homines sancti Germani, tenent mansum I ingenuilem, habentem de terra arabili bunuarium I, de vinea aripennum I, de prato quartam partem de aripenno. Solvit similiter.

39. Boso colonus et uxor ejus colona, nomine Acberta, homines sancti Germani, habent secum infantes IIII, his nominibus, Cristemia, Bosa, Bovo, Bosleberta. Tenet dimidium mansum servilem, habentem de terra arabili bunuaria IIII et antsingam I, de vinea aripennum I et di-

midium, de prato dimidium aripennum. Facit sicut de medietatem mansi.

40. Ebroinus colonus et uxor ejus colona, nomine Susanna, homines sancti Germani, habent secum infantem I, his nominibus, Martinus. Tenet mansum I ingenuilem, habentem de terra arabili bunuaria VIII, de vinea aripennos II, de prato aripennos III et dimidium. Solvit similiter sicut Adalmarus.

41. Adalmarus, colonus sancti Germani, tenet mansum I servilem, habentem de terra arabili bunuaria IIII, de vinea aripennos II, de prato aripennum I et dimidium. Facit in vinea aripennos IIII. Solvit in pascione de vino modios II, senapi sestarium I, ausarias L, pullos III, ova XV.

42. Godefredus, colonus sancti Germani, habet secum matrem et fratrem et sororem. Tenet mansum servilem I, habentem de terra arabili bunuaria III, de vinea aripennum I et dimidium, de prato aripennum I et dimidium. Solvit similiter.

43. Lantbertus colonus et uxor ejus colona, nomine Sichildis, homines sancti Germani, tenent mansum I servilem, habentem de terra arabili bunuaria III et dimidium, de vinea aripennum I, de prato aripennum I. Solvit de senapi sestarium I, osarias L.

44. Gaudoenus colonus et uxor ejus colona, nomine Aldoara, homines sancti Germani, habent secum infantes II, his nominibus, Adalardus, Altbertus. Tenet mansum I servilem, habentem de terra arabili bunuaria VIII, de vinea aripennum I, de prato aripennum I et dimidium. Solvit similiter.

45. Christehildis, colona sancti Germani, habet secum infantes II, his nominibus, Crisanum, Andrebergam, similiter coloni. Tenet mansum servilem I, habentem de terra arabili bunuaria II et antsingam I, de vinea aripennum I et dimidium, de prato aripennum I. Senapi sestarium I, osarias L.

46. Ratbertus servus et uxor ejus ancilla, nomine Alda,

habent de terra arabili antsingas III, de vinea duas partes de aripenno, de prato dimidium aripennum. Solvit inde vervicem I, pullos III, ova XV.

47. Sichardus tenet hospicium dominicum. Solvit similiter, et in unaquaque ebdomada dies II.

48. Habet Fulbertus in beneficio mansum I ingenuilem, habentem de terra arabili bunuaria VIII, de vinea aripennos III, de prato aripennos II et dimidium.

49. Habet in Muricinctu mansos ingenuiles XXXVI, qui solvunt, ad tertium annum, ad hostem geniculas VIII et quartam partem, multones XIIII; mansos serviles VI et dimidium. Solvunt simul de vino in pascione modios LXXXIIII, pullos CX, ova DC.

(*Breve de Murcincto*) *A. Longnon.*

FISC DE COUDRAY-SUR-SEINE.
(Canton de Corbeil).

1. Habet in *Colrito* (Coudray-sur-Seine) mansos ingenuiles XI et dimidium, qui solvunt omni anno ad hostem boves V et dimidium, pullos XXXIII, ova CLXV.

2. Habet in Colrido mansum dominicato, habentem de terra arabili bunuaria LX, ubi potest seminari modios CLXXV; de vinea aripennos XIIII, ubi possunt colligi de vino modii CCXXX; de prato aripennos X, ubi possunt colligi de feno carra XL; de silva bunuaria XXV.

3. Gerbertus colonus et uxor ejus colona, nomine Adalgundis, homines sancti Germani, habent secum infantes II, his nominibus, Bismodus, Gerberga. Tenet mansum I ingenuilem, habentem de terra arabili bunuaria XI, de vinea aripennos II. Solvit ad hostem dimidium bovem, de vino in pascione modios II; et arat perticas VII. Facit in vinea aripennum I. Pullos III, ova XV. Curvadas, caplim, caroperas, manoperas, quantum ei injungitur. Lignaritia pedalem I.

4. Teutgrimus colonus et uxor ejus colona, nomine Ingberta, homines sancti Germani : Teutberga est eorum filia. Tenet mansum I ingenuilem, habentem de terra arabili bunuaria VI, de vinea aripennum I. Solvit similiter.

5. Hiltbertus, colonus sancti Germani, et uxor ejus, ancilla, tenent mansum I ingenuilem, habentem de terra arabili bunuaria XII, de vinea aripennos. Solvit similiter.

6. Amalgis colonus et uxor ejus libera, nomine Ardelindis, homines sancti Germani ; Odilelmus colonus et uxor ejus ancilla, nomine Ermengardis, homines sancti Germani, habent secum infantes II, his nominibus, Leudricus, Gisloina. Isti duo tenent mansum I ingenuilem, habentem de terra arabili bunuaria II, de vinea aripennos II. Solvit similiter.

7. Sicharius, colonus sancti Germani, et uxor ejus libera, nomine Solisma : Sicharia est eorum filia. Ermbradus, sancti Germani, et uxor ejus, sancti Germani, habent secum infantes V, his nominibus, Hildebertus, Godalbertus, Madalgarius, Ermbrada, Elia. Isti duo tenent mansum ingenuilem I, habentem de terra arabili bunuaria XI et dimidium, de vinea aripennos II. Solvit similiter.

8. Sicboldus, colonus sancti Germani, et uxor ejus libera, nomine Ercamberta ; Agebertus, colonus sancti Germani. Isti duo tenent mansum I ingenuilem, habentem de terra arabili bunuaria XI, de vinea aripennos II. Solvit similiter.

9. Godebertus, lidus ; Mattheus, colonus sancti Germani, et uxor ejus colona, nomine Cristiana. Isti duo tenent mansum I ingenuilem, habentem de terra arabili bunuaria VII, de vinea aripennum I et tres partes de aripenno.

10. Ermenulfus, colonus sancti Germani ; Ingulfus, colonus sancti Germani. Isti duo tenent mansum I ingenuilem, habentem de terra arabili bunuaria VII, de vinea aripennos II et dimidium. Solvit similiter.

11. Airbertus, colonus sancti Germani ; Adalradus colonus et uxor ejus colona, nomine Frotlindis, homines sancti Germani. Isti duo tenent mansum I ingenuilem, habentem

de terra arabili bunuaria X, de vinea aripennos II. Solvit similiter.

12. Edimius colonus et uxor ejus colona, nomine Electa, homines sancti Germani; Frothardus, colonus sancti Germani, habet secum matrem. Isti duo tenent mansum I ingenuilem, habentem de terra arabili bunuaria V, de vinea aripennum I et dimidium. Solvit.

13. Ermenoldus colonus et uxor ejus colona, nomine Walda, homines sancti Germani, habent secum infantes II, his nominibus, Sicrada, Sigenildis; Teutgarnus colonus et uxor ejus colona, nomine Ermentrudis, homines sancti Germani : Melismus est eorum filius. Isti duo tenent mansum I ingenuilem, habentem de terra arabili bunuaria XI, de vinea aripennum I et duas partes de aripenno.

14. Airoardus, colonus sancti Germani, tenet dimidium mansum, habentem de terra arabili bunuaria V, de vinea aripennum I. Cetera facit sicut medietatem mansi.

(*Breve de Polrido. A. Longnon.*)

AN 848.

VERS cette époque, 848, *Le Chesnay* (anc. doy. de Châteaufort) était possédé par l'abbaye de Saint-Germain-des-Prés ; mais, après l'invasion des Normands, l'abbaye, cherchant une protection, donna cette terre à de puissants seigneurs. Aussi voyons-nous, dès le XIe siècle, la terre du Chesnay possédée par les comtes de Monfort ; nous en parlerons plus loin, en 1073.

Ce ne fut qu'en 1191 que Foulques, abbé de Saint-Germain, donna une place au Chesnay pour y bâtir une église sous le titre de Saint-Germain de Paris.

L'église est encore sous ce même vocable.

Au IXe siècle, l'abbaye de Saint-Germain-des-Prés avait de nombreuses dépendances à *Jouy-en-Josas* ; cette terre fut aliénée de bonne heure, mais l'abbaye possédait encore au XVe siècle, sous Louis XI, le fief du Moucet et de la Croix.

Dans son Polyptique, Irminon *(fol. 3)* nous dit que l'abbaye possédait, à Jouy, 91 maisons ou *meiz*, 19 *manses serviles*, sans compter le manse seigneurial ; en tout 110 feux. Cette terre est l'une de celles que perdit l'abbaye de St-Germain dans les guerres des IXe et Xe siècles ; elle passa alors entre les mains des seigneurs laïcs, parmi lesquels on doit remarquer le *connétable* (1) de Clisson. Plus tard, c'est-à-dire au XVIIe siècle, elle échut à la maison d'Escoubleau. Ce fut Charles d'Escoubleau, marquis de Sourdis, qui, en 1654, fit ériger la terre de Jouy en comté.

On voit encore à Jouy, sur la colline adossée à la grande route de Vélizy, un groupe de propriétés qu'on appelle *Les Metz;* ce nom vient sans aucun doute de Meiz, et semble indiquer la place des possessions de l'abbaye de Saint-Germain-des-Prés.

FISC DE JOUY-EN-JOSAS.

. . . .

1. Godeboldus, colonus sancti Germani, habet secum infantes II, his nominibus, Godelhildis, Amaltrudis. Tenet mansum ingenuilem, habentem de terra arabili bunuaria VI,

---

1. Sous les rois de la première et de la seconde race, le connétable avait le commandement des écuries, des étables du roi, d'où il prit le nom de : comte de l'étable.

de vinea duas partes de aripenno, de prato dimidium aripennum. Facit inde in vinea aripennos III. Solvit de vino in pascione II modios, pullos III, ova XV.

2. Walateus colonus et uxor ejus colona, nomine Framengildis, homines sancti Germani, habent secum infantes II, his nominibus, Walantrudis, Nadilindis. Tenet mansum ingenuilem I, habentem de terra arabili bunuaria X. Solvit inde de vino in pascione modios II ; facit in vinea aripennos IIII, manoperas, carroperas, caplim ; pullos III, ova XV.

3. Gisleboldus, colonus sancti Germani ; Ercamboldus colonus et uxor ejus colona, nomine Gisa, homines sancti Germani, habent secum infantes III, his nominibus, Saidra, Ercamberta, Hildegundis. Isti duo tenent mansum ingenuilem I, habentem de terra arabili bunuaria VIII, de vinea duas partes de aripenno, de prato aripennum I. Solvunt similiter.

4. Stadius, colonus sancti Germani, tenet mansum ingenuilem I, habentem de terra arabili bunuaria VIII, de prato aripennum I et dimidium. Solvit similiter.

5. Acledulfus colonus et uxor ejus colona, nomine Winegardis, homines sancti Germani, habent secum infantes IIII, his nominibus, Hidulfus, Ragentrudis, Winegildis, Winegis ; Lantbertus colonus et uxor ejus colona, nomine Ansberta, homines sancti Germani, habent secum infantes V, his nominibus, Lantbertus, Haltbertus, Waltbertus, Lantberta. Isti duo tenent mansum ingenuilem I, habentem de terra arabili bunuaria X, de vinea aripennum I, de prato aripennum I. Solvunt similiter.

6. Dominicus servus et uxor ejus colona, nomine Landedrudis, homines sancti Germani, habent secum infantes IIII, his nominibus, Baldulfus, Bertraus, Liutardus, Grimharius. Tenet mansum ingenuilem I, habentem de terra arabili bunuaria VII, de vinea duas partes de aripenno, de prato aripennum I. Solvit similiter.

7. Leutharius, servus sancti Germani, tenet mansum servilem I, habentem de terra arabili bunuaria VIII, de

vinea dimidium aripennum, de prato dimidium aripennum. Solvit similiter.

8. Leutardus, servus sancti Germani, tenet mansum servilem I, habentem de terra arabili bunuaria VIII, de vinea dimidium aripennum, de prato dimidium aripennum. Solvit similiter.

9. Gerosmus, colonus sancti Germani, tenet mansum ingenuilem I, habentem de terra arabili bunuaria VI, de vinea dimidium aripennum, de prato quartam partem de aripenno. Solvit similiter.

10. *Godinus presbyter* tenet mansum ingenuilem I, habentem de terra arabili bunuaria XI, de vinea aripennum I et dimidium. Facit inde in vinea aripennos IIII.

11. Raintbertus, colonus sancti Germani, tenet dimidium mansum ingenuilem I, habentem de terra arabili bunuaria V et dimidium. Facit inde in vinea aripennos II ; arat ad hibernatico perticas II, ad tremissem perticam I ; manoperas, carroperas ; pullum I et dimidium cum ova.

12. Wintboldus, colonus sancti Germani, tenet dimidium mansum ingenuilem, habentem de terra arabili bunuaria VI, de vinea dimidium aripennum. Solvit similiter.

13. Acfredus lidus et uxor ejus colona, nomine Amaltrudis, homines sancti Germani, habent secum infantem I, nomine Amalricus. Tenet mansum servilem, habentem de terra arabili bunuaria V. Facit inde in vinea aripennos III; pullos III, ova XV ; manoperas, caplim, ubi ei injungitur.

14. Alanteus lidus et uxor ejus colona, nomine Ingberta, homines sancti Germani, habent secum infantes III, his nominibus, Ercamberta, Adalricus, Autbertus ; Hairbertus lidus et uxor ejus lida, nomine Godelindis, homines sancti Germani, habent secum infantes III, his nominibus, Aiginardus, Dodo, Restoldus. Isti duo tenent mansum servilem I, habentem de terra arabili bunuaria VI et dimidium, de vinea aripennum I, de prato aripennum I et dimidium. Facit in vinea aripennos IIII, manoperas, quantum ei jubetur ; pullos III, ova XV.

15. *Ragenulfus, colonus sancti Germani, et uxor ejus colona, nomine Ratrudis ; Ragemboldus, colonus sancti*

Germani. Isti duo tenent mansum servilem, habentem de terra arabili bunuaria VI *et dimidium, de prato aripennos* IIII. *Solvit similiter.*

16. Restoldus, servus sancti Germani, tenet dimidium mansum servilem, habentem de terra arabili bunuaria V, de vinea duas partes de aripenno, de prato aripennos II. Arat perticas III ; solvit multonem I, pullum I, ova V ; manoperas, carroperas, quantum ei injungitur.

17. Baldricus colonus et uxor ejus colona, nomine Mauringa, homines sancti Germani, habent secum infantes II, his nominibus, Vulfedrudis, Framberta. Tenet mansum dimidium servilem, habentem de terra arabili bunuaria V et dimidium. Facit inde in vinea aripennos II ; pullum I, ova V ; manoperas, caroperas.

18. Caladulfus colonus et uxor ejus colona, nomine Natalia, homines sancti Germani, habent secum infantem I, nomine Nadaltrudis. Tenet dimidium mansum ingenuilem, habentem de terra arabili bunuaria II et dimidium, de prato dimidium aripennum. Solvit inde multonem I, pullos III, ova XV.

De Hospitiis.

19. Landoinus colonus et uxor ejus colona, nomine Gandoildis, homines sancti Germani, habent secum infantes III, his nominibus, Gantildis, Godelildis, Salamonus. Tenet de terra arabili antsingas III. Facit inde in vinea aripennos II ; pullos II, ova X.

20. Evreboldus, servus sancti Germani, tenet de terra arabili antsingas II ; facit inde in unaquaque ebdomada diem I ; pullum I, ova V.

21. Bertoinus colonus tenet ospicium ; facit inde in unaquaque ebdomada diem I.

22. Godinus lidus et Natalidius tenent de terra arabili bunuaria IIII, de vinea aripennum I ; facit inde in vinea aripennos II.

23. Adremarus, lidus sancti Germani, tenet de terra

arabili bunuarium I, de vinea aripennum I, de prato aripennum I et dimidium ; inde facit perticas II.

24. Frotgarius colonus tenet de terra arabili antsingam I; inde facit perticam I.

25. Siclebolda ancilla tenet de terra arabili bunuaria V, de vinea aripennum I, inde facit perticas IIII.

26. Godemarus colonus tenet de terra arabili bunuarium I et antsingas II, de vinea quartam partem de aripenno ; inde facit in unaquaque ebdomada diem I, facit perticas IIII.

27. Dodo, colonus sancti Germani, tenet de terra arabili bunuaria II, de vinea duas partes de aripenno ; inde facit perticas II ; ad unum annum solidum I, ad alium denarios III ; manoperas quantum ei injungitur ; pullum I, ova V.

28. Agenulfus, colonus sancti Germani, tenet de terra arabili antsingam I, de vinea aripennum I, de prato dimidium aripennum ; inde solvit de argento solidos IIII.

29. Teodradus, colonus sancti Germani, tenet de terra arabili dimidiam antsingam ; facit in unaquaque ebdomada diem I ; pullum I, ova V.

30. Teudhardus, colonus sancti Germani, tenet de terra arabili antsingam I ; inde facit in unaquaque ebdomada diem I ; pullum I, ova V.

31. Ansegarius colonus tenet de terra arabili bunuaria III ; facit perticam I.

32. Leutgaudus colonus tenet de terra arabili antsingam I, inde facit in unaquaque ebdomada diem I ; pullum I, ova V.

33. Ermentildis, colona sancti Germani, tenet de terra arabili antsingam I, facit in unaquaque ebdomada diem I ; pullum I, ova V.

34. Dalbertus, colonus sancti Germani, tenet de terra arabili antsingam I, inde facit tornatura.

35. Ermgaudus tenet hospitium ; solvit inde in anno pullum I, ova V ; facit in unaquaque ebdomada dies III.

36. Siclefredus colonus tenet de terra arabili antsingas II;

facit inde in unaquaque ebdomada dies III ; pullum I, ova V.

37. Ansboldus lidus tenet hospicium I, habens de terra arabili antsingas II, inde solvit denarios III ; pullum I, ova V.

38. Gautselmus colonus et uxor ejus colona, nomine Ermina, homines sancti Germani, habent secum infantes II, his nominibus, Teodarus, Adalgundis. Tenet mansum ingenuilem I, habentem de terra arabili bunuaria XII, de vinea aripennos II, de prato aripennos III. Facit inde perticas VI, corvadas ; donat parveretum ; excepto, tenet de terra arabili bunuaria II.

39. Ratgis habet in beneficio mansos ingenuiles III, habentes de terra arabili bunuaria XXXVIII, de prato aripennos XIII et dimidium, de vinea aripennos VI et dimidium, de silva concidem parvam, habentem bunuaria IIII.

40. Habet Teodradus in beneficio mansos ingenuiles II et dimidium, habentem de terra arabili bunuaria XXX, de vinea aripennum I, de prato aripennos V, de pastura bunuaria III ; farinarium I, unde exiit in censum de annona modios XV et denarios III et auca pasta II.

41. Ab... et Saxa tenent mansum ingenuilem I, habentem de terra arabili bunuaria XI, de vinea dimidium aripennum, de prato quartam partem de aripenno.

42. Habet in *Gaugiaco* mansos ingenuiles XCI, qui solvunt omni anno ad hostem aut carra quattuor, aut boves XX, aut de argento libras VIII ; multones C, ad tertium annum germgias LXXXVIII ; ad quartum annum porcos de denariis quattuor LXXXVIII, et ad quintum annum scindulas unusquisque C.

Habet ibi mansos inter ingenuiles et serviles qui vineas faciunt XVIIII, qui solvunt de vino, si venerit in vineis, modios XXXVI ; pullos CCCXXX, ova MDCL ; de capatico libras III ; de pascione libram I et solidos VIII.

Fiunt simul mansi CX.

(Breve de Gaugiaco A. Longnon.)

AN 856.

EN 856, l'abbé Hilduin céda à l'abbé Rainard, de Saint-Pierre-des-Fossez, des biens que Saint-Germain-des-Prés possédait à *Villepreux*, en échange de ceux que Saint-Maur-des-Fossez tenait à Ozoir-la-Ferrières.

Ces biens consistaient en terres labourables.

L'abbaye de Saint-Maur-des-Fossez fut primitivement appelée : abbaye de Saint-Pierre.

(Cartulaire de Saint-Maur,
Villa Porcorum,
In pago Parisiaco.)

Il y eut à Villepreux deux églises : celle de Saint-Germain et celle de Saint-Pierre. L'autel de Saint-Germain appartenait au Chapitre de Notre-Dame de Paris. En 1284, il fut donné aux moines de Marmoutiers : cette donation devint l'origine du prieuré fondé par eux à Villepreux, *Villa porcorum*, villa pyrosa, *villa pyrorum*.

En 1169, un seigneur de Villepreux confirme au prieuré la donation des biens légués par ses prédécesseurs et porte cette clause : « Le panage de leurs porcs et la dîme du panage des porcs des autres. »

AN 872.

UN diplôme royal, en date de 872, mentionne *Calaus* parmi les domaines de l'abbaye de

Saint-Germain-des-Prés, en indiquant sa situation dans l'Etampois.

(Tardif, cartons des Rois, p. 133.)

Cette localité carolingienne est maintenant représentée par *Chalo-Saint-Mars* et par *Chalou-la-Reine*.

(Longnon. Polyptyque. p. 205.)

AN 911.

CE fut vers cette époque, en 911, que la France, troublée depuis soixante-dix ans par les invasions des Normands, fit la paix avec ces pirates scandinaves, et que l'abbaye de Saint-Germain-des-Prés, tant de fois pillée et brûlée, n'eut plus rien à craindre. Ce traité de paix, dû à la médiation de Francon, archevêque de Rouen, fut signé à *Saint-Clair-sur-Epte* (doyenné de Magny), par Charles-le-Simple et Rollon ; nous ne voulons pas exposer ici ce fait historique, si connu dans notre département, mais noter un incident qui marque la fierté de ce chef de pirates et que nous trouvons dans la Chronique de Duchesne, *tome III, page 359.*

Par ce traité, Charles-le-Simple donnait sa fille Gisèle en mariage à Rollon et lui cédait tout le pays entre la rivière d'Epte et la Bretagne, à la condition qu'il se ferait chrétien. Les conditions furent ratifiées, à Saint-Clair-sur-Epte, dans une entrevue du Roi et du Duc. Là, le duc fit son hommage avec une peine extrême, hommage qui consistait à mettre ses mains dans celles du roi et à lui baiser le pied. Pressé par ses compagnons d'armes, le duc Rollon mit ses mains dans celles du roi ; mais il refusa de lui baiser le pied. Pour transiger avec les conditions du traité, Rollon intima l'ordre à un de ses chevaliers de rendre pour lui, au roi, le devoir du baisement de pied. Celui-ci, qui n'avait point façonné ses actions au cérémonial de la Cour de France, et qui n'avait eu pour école que les armées, ou qui le portait assez haut pour ne vouloir s'humilier, prit le pied du roi et le porta à ses lèvres de telle façon que Charles donna du dos en terre, et sa chute fut suivie d'une grande risée.

(*Chronique de Normandie.*)
(*Cronicon breve. Duchesne, L. III, p. 359.*)

Cette aventure fit donner à Charles III le nom de Charles-le-Simple.

Ce fut seulement ensuite que, par un serment solennel, on confirma à Rollon la concession de tout le pays qui a été appelé depuis Normandie.

Le traité de Saint-Clair n'avait cédé à Rollon que le *pagus Rodomensis*, le *pagus Vulcasinus* et le *Lieuvin*. En 924, Raoult (roi de France de 923 à 936) céda Evreux et Séez ; en 933, Coutances et Avranches.

AN 918.

ROBERT II, comte de Paris et frère du roi Eude, élu, en 897, comme abbé de Saint-Germain-des-Prés, fut le *premier des laïcs mariés* qui eurent la jouissance des revenus de l'abbaye malgré la défense des saints canons. Il avait épousé Béatrix, fille d'Héribert, comte de Vermandois, de laquelle il eut Hugue-le-Grand, père de Hugue-Capet, chef de la race de nos rois.

En 918, le comte Robert obtint du roi Charles-le-Simple, successeur du roi Eude, une charte par laquelle il donnait à l'abbaye de St-Germain la seigneurie de Suresne, près de Paris, celle de *Boafle*, près de Poissy, d'autres *biens situés à Meulent, Crespières* et Sirfontaine, dans le Vexin. Charles-le-Simple donna encore à l'abbaye : la chapelle de *Longuesse*, près de Vigny, ses dîmes et les biens situés à Tiverny (Oise). Par une autre charte de 918, à la sollicitation de Robert II, abbé de Saint-Germain-des-Prés, le roi confirma également à l'abbaye la terre de *Mareil-sur-Mauldre.*

Cette charte est datée du 14 mai 918 ; nous en relevons ce qui concerne ces paroisses de Seine-et-Oise.

.... Karolus divina propitiante clementia Rex Francorum...........

Cujus scilicet fidelis nostri congruis petitionibus annuentes, donavimus et subjecimus dicioni ejus et fratrum sibi commissorum, villam in pago Sarisiacensi Surinas nuncupatam cum sua integritate, et in pago Pinciacense *Boalfam* villam cum sua integritate et in *Mellent* mansos quinque, et in *Crisparias* mansos duos, et in pago Vulcasino villam quæ vocatur Siriafontana cum capella de *Longuessio* villa, terris, pratis et decimis eidem villæ et capellæ adjacentibus. Confirmamus etiam atque concedimus memoratis fratribus supradicti loci villam quæ vocatur Tiverniacus in pago Belvancensi..........

Datum II Idus maï, 918.
(*Cartulaire de Saint-Germain-des-Prés,
Recueil de Chartes.
Preuve XXV, J. Bouillart.*)

Ces donations, accordées à la charge de services religieux pour les défunts de la famille royale, étaient faites fort à propos à l'abbaye dont les revenus avaient été tellement diminués par les ravages des Normands qu'ils ne pouvaient plus répondre aux besoins des religieux. Mais ces biens, ainsi que les cinq menses situées sur le territoire de Meulan, ne tardèrent pas à être confisqués par la couronne à la suite d'une de ces rébellions seigneuriales, si fréquentes dans les temps féodaux, et dont les monarques savaient tirer un large profit.

AN 956.

Hugue-le-Grand, qui avait contribué à la fortune de Lothaire en le faisant monter sur le trône de France à l'âge de 13 ans, avait reçu du Roi pour ses loyaux services : la Bourgogne, l'Aquitaine, en même temps que les abbayes de St-Germain-des-Prés, de Saint-Denis et de Saint-Martin-de-Tours. Hugue, regardant les biens de l'abbaye comme son patrimoine et non comme appartenant à l'Église, en aliéna une partie. Dagobert I avait donné à l'abbaye de St-

Germain la terre de Coulaville (Cumbis villa, Combes-la-Ville), mais Hugue aliéna cette seigneurie en même temps que la terre de *Palaiseau*, donnée par Pépin.

Hugue-le-Grand, dont l'autorité surpassait celle du roi, mourut à *Dourdan*, le 17 juin 956, et son corps fut transporté avec beaucoup de pompe à Saint-Denis.

Pendant les deux premiers tiers du Xe siècle, le gouvernement des abbés laïques fut la ruine du monastère de Saint-Germain-des-Prés.

Au Xe siècle, la chapelle de *Saclay* (doyenné de Châteaufort), que les religieux de St-Germain-des-Prés avaient élevée dans une de leurs fermes du territoire de *Palaiseau*, fut érigée en paroisse et on y annexa l'église de *Vauhallan*.

Le Nécrologe de l'abbaye de Saint-Germain-des-Prés mentionne deux noms de cette paroisse de Saclay :

Un chevalier *de Sacleiis*, décédé en 1273,

Etienne *de Sacleiis*, trésorier du Chapitre de Saint-Hilaire de Poitiers, sous Philippe-le-Hardi, mort en décembre 1276.

AN 960.

HUGUE-Capet posséda, après son père Hugue-le-Grand, les revenus de l'abbaye de Saint-Germain-des-Prés ; mais, ayant remarqué que le relâchement des moines venait de ce qu'ils n'avaient pour abbés que des laïcs, il se démit, par un louable sentiment de piété, de son titre d'abbé et permit aux religieux d'élire le plus digne d'entre eux. Le diacre Gualon fut élu et mit le bon ordre dans l'abbaye en rachetant plusieurs biens aliénés sous les trois abbés séculiers ses prédécesseurs. Parmi ces biens, il retira le pré qui était proche de son abbaye, que l'on a nommé depuis le Pré-aux-Clercs et qui fut plus tard le sujet d'une grande dispute avec l'Université. Hugue, archevêque de Rouen, rendit à l'abbaye l'église de *Longuesse,* dans le Vexin Français, qui, en 918, par une charte de Charles-le-Simple mentionnée plus haut, avait été donnée à l'abbaye. L'archevêque de Rouen se réserva seulement le droit de visite dans l'église de Longuesse.

Extrait de la lettre de l'archevêque de Rouen:

............Hugo non meis exigentibus meritis, sed gratia præveniente Redemptoris, Rotomagensis archiepiscopus, notum fieri volo omnibus coepiscopis nostris, presbiteris, diaconibus, seu cunctis utriusque ordinis, clericorum scilicet ac monachorum, tam præsentibus scilicet quam futuris per ventura tempora succedentibus, qualiter Walo sancti Vicentii levitæ et martyris, necnon et egregii præsulis Germani Parisiorum tutoris cœnobio abbas cæterorumque monachorum ipsius loci senatus nostram serenitatem adierunt humiliter deprecantes, ut ob amorem Dei omnipotentis et sanctæ Mariæ ejus genitricis simulque prænominatorum Vincentii et Germani, et ut memoria nostra ac successorum nostrorum in eodem loco perpetualiter habeatur, quoddam altare in honore beati Geldardi dedicatum in pago Vilcasino et in potestate *Longaaxia* eis in perpetuum possidendum concederemus. Quod ita et fecinus archidiacono nostro Onorato, ex cujus ministerio est, assensum præbente ; eo videlicet ordine, ut nunquam amplius nobis seu posterioribus nostris aliquod debitum seu servitium persolvant nisi tantum synodum (1) et circadam; sed absque ulla inquietudine alicujus metropolitani seu archidiaconi ab hodierna die deinceps monachi Deo inibi famulantes præfatum altare cum ecclesia et quidquid ad eum pertinere videtur, secure teneant atque possideant....

. . . .

Hugo archiepiscopus firmavit ac manu propria corroboravit.

Sig. Robertus episcopus.

. . . .

(*Cartulaire de St-Germain-des-Prés.*)
(*Pièces justificatives*, 1re *partie.* XXIII.)
(*Preuve.* XXVI. *J. Bouillart.*)

AN 1027.

LE lieu de *Verrières*, déjà mentionné du temps de Charlemagne sous le nom de *Verdrariæ*, porte le même nom dans un autre diplôme de 1027, du temps du roi Robert.

Cet acte constate que les habitants de Verrières et d'Antony étaient soumis au même vicaire ou vicomte nommé Pépinel Garin, et que ce fonctionnaire accablait ses subordonnés de vexations ou *maltôtes* et de mauvais traitements. Les moines de Saint-Germain, seigneurs des deux villages, portèrent leurs plaintes au roi Robert, qui ordonna

---

1. Droit de synode : Taxe imposée aux prêtres convoqués au siège épiscopal. Ce droit, au VIe siècle, était de deux sous d'or.

que Garin, pour établir ses droits, se battrait en champ clos contre les habitants. Ces derniers avaient tout disposé pour le combat, *(regali conflictu duelli erant resistere parati)* mais Garin refusa de s'y rendre et le roi Robert le destitua de son emploi.

(Regis Roberti Diplomata. tome X, p. 612.)

On établissait alors ses droits à coups d'épée et à grands coups de bâton ; impuni, Garin resta en place et continua ses vexations, tant était impuissante l'autorité du roi.

A la Révolution, *Verrières* appartenait encore au monastère de Saint-Germain, et l'église de cette terre, souvent mentionnée au XIVe siècle, *fut à la présentation* de l'abbé jusqu'en 1789. L'église, qui était du XIIIe siècle, fut grandement endommagée par l'armée de Condé en 1562.

Aujourd'hui, elle est magnifiquement restaurée dans le style ancien.

FISC DE VERRIÈRES.

1. Habet in Vedrarias de terra dominicata culturas IIII, quæ habent bunuaria CCLVII, et possunt seminari modios MC ; de vinea aripennos XCV, ubi possunt colligi de vino modii MDC ; de prato aripennos LX, ubi possunt colligi de feno carra LX ; de silva, sicut estimatur in gyro per totum, leuvas II, ubi possunt saginari porci CCL.

2. Habet in Castinido (Chatenay-lès-Bagneux, Seine), concidam duas partes de leuva.

3. Frodoldus, major et colonus, et uxor ejus colona, nomine Hildegardis, homines sancti Germani, habent

secum filios III et filiam I ; tenent mansum ingenuilem I, habentem de terra arabili bunuaria III et dimidiam antsingam, de vinea aripennos VI, de prato aripennos III ; de alio manso, de terra arabili bunuaria II et antsingam I, de vinea aripennos IIII, de prato aripennum I. Solvit ad hostem, de unumquemque mansum, de argento solidos IIII, et ad alium annum multones II ; ad tercium annum, propter herbaticum, germia I ; de vino in pascione modios III, de lignericia, denarios IIII. Arat ad hibernaticum perticas IIII, ad tramisum perticas II ; curvadas, caplim, caroperas, manuoperas, ubi ei injungitur ; pullos IIII, ova XV ; facit in vinea aripennum I.

4. Amalgaudus colonus et uxor ejus colona, nomine Goitla, homines sancti Germani, habent secum infantes IIII. Tenet mansum ingenuilem I, habentem de terra arabili bunuaria III, de vinea aripennos III et dimidium, de prato aripennos III. Solvit similiter.

5. Godalricus colonus et uxor ejus colona, nomine Ragbalda, homines sancti Germani, habent secum infantes IIII. Tenet mansum ingenuilem I, habentem de terra arabili bunuarium I et dimidium, de vinea aripennos II, de prato dimidium aripennum. Solvit similiter.

6. Bertleis, colona sancti Germani, tenet mansum ingenuilem I, habentem de terra arabili bunuaria VII, de vinea aripennos II, de prato aripennum I et quartam partem de aripenno. Solvit similiter.

7. Raganhelmus colonus et uxor ejus colona, nomine Aglidis, homines sancti Germani, habent secum infantes V ; et Ingalmarus colonus. Isti duo tenent mansum ingenuilem I, habentem de terra arabili bunuaria II et antsingam I, de vinea aripennos II, de prato aripennos II. Solvunt similiter.

8. Walafredus colonus et uxor ejus colona, nomine Ratberga, homines sancti Germani, habent secum infantes III. Tenet mansum ingenuilem I, habentem de terra arabili bunuaria III et dimidium, de vinea aripennos II et duas partes de alio, de prato aripennos III. Solvit similiter.

9. Gerhaus colonus sancti Germani, et Fulcraus colonus

sancti Germani, tenent mansum ingenuilem I, habentem de terra arabili bunuaria IIII et dimidium, de vinea aripennos II et duas partes de alio, de prato aripennos III et terciam partem de aripenno. Solvunt similiter.

10. Eribertus colonus et uxor ejus colona, nomine Nodalindis, homines sancti Germani, habent secum filiam I ; Ingulfus, colonus sancti Germani. Isti duo tenent mansum ingenuilem I, habentem de terra arabili bunuaria III et dimidium, de vinea aripennos II et dimidium, de prato aripennum I et quartam partem de aripenno. Solvunt similiter.

11. Electa, colona sancti Germani, et filius ejus, Elegius ; Droctramna, ancilla sancti Germani. Isti tres tenent mansum ingenuilem I, habentem de terra arabili bunuaria VI, de vinea aripennos II, de prato duas partes de aripenno. Solvunt similiter.

12. Teudricus tenet mansum ingenuilem I, habentem de terra arabili bunuaria VI, de vinea aripennos II, de prato duas partes de aripenno. Solvit similiter.

13. Aldulfus colonus et uxor ejus colona, nomine Amalberga, habent secum infantes II ; Fulcardus colonus ; Aitulfus. Isti tres tenent mansum ingenuilem I, habentem de terra arabili bunuaria II, de vinea aripennos III, de prato dimidium aripennum. Solvunt similiter.

14. Flavidus colonus ; Ermbertus colonus et uxor ejus colona, nomine Leutberga, homines sancti Germani, habent secum infantes IIII. Tenent mansum ingenuilem I, habentem de terra arabili bunuaria IIII, de vinea aripennos II et dimidium, de prato aripennum I et dimidium. Solvunt similiter.

15. Ernaldus colonus et uxor ejus colona, nomine Ermentrudis, homines sancti Germani, habent secum infantes V ; Liutfridus et uxor ejus colona, nomine Wandrehildis, habent secum infantes II ; Ermenoldus colonus et uxor ejus colona, nomine Aichildis. Isti tres tenent mansum ingenuilem I, habentem de terra arabili bunuaria VI, de vinea aripennos III, de prato aripennos III. Solvunt similiter.

16. Geroldus, colonus sancti Germani ; Otfredus et uxor

ejus colona, nomine Ganslinda, homines sancti Germani, habent secum infantes IIII. Isti duo tenent mansum ingenuilem I, habentem de terra arabili bunuaria VI, de vinea aripennos III, de prato aripennos IIII. Solvunt similiter.

17. Ingoinus, colonus sancti Germani; Adalgaudus et uxor ejus colona, nomine Gotledrudis, habent secum infantes IIII; Ragnoardus colonus et uxor ejus colona, nomine Gysla, homines sancti Germani. Isti tres tenent mansum ingenuilem I, habentem de terra arabili bunuarium I et antsingam I, de vinea aripennos II, de prato dimidium aripennum. Solvunt similiter.

18. Teudoldus colonus et uxor ejus colona, nomine Winegildis, homines sancti Germani, habent secum infantes IIII; Winemarus, colonus sancti Germani; Vulflindis, colona sancti Germani, habet secum infantes IIII. Isti tres tenent mansum ingenuilem I, habentem de terra arabili bunuaria VI, de vinea aripennos VI, de prato aripennum I. Solvunt similiter.

19. Otbertus, colonus sancti Germani; Isembertus, colonus sancti Germani; Vulfradus, colonus sancti Germani. Isti tres tenent mansum ingenuilem I, habentem de terra arabili bunuaria VI, de vinea aripennos III, de prato aripennum I et dimidium. Solvunt similiter.

20. Segoardus colonus et uxor ejus colona, nomine Leutildis, homines sancti Germani; Sadrildis, colona sancti Germani; Ermenoldus, colonus sancti Germani. Isti quattuor tenent mansum ingenuilem I, habentem de terra arabili bunuaria III et dimidium, de vinea aripennos II et dimidium, de prato aripennos III et dimidium. Solvunt similiter.

21. Ansbrandus, colonus sancti Germani; Ingalharius, colonus sancti Germani. Isti duo tenent mansum ingenuilem I, habentem de terra arabili bunuaria V et dimidium, de vinea aripennos III, de prato aripennos III. Solvunt similiter.

22. Ragamboldus, colonus sancti Germani; Odilheus, colonus et uxor ejus colona, nomine Ratberta, homines sancti Germani, habent secum filium I; Sichaus colonus

et uxor ejus colona, nomine Dominica, homines sancti Germani, habent secum infantes V. Isti tres tenent mansum ingenuilem I, habentem de terra arabili bunuaria IIII et antsingas II, de vinea aripennos III, de prato aripennos III. Solvunt similiter.

23. Ermenfredus colonus et uxor ejus colona, nomine Ercanildis, homines sancti Germani, habent secum infantes II ; Berloinus, colonus sancti Germani ; Gisoinus colonus et uxor ejus colona, nomine Ercamberta, homines sancti Germani, habent secum infantes II. Isti tres tenent mansum ingenuilem I, habentem de terra arabili bunuaria III et dimidium, de vinea aripennum I et dimidium, de prato aripennum I. Solvunt similiter.

24. Gundoinus colonus et uxor ejus colona, nomine Balsinda, homines sancti Germani, habent secum infantes V ; Adalfredus, colonus sancti Germani. Isti duo tenent mansum ingenuilem I, habentem de terra arabili bunuaria III, de vinea aripennos III. Solvunt similiter.

25. Ebrevertus colonus et uxor ejus colona, nomine Balda, homines sancti Germani, habent secum infantes VIIII ; tenent mansum ingenuilem I, habentem de terra arabili bunuaria IIII, de vinea aripennos IIII, de prato aripennos IIII. Solvit similiter, excepto façit alium dimidium aripennum.

26. Guntharius, colonus sancti Germani ; Gerulfus colonus et uxor ejus colona, nomine Ermengildis, homines sancti Germani, habent secum filium I ; Wandrehildis habet secum filium I. Isti tres tenent mansum ingenuilem I, habentem de terra arabili bunuaria III et dimidiam antsingam, de vinea aripennos IIII, de prato aripennos III. Solvunt similiter.

27. Fredegarius colonus et uxor ejus colona, nomine Adalgudis, homines sancti Germani, habent secum infantes III ; Ragnericus, colonus sancti Germani. Isti duo tenent mansum ingenuilem I, habentem de terra arabili bunuaria III et antsingas II, de vinea aripennos III, de prato aripennos II et quartam partem de aripenno. Solvunt similiter.

28. Ingenulfus, colona sancti Germani, habet secum

matrem suam et sororem ; tenet mansum ingenuilem I, habentem de terra arabili bunuaria III et antsingam I, de vinea aripennos II, de prato aripennum I. Solvit ad hostem de argento solidos IIII, et ad alium annum multones II ; ad tertium annum, propter erbaticum, germia I ; de vino in pascione modios III ; arat ad hibernaticum perticas IIII, ad tramisum perticas II ; pullos IIII, ova XV ; caroperas, manuoperas, curvadas; caplim, ubi ei injungitur.

29. Blitharius colonus et uxor ejus colona, nomine Ada, homines sancti Germani, habent secum infantes III ; tenent mansum ingenuilem I, habentem de terra arabili bunuaria II et antsingas II, de vinea duas partes de aripenno, de prato dimidium aripennum. Solvit similiter.

30. Geraldus colonus et uxor ejus colona, nomine Gertrudis, homines sancti Germani, habent secum infantes II ; tenent mansum ingenuilem I, habentem de terra arabili bunuaria III, de vinea aripennos II et dimidium, de prato dimidium aripennum. Solvit similiter.

31. Wineradus colonus et uxor ejus colona, nomine Bertlindis, homines sancti Germani, habent secum infantes IIII ; Warimbertus, colonus sancti Germani ; Vulfara, colona sancti Germani. Isti tres tenent mansum ingenuilem I, habentem de terra arabili bunuaria III et antsingam I, de vinea aripennos II, de prato dimidium aripennum. Solvunt similiter.

32. Vulfardus, colonus sancti Germani, habet secum filium I ; tenet mansum ingenuilem I, habentem de terra arabili bunuaria VII, de vinea aripennos II, de prato dimidium aripennum. Solvit similiter.

33. Ado, colonus sancti Germani ; Gotharius colonus et uxor ejus colona, nomine Bertsuindis, homines sancti Germani, habent secum infantes VI. Isti duo tenent mansum ingenuilem I, habentem de terra arabili bunuaria II, de vinea aripennos II, de prato dimidium aripennum. Solvunt similiter.

34. Maurus colonus et uxor ejus colona, nomine Ermengardis, homines sancti Germani, habent secum infantes III ; Agebertus colonus et uxor ejus colona, nomine Julia,

homines sancti Germani, habent secum infantes II; Eitfredus, colonus sancti Germani. Isti tres tenent mansum ingenuilem I, habentem de terra arabili bunuaria IIII, de vinea aripennos II, de prato aripennos II. Solvunt similiter.

35. Vulfricus, colonus sancti Germani; Gerbalda, colona sancti Germani, habet secum infantes II. Tenent mansum ingenuilem I, habentem de terra arabili bunuaria IIII, de vinea aripennum I et dimidium, de prato dimidium aripennum. Solvunt similiter.

36. Gerosmus, colonus sancti Germani; Dominicus, colonus sancti Germani. Isti duo tenent mansum ingenuilem I, habentem de terra arabili bunuaria III, de vinea aripennos II et dimidium, de prato quartam partem de aripenno. Solvunt similiter.

37. Vulfleis, colona sancti Germani, tenet mansum ingenuilem I, habentem de terra arabili bunuaria III et antsingam I, de vinea aripennos II, de prato dimidium aripennum. Solvit similiter.

38. Ermenricus, colonus sancti Germani, tenet mansum ingenuilem I, habentem de terra arabili bunuaria II et antsingam I, de vinea aripennos II. Solvit similiter.

39. Sicharius, colonus sancti Germani; Erimgaudus colonus et uxor ejus colona, nomine Teuthildis, homines sancti Germani. Isti duo tenent mansum ingenuilem I, habentem de terra arabili bunuaria II et dimidiam antsingam, de vinea aripennos II et dimidium, de prato dimidium aripennum. Solvunt similiter.

40. Teudericus colonus et uxor ejus colona, nomine Ermengardis, homines sancti Germani, habent secum infantes IIII; Vulfaldus colonus et uxor ejus colona, nomine Algeberga, homines sancti Germani, habent secum infantes V. Isti duo tenent mansum ingenuilem I, habentem de terra arabili bunuaria II et antsingas II, de vinea aripennos II et quartam partem de aripenno. Solvunt similiter.

41. Eldradus, colonus sancti Germani; Ragentelmus colonus et uxor ejus colona, nomine Wandrebalda, homines sancti Germani, habent secum infantes III. Isti

duo tenent mansum ingenuilem habentem de terra arabili bunuaria II, de vinea aripennos II, de prato dimidium aripennum. Solvunt similiter.

42. Madalbertus, colonus sancti Germani ; Madalgarius, colonus sancti Germani. Isti duo tenent mansum ingenuilem I, habentem de terra arabili bunuaria III et dimidium, de vinea aripennum I et dimidium. Solvunt similiter.

43. Teutbaldus colonus et uxor ejus colona, nomine Adalindis, homines sancti Germani, habent secum infantem I ; Teudaldus colonus et uxor ejus colona, nomine Adalrada, homines sancti Germani, habent secum infantes IIII ; Ingalgarius, colonus sancti Germani. Isti tres tenent mansum ingenuilem I, habentem de terra arabili bunuaria III et antsingam I, de vinea aripennos II et dimidium. Solvunt similiter.

44. Vulfradus, colonus sancti Germani ; Maria, colona sancti Germani, habet secum infantes IIII. Isti duo tenent mansum ingenuilem I, habentem de terra arabili bunuaria IIII et dimidiam antsingam, de vinea aripennum I et dimidium. Solvunt similiter.

45. Ingalandus colonus et uxor ejus colona, nomine Agedrudis, homines sancti Germani, habent secum infantes II ; Gerlindis habet secum infantes III ; Adrildis, colona sancti Germani, habet secum infantes III. Isti tres tenent mansum ingenuilem I, habentem de terra arabili bunuaria II et antsingas II, de vinea aripennum I, de prato aripennum I. Solvunt similiter.

46. Lederius, colonus sancti Germani, et Landoarius, colonus sancti Germani. Isti duo tenent mansum ingenuilem I, habentem de terra arabili bunuaria II et antsingam I, de vinea aripennos II et dimidium. Solvunt similiter.

47. Ingalardus, colonus sancti Germani ; Pascoinus colonus et uxor ejus colona, nomine Aglenildis, homines sancti Germani, habent secum infantes VI. Isti duo tenent mansum ingenuilem I, habentem de terra arabili bunuaria III et antsingas II, de vinea aripennum I et duas partes de aripenno, de prato quartam partem de aripenno. Solvunt similiter.

48. Aictardus colonus et uxor ejus colona, nomine Frotlindis, homines sancti Germani ; Ingoinus colonus et uxor ejus colona, nomine Grima, homines sancti Germani, habent sucum infantes II. Isti duo tenent mansum ingenuilem I, habentem de terra arabili bunuaria III et dimidium, de vinea aripennum I et quartam partem de aripenno. Solvunt similiter.

49. Ermenaldus, colonus sancti Germani, tenet mansum ingenuilem I, habentem de terra arabili bunuaria II et dimidium, de vinea dimidium aripennum, de prato dimidium aripennum. Solvit ad hostem multones II ; ad tertium annum, propter herbaticum, germia I ; in pascione denarios IIII ; arat ad hibernaticum perticas IIII ; ad tramisum perticas II ; pullos III, ova XV ; manuoperas ; in vinea aripennum I.

50. Beraldus, colonus sancti Germani, tenet mansum ingenuilem I, habentem de terra arabili bunuaria II et dimidium, de vinea dimidium aripennum, de prato dimidium aripennum. Solvit similiter.

51. Ragentrudis, colona sancti Germani, habet secum infantem I ; tenet mansum ingenuilem I, habentem de terra arabili bunuaria III et antsingam I.

52. Winegarius colonus et uxor ejus colona, nomine Doda, homines sancti Germani, habent secum infantem I; tenent dimidium mansum ingenuilem, habentem de terra arabili bunuaria II. Solvit ad hostem multonem I ; in pascione denarios II ; ad tertium annum, in herbaticum, dimidiam germiam ; arat ad hibernaticum perticas II, ad tramisum perticam I ; pullos III, ova XV ; facit in vinea dimidium aripennum.

De Vedrarias.

53. Gerbertus colonus et uxor ejus colona, nomine Sigoildis, homines sancti Germani, habent secum infantes IIII. Tenet mansum ingenuilem I, habentem de terra arabili bunuaria III et dimidiam antsingam, de vinea aripennum I et dimidium, de prato aripennum I et dimi-

dium. Solvit ad hostem de argento solidos IIII, et ad alium annum multones II ; ad tertium annum, propter herbaticum, germia I ; de vino in pascione modios III ; lignericia denarios IIII. Arat ad hibernaticum perticas IIII, ad tramisem perticas II. Curbadas, caplinum, caroperas, manuoperas, ubi ei injungitur. Pullos IIII, ova XV. Facit in vinea aripennum I.

54. Acharius et uxor ejus colona, nomine Bertlau, habent secum infantes IIII ; Gregorius et uxor ejus, Constancia, colona sancti Germani, habent secum infantes II Tenent mansum ingenuilem I, habentem de terra arabili bunuaria III et dimidiam antsingam, de vinea aripennos II, de prato aripennos II. Solvunt similiter.

55. Ermbertus colonus et uxor ejus colona, nomine Sicbalda, homines sancti Germani ; Godelhardus et uxor ejus, colona sancti Germani, nomine Siclebildis, habent secum infantes II ; Wineboldus, colonus sancti Germani. Isti tres tenent mansum ingenuilem I, habentem de terra arabili bunuaria II et antsingam I, de vinea aripennum I, de prato aripennos II. Solvunt similiter.

56. Sichardus colonus et uxor ejus colona, nomine Waldehildis, homines sancti Germani, habent secum infantes III ; tenent mansum ingenuilem I, habentem de terra arabili bunuaria III et dimidiam antsingam, de vinea aripennum I et dimidium, de prato aripennos II. Solvit similiter.

57. Aitricus colonus et uxor ejus colona, nomine Godelindis, homines sancti Germani, habent secum infantes V; Aitulfus colonus et uxor ejus colona, nomine Ermemberga, homines sancti Germani, habent secum infantes III. Isti duo tenent mansum ingenuilem I, habentem de terra arabili bunuaria III, de vinea aripennum I et dimidium, de prato aripennos II et dimidium. Solvunt similiter.

58. Adalardus, colonus sancti Germani ; Abraham, colonus sancti Germani, et uxor ejus colona, nomine Constantina, habent secum infantes IIII. Isti duo tenent mansum ingenuilem I, habentem de terra arabili bunuaria III, de vinea aripennum I et dimidium, de prato aripennum I et dimidium. Solvunt similiter.

59. Warmedramnus colonus et uxor ejus colona, nomine Susanna, homines sancti Germani, habent secum infantem I; Teutharius colonus et uxor ejus colona, nomine Elisavia, homines sancti Germani, habent secum infantem I. Isti duo tenent mansum ingenuilem I, habentem de terra arabili bunuaria I et dimidiam antsingam, de vinea aripennum I, de prato quartam partem de aripenno. Solvunt similiter.

60. Richardus colonus et uxor ejus colona, nomine Rachildis, homines sancti Germani, habent secum infantes IIII ; Siclehardus colonus et uxor ejus colona, nomine Frotberga, homines sancti Germani, habent secum infantem I. Isti duo tenent mansum ingenuilem I, habentem de terra arabili bunuaria III et dimidiam antsingam, de vinea aripennum I, de prato aripennum I et dimidium. Solvunt similiter.

61. Dotbertus colonus et uxor ejus colona, nomine Aglildis, homines sancti Germani, habent secum infantes IIII ; Waltcaudus colonus et uxor ejus colona, nomine Dominica, homines sancti Germani, habent secum infantes II. Isti duo tenent mansum ingenuilem I, habentem de terra arabili bunuaria III et dimidiam antsingam, de vinea dimidium aripennum, de prato aripennum I. Solvunt similiter.

62. Aigulfus servus et uxor ejus colona, nomine Leuthildis, homines sancti Germani, habent secum infantes VI. Tenet mansum ingenuilem I, habentem de terra arabili bunuaria II et antsingam I, de vinea aripennos II, de prato dimidium aripennum. Solvit similiter.

63. Erlegerus ; Gundulfus colonus et uxor ejus colona, nomine Wandrehildis, homines sancti Germani, habent secum infantem I. Isti duo tenent mansum ingenuilem I, habentem de terra arabili bunuaria III et antsingam I, de vinea aripennos II, de prato aripennum I et dimidium. Solvunt similiter.

64. Adrabaldus et uxor ejus colona, nomine Gendrada, habent secum infantes II ; Pascoinus, colonus sancti Germani. Isti duo tenent mansum ingenuilem I, habentem de

terra arabili bunuaria III, de vinea aripennos IIII, de prato dimidium aripennum. Solvunt similiter.

65. Rathelmus colonus et uxor ejus colona, nomine Agia, homines sancti Germani, habent secum infantem I. Tenet mansum ingenuilem I, habentem de terra arabili bunuaria IIII et dimidium, de vinea aripennos III, de prato aripennos II. Solvit similiter.

66. Ercanfredus, colonus sancti Germani; Ragenardus, colonus sancti Germani. Isti duo tenent mansum ingenuilem I, habentem de terra arabili bunuaria III et dimidiam antsingam, de vinea aripennos II, de prato aripennum I et dimidium. Solvunt similiter.

67. Bertingus colonus et uxor ejus colona, nomine Agenildis, homines sancti Germani, habent secum infantes II; Agleharius. Isti duo tenent mansum ingenuilem I, habentem de terra arabili bunuaria VI, de vinea aripennos II et dimidium, de prato aripennos IIII et dimidium. Solvunt similiter.

68. Atingus colonus et uxor ejus colona, nomine Aglindis, homines sancti Germani, habent secum infantes IIII; Agledrudis, colona sancti Germani, habet secum infantes V. Isti duo tenent mansum ingenuilem I, habentem de terra arabili bunuaria III et dimidium, de vinea aripennum I, de prato aripennum I et dimidium. Solvunt similiter.

69. Waltarius colonus et uxor ejus colona, nomine Fulcrada, homines sancti Germani, habent secum infantem I. Tenet mansum ingenuilem I, habentem de terra arabili bunuaria III et antsingas II, de vinea aripennum I et dimidium, de prato aripennum I et dimidium. Solvit similiter.

70. Altbertus, colonus sancti Germani; Dominicus colonus et uxor ejus colona, nomine Ermentrida, homines sancti Germani, habent secum infantes II. Isti duo tenent mansum ingenuilem I, habentem de terra arabili bunuaria V et dimidiam antsingam, de vinea aripennum I, de prato aripennum I et dimidium. Solvunt similiter.

71. Sadreharius colonus et uxor ejus colona, nomine Ermengildis, homines sancti Germani; Geroardus colonus

et uxor ejus colona, nomine Ansoildis, homines sancti Germani, habent secum infantem I. Isti duo tenent mansum ingenuilem I, habentem de terra arabili bunuaria II et antsingam I, de vinea quartam partem de aripenno. Solvunt similiter.

72. Sicharius colonus et uxor ejus colona, nomine Amalberga, homines sancti Germani, habent secum infantes IIII ; Adalramnus colonus et uxor ejus colona, nomine Berthildis, homines sancti Germani, habent secum infantem I. Isti duo tenent mansum ingenuilem I, habentem de terra arabili bunuaria III et antsingam I, de vinea aripennos II et dimidium, de prato aripennos II et dimidium. Solvunt similiter.

73. Bertingus, colonus sancti Germani ; Ursius, colonus sancti Germani. Isti duo tenent mansum ingenuilem I, habentem de terra arabili bunuaria IIII, de vinea aripennos III, de prato aripennos III et dimidium. Solvunt similiter.

74. Ingalbertus, colonus sancti Germani ; Gerharius colonus et uxor ejus colona, nomine Adalgildis, homines sancti Germani, habent secum infantes II ; Ermenaldus colonus et uxor ejus colona, nomine Wandilbalda, homines sancti Germani, habent secum infantes III. Isti tres tenent mansum ingenuilem I, habentem de terra arabili bunuaria III, de vinea aripennum I, de prato...

75. Adalradus colonus tenet mansos ingenuiles II, habentes de terra arabili bunuaria VIII et antsingam I, de vinea aripennos IIII, de prato aripennos V. Facit aripennos VIII ; solvit similiter.

76. Fredernus, colonus sancti Germani, tenet mansum servilem I, habentem de terra arabili bunuarium I et antsingam I, de vinea aripennos II, de prato aripennos II. Solvit in pascione de vino modios II, pullos IIII, ova XV, et facit in vinea aripennos VI.

77. Aiulfus colonus et Susanna colona, homines sancti Germani. Isti duo tenent mansum servilem I, habentem de terra arabili bunuarium I et dimidiam antsingam, de vinea aripennos II, de prato aripennum I et dimidium. Solvunt similiter.

78. Teudricus colonus et uxor ejus colona, nomine Gerlindis, homines sancti Germani, habent secum infantes V. Tenet mansum ingenuilem I, habentem de terra arabili bunuaria III et dimidium, de vinea aripennos III et dimidium, de prato aripennos II et dimidium. Solvit ad hostem de argento solidos IIII, et ad alium annum multones II; ad tertium annum, propter herbaticum, germia I; de vino in pascione modios III, lignaricia denarios IIII. Arat ad hibernaticum perticas IIII, ad tramisem perticas II; corbadas, caplinum, caropera, manuopera, ubi ei injungitur. Pullos IIII, ova XV. Facit in vinea aripennum I.

79. Ricbertus colonus et uxor ejus colona, nomine Ermentera, homines sancti Germani, habent secum infantes II; Adrebaldus colonus et uxor ejus colona, nomine Teuthildis, homines sancti Germani, habent secum infantes IIII. Isti duo tenent mansum ingenuilem I, habentem de terra arabili bunuaria II et antsingam I, de vinea aripennos II, de prato aripennum I et dimidium. Solvunt similiter.

80. Rigulfus colonus et uxor ejus colona, nomine Adriana, homines sancti Germani, habent secum infantem I; Germanus, colonus sancti Germani, habet secum infantes II. Isti duo tenent mansum ingenuilem I, habentem de terra arabili bunuaria II, de vinea aripennos II et dimidium, de prato aripennos II. Solvunt similiter.

81. Aigulfus colonus et uxor ejus colona, nomine Nadalia, homines sancti Germani, habent secum infantes IIII. Tenent mansum ingenuilem I, habentem de terra arabili bunuarium I et antsingam I, de vinea aripennum I et dimidium, de prato aripennum I. Solvit similiter.

82. Geraldus colonus et uxor ejus colona, nomine Agildis, homines sancti Germani, habent secum infantes III. Tenent mansum ingenuilem I, habentem de terra arabili bunuaria IIII et dimidium, de vinea aripennos II, de prato duas partes de aripenno. Solvit similiter.

83. Bertulfus, colonus sancti Germani, tenet mansum ingenuilem I, habentem de terra arabili bunuaria IIII, de

vinea aripennos III et dimidium, de prato aripennos IIII. Solvit similiter.

84. Bertadus colonus et uxor ejus colona, nomine Waldiana, homines sancti Germani, habent secum infantes III. Tenent mansum ingenuilem I, habentem de terra arabili bunuaria II et antsingam I, de vinea aripennos II, de prato aripennos IIII. Solvit similiter.

85. Berneherus, colonus sancti Germani, tenet mansum ingenuilem I, habentem de terra arabili bunuaria II et dimidiam antsingam, de vinea aripennos II et dimidium, de prato aripennum I. Solvit similiter.

86. DE CAPATICO. Aclildis denarios IIII; Winegildis similiter; Marinus similiter; Bertinga similiter; Ragambolda similiter; Leutharia similiter; Willonus similiter; Hercanildis similiter; Godaltrudis similiter.

87. Sperendeus colonus et uxor ejus colona, nomine Genildis, homines sancti Germani, habent secum infantes III. Tenent mansum ingenuilem I et dimidium, habentem de terra arabili bunuaria VII et dimidium, de vinea aripennos IIII, de prato aripennos III.

88. Jacobus tenet mansum ingenuilem habentem de terra arabili bunuarium I et dimidium, de vinea aripennos III et dimidium, de prato aripennos II et dimidium.

89. Waraculfus tenet mansum ingenuilem I, habentem de terra arabili bunuaria III et dimidiam antsingam, de vinea aripennos III, de prato aripennum I et dimidium.

90. Hildricus colonus tenet dimidium mansum ingenuilem, habentem de terra arabili antsingas II, de vinea aripennum I et dimidium, de prato aripennum I.

91. Merardus tenet dimidium mansum ingenuilem, habentem de terra arabili bunuarium I, de vinea aripennum I, de prato aripennum I.

92. Godinus tenet mansum I in beneficio. Habet in ipso manso de terra arabili bunuaria XII, de vinea aripennos II, de prato aripennos VIII.

93. Sunt in Vedrarias, sicut suprascriptum habetur,

mansi LXXXVIIII, qui solvunt hostilitio solidos CCCIIII, ad tertium annum ; multones CLVIIII ad tertium annum ; germgias LXXVIIII ad tertium annum ; pastione vini modios CCXXXII, argento solidum I, denarios II, lignaricia solidos XXV, denarios IIII ; pullos cum ovis CCLI, pullos regales LXXXIIII.

94. DE BAUGENCI (1) : *Guido, Maria, Sophisa, Isabel, Rodulfus, Falgardus et Alberea uxor ejus, Maria de Vallo Nosi, Ernaudus faber et Doen mater ejus, Galterius et Baltrudis uxor ejus, Galterius et Hildealdis uxor ejus. — De Furno Sancti Leobini. Teolt, femina Carnotensis ; Orioldis, Alberea, Gillermus, Gerinus, Gaco, Odo, Giraldus, Alfredus, Ersendis, Garinus, Ersendis, Galterius, Tebaldus, Girardus, Richoldis, Itta, Freebergis, Regina.*

95. *De Baugenci : Benedictus, Girbaudus, Milesenda, Josfredus, Richerius, Raimberga, Argant, Gillermus, Elbergaut, Giraldus, Galterius, Odo, Floguinus...*

96. *Hugo, Ligart, Agnes, Odelina, Ramnulfus, Marcarius, Petrus, Benedicta, Rotlendus, Minardus, Aales, Renburgis, Stephanus, Ginberga, Goalum, Hauis, Landricus, Renburgis, Galterius, Odelina, Hubertus.*

97. *Leois, Alermus, Herbertus, Bernoldus, Radulfus, Aanoeth, Galterius, Aie, Berta.*

98. *Guarinus, Guillelmus, Amalricus, Godefredus, Alaricus, Girardus, Hersandus, Guillelmus, Ascelina, Gislebertus, Lisuia, Hugo, Joscelina, Radulfus, Alburgis, Raingardis, Legardis, Rainerius, Heluis, Ernaldus, Milesindis, Gislebertus, Albertus, Ursus, Heluis, Richardus, Ermengardis, Odelina, Odo, Maria, Godefredus, Maria, Henricus, Guiardus, Hugo, Goisbertus, Anstasia, Frodo, Hugo, Guarinus, Osanna, Rodulfus, Bovevaldis, Christianus, Odo de Mosters, Ernoldus de Boneval, Hildeer del Salive, Robertus Eliot, Martinus, Sofisia, Stephanus, Fulco, Legardis, Osmæe, Gosca, Herbertus, Rodulfus, Aales, Erenburgis, Milesendis, Gosca, Hildeburgis, Richardus, Lanfredus, Augardis, Guarengerius, Aales, Jolduinus, Hauis, Graalanz, Her-*

---

1. Transcription d'une liste, faite vers la fin du XIe siècle, des hommes de l'abbaye de Saint-Germain-des-Prés restant à Beaugency (Loiret), dans le Pays Chartrain et dans le Perche.

væus, Roetlem, Radulfus, Memfelis, Orem, Aimericus, Legardis, Rainalmus, Andreas, Hildesendis, Gualterius, Erenburgis, Elinandus, Gilia, Huncgerius, Sophicia, Legardis, Morinus, Vitalis, Dua, Osbernus, Laurentia, Hilduinus, Richardus, Leda, Gualterius, Guarburgis, Engerbertus, Gualterius, Gualterius, Guillelmus, Rosca, Osmundis, Guillelmus, Orieldis, Berta, Isabel, Radulfus, Erenburgis, Josfredus, Hermandus, Odelina, Maria, Lisuia, Odelina, Gislebertus, Enmelina, Henmardus, Ava, Avelina, Robertus, Aalant, Odo, Henricus, Hildeburgis, Guarnerius, Enmelina, Raduala, Viellus, Guillelmus, Richeldis, Gualterius, Mainardus, Aales, Robertus, Ermengardis, Guillelmus, Odelina, Ersandus, Gunterius, Guillelmus, Radulfus, Aales, Hermenildis, Morandus, Erenburgis, Menoldus, Rainaldus, Richardus, Godefredus, Stephanus, Teodericus, Enmelina, Guarinus, Erenburgis, Auguart, Fulcherius, Hugo, Rainaldus, Rodulfus, Herveus de Malesvaus, Guido, Tebaudus, Bernardus filius Noe, Rainalmus, Drogo de Belvaiz, Martinus, Milesendis, Guillelmus, Engelboldus, Benedictus, Hugo, Susanna, Gualterius, Aaliz, Enmelina, Gislebertus, Girardus, Maria, Guillelmus carpentarius, Adelina, Legardis, Raburgis, Lanbertus, Odelina, Hugo, Mabilia, Josfredus, Ascelina, Johannes, Ermengardis, Robertus, Ermenaldus, Gualterius, Odelina, Gosfredus, Enmelina, Viellus, Adelina, Rainaldus, Odelant.

99. Odelina, Hubertus, Gefredus, Aales et uxor ejus de Canpo Rembalt, Hildeardis et Michael filius ejus, Bartolomeus Droarz li Feutres, Ansoldus et Froburc, Rogerius, Maria uxor ejus, Fulcardus, Tecelina Carnotensis, Gillermus et Annes, Fulgerius de Baugenci, Galterus et Aales, Constancia, Hubert de Bruolos, Richolt uxor ejus, Gillermus, Israhel, Guido prespiter, Aales, Rogerius, Johannes, Alexandra, Isabel, Frenburgis, Richerius, Hodierna, Isenbardus, Richeldis, Albert, Milesendis, Tibolt, Milesendis.

100. Fulquis, Aiul, Ermengalt, Joslen, Wibert, Huldearus, Ernaudus, Emelina, Tezelina, Emelina, Ascelina, Galterius, Mercer, Ivu, Simon Galter, Maria, Bernerius, Adelina uxor ejus, Colastice, Nerbertama, Joscelmus, Guillermus, Ricardus.

101. Stephanus, Bernois, Guarinus, Aymericus, Rotbertus Torgis, Gosfredus, Josca uxor sua, Johannes, Berenger et Berta uxor ejus, Legart, Guerri et uxor ejus, Hugo Lucot, Herbertus, Guillermus, Beatrix et Basilia filia ejus, Rainerius et Alburgis

uxor ejus, Garnerius, Alburgis, Isenbardus et uxor ejus, Menardus, Aales, Rodulfus, Aymericus et uxor ejus, Holdesendis, Martinus et uxor ejus, Herbertus.

102. *Permentarius, Maria, Joduinus, Beatrix et uxor ejus, Fulbertus, item Fulbertus, Ricboldus, Aales, Ermengardis, Arnulfus filius ejus, Hugo de Caors, Gilo, Aia, Beatrix, Tebaudus, Fulcoinus li filz, Rolfo, Rotbertus, Aales, Fulcherius, Girberga, Lanbertus, Doa, Robertus, Guitburgis, Fromundus, Ermengardis, Ersendis, Gaulterius, Aales.*

103. *Hilderius, Josco, Alelmus, Girardus Mansel, Loonart, Guillelmus, Rainardus de Blai, Rotbertus Ocrea, Paganus Patricii, Matheus de Soline, Hildricus, Erenburgis, Hubertus, Jaindox, Emmelina de Balgenci, Elisabet, Amelina femina, Guillelmus, Drogo, Giburgis, Maria, Ozmundus, Fromundus, Rotbertus de Mauritania, Lambertus, Garinus Revel, Guillermus, Paganus, Rogerius de Rosca, Tecanda femina sua, Gislebertus, Hildeburgis, Hugo, Ernaudus, Rotbertus, Guillermus, Rotbertous et uxor ejus Hilduidis de Ruberiis.*

104. *De Sancta Maria : Aimericus, Galterius, Herveus, Ligerius, Landricus et uxor ejus Issenberga, Ossanna, Giraldus et uxor ejus de Nogento, Rollendus, Hildeberga de Mauritania, Gislebertus, Rainaldus et uxor ejus de Baugenci, Hodierna, Alburgis, Odelina, Johannes, Ugo, Ermenoldus, Erenburgis, Issabel, Josfredus, Bendicta, Rainaldus et uxor ejus, Frogerus et uxor ejus, Radulfus, Gill..., Hengerboldus, Odo, Christianus.*

105. *Carnotenses* (les Chartains) : *Hermenburgis, Rotbertus, Erenburgis.*

106. Guillelmus presbyter ; Girulfus, Guarnerius, presbyteri ; *Horris, Sapiencia et uxor ejus, Guillelmus et Horanda mater ejus, Bernardus et uxor ejus.*

107. *Noe et Maria uxor ejus, Christianus et Leogardis uxor ejus, Hugo, Innoge, Fromundus, Girardus, uxor ejus, Rotbertus, uxor ejus, Guillelmus, uxor ejus, Guillelmus, l'Aloer, Rodulfus, Chain, Odo et uxor ejus, Rainaldus de Matriolis, Guillelmus li fil Anbert, Andris, Lalcrine filius ejus, Jofredus li fil Horri, Grimol et Milessent uxor ejus, Fromundus de Capella.*

108. *Richardus, Rotbertus, Isabel, Graulniu, Rainaldus, Christianus.*

109. *Milesendis, Guillelmus, Fulcho, Freesendis, Richeldis, Rogerius, Guarinus, Nolchat, Constantia, Guosfridus, Aales,*

Durannus, Amelina, Herbertus, Guarinus, Rannulfus, Hildeburgis, Gosfredus, Robertus, Constantius, Ermengardis, Rainalaus, Stephanus, Rodulfus, Robertus, Robes, Galterius, Guidbois, Gislebertus, Gislardus, Auburgis, Ermengardis, Jerlent, Martinus, Legardis, Herbertus, Richardus, Richeldis, Guillelmus, Ermengardis, Josfredus filius Ulrici, Joslenus li Corvesers, Herbertus et uxor ejus, Johannes, filius Maineirii et uxor ejus, Hugo de Nogent et filius ejus et filia, Rogerius filius Bosoleni et uxor ejus, Laurentia, Rainaldus, Guismundus et uxor ejus, Flahauz et uxor ejus, Guillelmus, Rodulfus de Bona Valle, Christianus, Odo de Monasteriis, Arnulfus de Bona Valle, Otgerius de Salivei, Robertus, Heliot.

110. *De Mauritania* (de Mortagne, Orne) : *Guillelmus mercator, Robertus et Sicilia uxor ejus, Giraldus de Boscel et Isabel uxor ejus, Henricus et Erenburgis uxor ejus, Giroldus de Hersees et Ermenoldis uxor ejus.*

111. *De Monte-Miral* (Montmirail, Sarthe) : *Benedictus, Bussun, Erenburgis, Froilina, Robertus, Herbertus Rabel, Petrus et Maria uxor ejus, Guillelmus filius Girardi et Lichardis uxor ejus, David Frotmundus et Isabel uxor ejus, Tebaldus et Renburgis, Richerius et uxor ejus.*

112. *De Senoncha castro* (Senonches, Eure-et-Loire) : *Hubertus, Radulfus, Fulcherius, Quintinus, Isuardus, Erchembaldus, Germanus, Christianus.*

113. *De Mauritania : Rotbertus, Guillelmus de Marens, Guillelmus de Montcorlen, Rotbertus de Prulei, Hugo de Bosco, Matildis, Josfredus de Reveri, Leezelina, Gillermus de Belfei, Arnulfus de la Mesnerei, Hubertus, Guillelmus de Aspres, Rodulfus filius Hildeardis, Guido.*

114. *De Mauritania vel de Baugenci : Teodericus, Germanus, Renuis, Amicus faber, Rotbertus, Anstesa.*

115. *De Baugenci : Roger lo regrater, uxor Emelina, Bernar li miners, et Guiguinus et Odelina uxor ejus, Martins, am... Rigaude, Rotbertus Porteguere et Hemris le corveser, Ermengar la Rose.*

116. *Gislebertus li burhers, Bertrannus, Herbertus, Hubertus.*

AN 1030.

Par une charte du roi Robert II, le Pieux, donnée à Poissy la 28ᵉ année de son règne en 1030, nous constatons que l'abbaye de Saint-Germain était gouvernée par Araud ou Arald.

Les habitants de *Dammartin* (doyenné de Houdan) se plaignirent alors au roi que le comte Drogon exigeait avec violence des coutumes injustes, et l'abbé Araud obtint par cette charte royale la cessation de ces abus. Toutefois, le roi laissa à Drogon ses droits dans quatre petites seigneuries.

« Exceptis quatuor villis, scilicet *Neelphitam,* Firmerii curtem, *Lovaniolas, Domerii montem,* quas ei concedimus jure beneficii ; ea tamen conditione, ut numquam amplius aliquam consuetudinem accipiat vel exigat in villa *Domini Martini* nec in aliquibus ad eam pertinentibus terris...
...... Actum publice Pisciacensi palatio, anno incarat. Verbi M. xxx. »

(Recueil des Chartes.
Pièces justificatives, 1ʳᵉ *partie.*
Preuve XXIX, p. XXIV et XXV.)
(J. Bouillart).

AN 1045.

En Octobre 1045, l'abbé Araud reçut de l'évêque de Paris, Imbert, l'église de *Villeneuve-Saint-Georges* pour suppléer aux besoins des religieux de l'abbaye de Saint-Germain. Cependant, par cette charte, l'évêque de Paris se réserve le droit de visite et de synode, et déclare qu'il accorde cette église à l'abbaye du consentement de ses archidiacres, pour épargner aux religieux de payer à ses successeurs, les évêques de Paris, le prix du rachat de cette église. Cette donation fut confirmée par un diplôme du roi Henri 1er, en 1058. Sous le règne de ce roi, la famine et les guerres civiles désolaient la France. Pour mettre un terme aux dissensions intérieures, l'Eglise promulgua la loi dite *Trêve de Dieu :* et les religieux de Saint-Germain, manquant du nécessaire, s'adressèrent au roi pour les aider à subsister. Le roi donna à l'abbaye l'église de Dreux, avec ses dépendances, et, entre autres, un pré de son domaine, le Pré-l'Evêque.

Lettre d'Imbert, évêque de Paris.

.... Ego Imbertus gratia Dei non meritis Parisiorum episcopus notum esse cunctis Dei fidelibus tam futuris quam præsentibus volo ; quia cum synodalem conventum celebraremus in sancta Parisiorum ecclesia adiit præsentiam nostram abbas monasterii martyris et lævitæ Vincentii nec non etiam afmi præsulis Germani nomine Araldus, cum ejusdem loci fratribus humiliter obsecrans, ut ei *altare* quod est constructum in honore *sancti Georgii* martyris in villa nostri episcopatus quæ dicitur *Villanova* perpetualiter possidendum concederemus, ad supplementum victus monachorum in eadem monasterio Christo servientium.

........Concessimus autem prænominatæ villæ altare Deo et ejus martyri et levitæ Vincentio beato quoque præsuli Germano ad supplementum victus servorum suorum videlicet monachorum perpetualiter possidendum et quidquid ad ipsum aspicit præter synodum et circadam, annuente Alberto archidiacono et Elisierno archidiacono nec non Olvido ejusdem gradus prestantissimo viro, nostris quoque clericis, et cuncta synodo, ut a modo et in perpetuum illud teneant et possideant..... Si quis autem, quod futurum non credo, post mortem nostram aut episcopus nostro loco succedens, seu archidiaconus, vel aliqua persona contra hoc scriptum surgens infrigere conaverit sciat se esse damnandum nisi resipuerit et ad emendationem seu satisfactionem ante corpus sancti Germani, cujus dominio traditum est, pœnitendo confugerit.

Actum publice Parisius coram sancto synodo, regnante Henrico, Rege, anno decimo quinto.

    Sig. Imberti Præsulis.
    Sig. Elisierni decani et archidiaconi.
    Sig. Alberti archidiaconi.
    Sig. Willehmi presbiteri.

. . . .

Hardradus suscripsit Cancellaris. Octobri mense.
    (*Tiré du Cartulaire.*
    Preuve XXXIV. Pièces justificatives.
    1re partie, p. XXIX. Dom. Bouillart.)

Plusieurs évêques, en donnant ainsi ces autels (églises), accordaient, par un titre spécial, la remise des sommes d'argent exigées des religieux lorsqu'ils leur présentaient de nouveaux curés ou vicaires pour desservir les paroisses dont ils percevaient les dîmes comme curés primitifs. Ces prestations étaient dites : *altarium redemptiones.*

AN 1070.

ROBERT III, abbé de Fontenelle (Saint-Vandrille), gouverna l'abbaye de St-Germain en 1062, et nous trouvons qu'en 1070, à sa demande, l'évêque de Paris, Geoffroy, lui donna les deux autels (églises) de Surène et d'*Avrainville* (doyenné d'Arpajon), offrant pour cet échange la moitié de la seigneurie de *Guerche*, proche de Saint-Cloud, et un moulin sur la petite rivière de Sèvres. Toutefois, l'évêque de Paris se réserva le droit de synode et de visite à l'exclusion de l'archidiacre de Paris. Aussi le Pouillé parisien du XIIIe siècle marque Arainville, Evrini - villa, comme étant à la nomination de l'abbé de Saint-Germain-des-Prés.

(Gallia Christina.
T. VII, p. 70 et 437.)

Lettre de Geoffroy, évêque de Paris :

. . . . Ego Goffridus gratia Dei Parisiensum præsul notifico cunctis Christi fidelibus, quod affectuosis precibus postulante domno religiosissimo Roberto cœnobii sancti levitæ et martyris Vincentii necnon almi confessoris Christi Germani abbate, annuente hoc idem etiam Iscelino videlicet archidiacono, quin etiam assensum dante clero nostro et reliquo cetu nostrorum fidelium, contulimus ecclesiæ sanctorum prædictorum videlicet preciosi Vincentii martyris, necnon confessoris Christi Germani Parisiensium tutoris, ac fratribus ibidem Deo famulantibus duo altaria in perpetuum possidenda et habenda ; atque ab hac die nulli aut episcopo vel archidiacono aliqua occasione sint dedita aut ullius consuetudinis redibitione sint obnoxia, exceptis circadis aut synodis et his quæ ad curam animarum pertinent, præcepti assertione manu propria firmavimus, fidelibusque nostris astipulantibus corroborare decrevimus. Est autem alterum eorum situm in quadam possessione quæ Surisnis dicitur : alterum vero in quodam item prædio quod *Evrini villa* nuncupatur.

Præfatus vero abbas cum consensu omnium fratrum, annuente etiam hoc idem domno nostro Philippo Rege, mutua vicissitudine contulit nobis sanctæque Parisiacensi ecclesiæ hæc et rebus cœnobii prædictorum sanctorum medietatem, videlicet cujusdam possessiunculæ, quæ dicitur *Garriacus*, necnon quoddam molendinum in fluviolo, quod nuncupatur *Savara*, situm . . . .
. . . .
. . . . . Actum Parisius, anno Verbi incarnati millesimo septuagesimo, regnante Philippo anno XI.
Signum Manasse Remensium archiep. . . . . . .
Signum Donni † Philippi regis. . . . .
. . . . . . Ego Milo Cancellarius relegi et subscripsi
(*Preuve XXXVIII. Dom J. Bouillart.*)

AN 1073.

UNE charte de Philippe I, datée de la quatorzième année de son règne, relate que Pierre de Loiseleve, chancelier de France, abbé de Saint-Germain-des-Prés, supplia le roi d'exempter son abbaye de certains droits que ses officiers levaient, avec tant de rigueur sur la terre d'*Avrainville*, que les habitants avaient été obligés d'abandonner leurs maisons. Ce fut d'Etampes que Philippe I expédia cette charte faisant remise à l'abbé de Saint-Germain, Pierre Loiseleve, d'un droit de vicairie ou voirie et des autres coutumes. Le véritable droit de voirie n'appartint à l'abbaye qu'en 1200, époque où il fut cédé, comme nous le citerons plus loin, par Geoffroy Pooz du consentement de Voisine, sa femme, et de ses enfants.

Charte de Philippe I, roi de France.

In nominæ sanctæ et individuæ Trinitatis.
Philippus gratia Dei Francorum Rex.

Quamvis diversis hujus sæculi importunis curis assidue occupemur, tamen gratia æternæ vitæ religissorum virorum accummodare justis precibus aurem debemus. Unde innotescat sollertiæ cunctorum Christi nostrorumque fidelium quod venerabilis Petrus abbas Cœnobii sancti Vincentii sanctique Germani, quod adjacet in suberbio Parisiacæ urbis, cunctique fratres sub eo degentes nostram adierunt mansuetudinem, obnixe flagitantes quatinus Dei sanctorumque prædictorum amore quamdam sibi remitteremus vicariam quam habebamus in quadam quæ olim fuerat villula ipsorum, nec non occasione vicariæ et nostrorum nquietudine ministrorum absque habitatoribus vacua erat terra.

Est autem ipsa terra juxta castrum quod vocatur *Stampis sita* (Avrinville). Nos igitur eorum petitionibus assensum præbentes, eis tam ipsam vicariam quam alias injus--tas vel quaslibet quas ibi nostrates accipiebant ab hac die in perpetuam remitimus consuetudinis. Et ne deinceps a quolibet nostrorum hæc nostra repetatur relaxatio hoc scripto interdicimus, quod manu nostra subter firmavimus et fidelibus nostris firmandum tradidimus. Quod si quis violaverit, in primis iram Dei incurrat, et reum se majestati nostræ esse sciat, insuper et decem auri libras fisco nostro persolvat.

Actum Stampis castro publice regnante Philippo rege anno XIII.

(Extrait du Cartulaire de St-Germain-des-Prés. Preuve XXXIX.)

Les archives de l'abbaye relatent que, vers cette même année, 1073, les comtes de Monfort étaient obligés de rendre *foy* et *hommage* à l'abbé de

Saint-Germain pour leur château de *Beine* et le fief du *Chênay*, et Amauri, comte de Montfort, s'acquitta de ces devoirs envers Pierre de Loiseleve. Toutefois, ces droits semblent cesser en 1274 pour les comtes de Montfort, époque où ces terres furent réunies au domaine du roi.

(Abbaye de Saint-Germain-des-Prés.
Livre III. p. 79.)

AN 1082.

EN 1082, Isembard, abbé de Saint-Germain, porta une plainte au roi contre un gentilhomme, nommé : Hugue Scavello, avoué de *Dammartin* et de ses dépendances, du côté de sa femme. Les taxes odieuses que ce gentilhomme réclamait, avaient tellement diminué les revenus de la terre de Dammartin que le produit en était presque nul.

Hugue et sa femme furent mandés à la Cour pour expliquer leur conduite, et, comme il leur fut impossible de soutenir leurs droits, ils furent condamnés ; aussi, par une sentence rendue à Poissy, le six Janvier 1082, le roi déclara la terre de Dammartin exempte de toutes ces vexations.

(Abbaye de St-Germain-des-Prés.
Livre III. p. 81.)

Ces avoués existaient dès le temps de Charlemagne, et, par leur institution, ils étaient établis pour être les protecteurs, les avocats des monastères contre la violence de ceux qui voulaient les opprimer. Généralement, ces offices se donnaient aux gentilshommes les plus qualifiés du pays qui possédaient des biens où les abbayes avaient des dépendances, afin qu'il leur fût plus facile de défendre leurs intérêts et ceux des monastères. Mais, plus tard, ces avoués, ne se contentant pas des revenus assignés pour leurs services, devinrent les ennemis des abbayes en usurpant des droits considérables.

Extrait de la charte de Philippe I.

.... Unde significamus noticiæ tam præsentium quam futurorum videlicet fidelium nostrorum quod cum die Epiphaniorum resideremus *Pissiacensis* castri palatio una cum proceribus nostris, advenit abbas cœnobii sancti Germani Isembardus nomine, una cum quibusdam fratribus prædicti loci, conquerens de quodam nostro milite Hugone nomine, agnomento Scavello, ejusque conjuge, qui quandam advocationem proclamabant in quadam possessione sancti Germani, quæ nuncupatur *Domnus Martinus*, et in villulis ad ipsam possessionem pertinentibus, quam etiam advocationem dederant cuidam militi nomine Henrico, et hac causa eadem possessio pene ad nichilium redacta fuerat. Qui videlicet Hugo ante nostram cum sua conjuge evocatus præsentiam, jusque suum quod putabat in ipsa advocatione habere et parte scilicet suæ uxoris prosequens juditio nostro ac procerum nostrorum sibi refragante, quod injuste usurpaverat annuens juditio nostræ curiæ dimisit, et quod deinceps nec ipse vel uxor sua vel quilibet heredum suorum in prædicta possessione *Domini* videlicet *Martini* vel in villulis ad ipsam possessionem pertinentibus reclamarent quicquam promisit.

. . . .

Actum *Pissiaco* castro anno Verbi incarnati millesimo. LXXXII, regnante Philippo rege anno XXII.
Datum mense Januario, die VI Indictione quinta.
Signum Philippi regis Francorum.
Sig. Gaudfredi Parisiorum præsulis.
Sig. Roberti Mellensium (Meulan) *comitis.*
Sig. *Amalrici de Ponte Isaræ* (Pontoise) *militis.*
(*Cart. St Germain-des-Prés*).

Le comte Robert était Robert III de Meulan qui, en sa qualité de pair et de baron de France, assistait le roi Philippe au Parlement tenu à Poissy pour juger ce différend entre l'abbaye et Hugue de Scavello.

Robert de Meulan tenait, dans cette assemblée, le premier rang après le frère du roi, Hugue de France, comte de Crepy et de Vermandois.

(*Ann. des Bénédictins,*
t. V, p. 1881, Mabillon.)

AN 1093.

QUELQUES anciens chevaliers, vassaux de l'abbaye de Saint-Germain, portèrent le nom de Valenton. En 1093, on trouve un Hugue de Valenton figurant dans un acte concernant le Prieuré de Longpont; sa fille, nommée Eremburge, fut une des premières religieuses de l'abbaye d'Yerres, lors de sa fondation en 1132, par dame Eustache de Corbeil. A la suite des guerres civiles qui ensanglantèrent la France l'abbaye de Saint-Germain fut forcée d'aliéner quelques parties de sa seigneurie *de Valenton*, plusieurs fiefs furent formés, et l'un prit le nom de Plaisir, un autre est connu sous le nom des Placines.

XIe Siècle.

L'ABBÉ Lebœuf, dans son *Histoire du diocèse de Paris*, cite un legs qu'un nommé Bertrand fit, au XIe siècle, à l'abbaye de Saint-Germain-des-Prés d'une vigne située à *Savigny-sur-Orge*, de trois arpents avec une rente de trois sols. Du reste, le nécrologe du monastère rappelle ainsi la mémoire de ce fondateur :

> Bertranni commemoratio
> Ab vineas quas almo
> Porrexit Germano
> In villa Saviniaco
> Arpentorum trium
> Cum censo
> Solidorum trium.
>
> (*Lebœuf*, tome XXII, p. 76.)
> (Edition de 1757.)

AN 1133.

VERS 1133, Hugue III, abbé de Saint-Germain, céda au roi Louis VI, le Gros, et à Amaury de Monfort deux fonds de terre : l'un pour construire le château de *Mont-Chauvet* (doyenné de Houdan) et l'autre qui était contigu, à la condition que le roi et Amaury payeraient, tous les ans, à l'abbaye, le jour de Saint-Remi, chacun cinq sols et toute la dîme des fruits que ces terres pouvaient produire. En outre, l'abbé Hugue se réserva la jouissance des deux moulins qui lui appartenaient et la moitié des revenus des autres moulins et fours construits ou qui seraient construits. Les autres conditions du traité stipulaient que ceux qui posséderaient ces fours et ces moulins seraient obligés de payer la moitié des frais nécessaires pour leur entretien ; que les églises ou chapelles qui pourraient être construites deviendraient la propriété de l'abbaye ; que les religienx auraient la dixième partie des droits de marché ; que les domestiques de l'Abbé et des religieux seraient exempts des droits appelés coutumes ; qu'il serait interdit aux hôtes de Saint-Germain-des-Prés de demeurer dans le château de Mont-Chauvet, sinon en temps de guerre, et que, la paix conclue, ils seraient tenus de regagner leur domicile ou de renoncer aux biens concédés par l'abbaye ; enfin que l'abbé de Saint-Germain serait maintenu dans la possession d'un étang dont il avait déjà la jouissance.

Louis VII confirma cet accord en 1167 et Philippe-Auguste en 1202.

Le château de Mont-Chauvet étant construit, l'abbé Hugue demanda à Geoffroy, évêque de Chartres, la permission de bâtir une église paroissiale en l'honneur de sainte Madeleine, hors de Montchauvet, parce qu'il avait l'intention d'y ériger un monastère pour plusieurs de ses religieux. L'église de Montchauvet est encore sous le vocable de sainte Madeleine.

L'Abbé demanda encore de bâtir une autre église dans Montchauvet, afin que les habitants eussent la facilité d'y entendre la messe et de ne pas troubler les religieux dans l'église principale. L'évêque de Chartres donna son consentement, à la condition que l'abbaye de Saint-Germain payerait tous les ans à l'église de Chartres le droit de visite et de synode. En outre, pour éviter les conflits qui pouvaient naître entre les religieux et le curé de la paroisse, Geoffroy régla ce que chacun pouvait prétendre : que les religieux auraient les deux tiers des offrandes faites à l'église et le curé l'autre tiers ; que les droits perçus pour les baptêmes appartiendraient au curé ; que chacun aurait la moitié des legs pieux qui seraient faits en espèces à la paroisse, et que ces legs appartiendraient aux religieux si le donateur les laissait en terres ou en bâtiments ; enfin, que le curé aurait dix-huit setiers de blé, moitié froment, moitié méteil. Cette église paroissiale, bâtie hors de Montchauvet, fut abandonnée par les religieux qui, pendant les temps de guerre, se retirèrent dans Montchauvet, se servant de l'église Sainte-Madeleine, actuellement la paroisse.

Le prieuré de Montchauvet, au comté de Montfort, avait pour armes : *Sable au mont d'argent surmonté de deux chauves-souris d'or.*

(Armoirial général d'Hozier.)

L'abbaye de Saint-Germain-des-Prés portait :

De France, à l'écu de sable chargé de trois besans d'argent; ou : *Azur, semé de fleurs de lis d'or, à l'écu d'or en cœur chargé de trois tourtereaux de sable.*

Lettre de Geoffroy, évêque de Chartres, concernant les droits de Montchauvet :

Cum in omnibus diffinitionibus idonea sint adhibenda testimonia, necesse est ut unaquæque diffinitio sic roboretur scriptis et testimoniis, ne ulterius possit corrumpi ullius falsitatis sigmentis. Quocirca ego Gaufridus Dei gratia sanctæ Carnotensis ecclesiæ episcopus notificio Christi fidelibus præsentibus scilicet et futuris, quod domnus Hugo abbas sancti Germani Parisiensis adiit præsentiam nostram, petens a nobis concedi sibi ædificare ecclesiam parochialem extra castrum quod vocatur *Mons Calvulus* ad caput scilicet Calceiæ ; in qua videlicet ecclesia constitueret monachos suos ad habitandum qui ibi habitationes sibi congruas ædificarent. Cujus petitioni gratissime assensum dedimus præsente venerabili viro domno videlicet Matheo Albanensi episcopo sanctæque Romanæ Ecclesiæ legato, eo scilicet tenore, ut singulis annis sanctæ matri ecclesiæ Carnotensi synodum et circadam solvat. Et quia non congruit monachis ferre tædium nec inquietudinem sæcularium, concessimus etiam ei ædificare capellam unam in prædicato castro, ubi parrochiani præfatæ matris ecclesiæ conveniant, audire servitium Dei. Et ne scandalum inter monachos et presbiterum aliquando oriretur decrevimus invicem laude et consilio præfati venerabilis viri domni Mathæi sanctæ Romanæ ecclesiæ legati, ut de omni jure parrochiali, vel de omnibus beneficiis quæcumque delata fuerint ad altare vel ad manum presbyteri, habeant monachi duas partes et presbiter tertiam, excepto baptisterio quod erit presbitero totum in proprio. De dimissis, id est lessis, habebunt monachi medietatem unam et presbiter alteram. Si dimissa, id est lessa, fuerint de terris vel ædificiis, habebunt monachi in proprio totum. Et ut hæc concessio firma et inconvulsa permaneat hoc scriptum fieri decrevimus, quod sigilli nostri impressione corroboravimus et auctoritate prædicti venerandi viri domni Mathæi sanctæ Romanæ Ecclesiæ legati coram subnotatis testibus. Presbiter præfati loci XVIII sextaria annonæ habebit ; medietatem tritici et medietatem alterius annonæ.

 Matheus sæpedictus legatus testis.
  Stephanus abbas testis.
  Ymarus testis.
 (*Tiré du cartulaire de St-Germain-des-Prés. Pr. L.*)

AN 1138.

EN 1138, l'abbé Hugue fit un accord avec Étienne de Garlande et Amaury, comte d'Évreux, par lequel ils cédèrent, au profit des religieux de l'abbaye de Saint-Germain, tout le droit d'*avouerie* qu'ils exigeaient avec beaucoup de dureté des habitants de *Villeneuve-Saint-Georges* et de *Valenton*, moyennant soixante muids de vin par an, que l'abbé Hugue s'obligea de leur livrer selon la mesure des lieux. Ces mêmes habitants n'étaient pas moins maltraités par un gentilhomme de *Corbeil*, nommé Eude Briarht, qui leur demandait des droits considérables en vin, en pâturages et en argent. L'abbé Hugue les racheta pour quinze muids de vin et trente-cinq sols de rente annuelle.

     (*Dom. J. Bouillart.*
    Liv. III, p. 87.)

Lebœuf, au *Tome XI, p. 224*, s'étend assez longuement sur le Plessis-Briarht ou Bois-Briarht, Beaubriand, et le cartulaire de Longpont mentionne également : *Domnus Briardus* et Odon son fils.

La charte de la donation de *Valenton* à l'abbaye Saint-Germain-des-Prés porte la date du 23 décembre 558 et fut collationnée par le secrétaire du roi, Valentinien, dont nous avons parlé au sujet de Villeneuve-Saint-Georges.

AN 1147.

UNE bulle du Pape Eugène III, de l'an 1147, rappelant les revenus de l'abbaye d'*Hierre*, mentionne que les religieuses d'Hierre touchaient la sixième partie du port de *Villeneuve-Saint-Georges* et que ce droit provenait de l'abbaye de Saint-Germain, à laquelle les Religieuses payaient quelques sols de cens.

(*Ann. Bened. T. VI. p. 676.*)

AN 1152.

EN 1152, l'abbé Geoffroy I occupa le siège abbatial après Hugue-de-Crépi, mort le 19 avril 1152, et, dès le début de sa juridiction, il eut une contestation avec *Étienne de Macy*, surnommé Palmarius, qui s'était saisi d'un homme de corps de l'abbaye nommé Ingelgran d'Antoni, lequel, sans son autorisation, avait creusé un fossé près d'un grand chemin. L'abbé Geoffroy, regardant cette entreprise comme une injure faite à sa personne et à son abbaye, s'en plaignit au roi. Étienne de Macy soutint que toutes les terres situées hors d'Antoni et ses dépendances, excepté quelques arpents, lui appartenaient par droit de voirie dont ses parents avaient eu la moitié, et qu'ainsi cet homme n'avait pas le droit d'établir un fossé sans sa permission. Longtemps l'affaire resta indécise ; on fixa cependant un terme pour la juger. Étienne de Macy vint à Paris pour se présenter à l'audience et amena un champion avec lui ; Renard et Philippe, religieux de l'abbaye, y comparurent au nom de l'abbé de Saint-Germain-des-Prés, amenant aussi un champion.

La cause fut plaidée devant Guillaume de Gournay, Regnault de Baumont, et Bauldoin de Flandres, prévôt de Paris, qui présidaient en l'absence du roi. Les parties ne pouvant s'entendre, on décida de terminer le différend par un duel. Les champions se battirent courageusement ; celui de Saint-Germain enleva l'œil à son adversaire, et se jeta sur lui avec tant de vigueur, qu'il l'obligea de se déclarer vaincu ; ce qui décida l'affaire en faveur de l'abbaye.

Cet Étienne aimait la chicane, car nous le retrouvons la même année en procès avec l'abbé Geoffroy, au sujet de quelques droits d'alignement qu'il prétendait avoir à *Paray*, village dépendant de l'abbaye. Ce seigneur comparut à l'audience suivi de deux hommes qu'il avait amenés pour rendre témoignage de la vérité du fait. Un nommé Ingilbert d'Antoni soutint pour l'abbé de Saint-Germain que ce que l'on avançait était faux, et demanda à le prouver par un duel. Les otages furent aussitôt donnés, et le combat fut indiqué pour le même jour. Renard et Philippe, religieux de l'abbaye, présentèrent Ingilbert aux juges ; mais Étienne de Macy, se défiant de sa cause, s'absenta sans laisser ni gage, ni homme selon la coutume ; ce qui donna lieu aux juges de renvoyer les deux religieux, leur champion et leurs otages avec gain de cause. Mais, en retournant chez eux, les juges ayant rencontré Étienne de Macy l'arrêtèrent et l'envoyèrent comme prisonnier au Châtelet avec ses champions et ses otages, en punition d'avoir intenté un procès si méchant et pour avoir refusé le duel qui lui avait été présenté. Sauval résume ce débat en disant que : « l'un des témoins, Eudes, et les autres cautions furent conduits en prison, tant pour ne s'être pas trouvés au dernier duel que pour avoir été vaincus au premier. »

Incommodé par la goutte, Geoffroy abandonna, cette même année, la direction de l'abbaye.

Lettre de Geoffroy, abbé de Saint-Germain :

In Christi nomine. Ego Gaufridus Dei gratia abbas sancti Germani Parisiensis et ejus monasterii conventus. Notum esse volumus universitati præsentium pariter et futurorum quod Stephanus *de Mathiaco* cepit quemdam hominem nostrum Ingelrannum de Antogniaco quoniam ipse juxta publicam stratam fossetum quoddam faciebat, ubi idem Stephanus et Eustachius *de Bivera* consanguineus ejus mediam partem vicariæ se habere clamabant. Nos autem hanc injuriam super injusta captione hominis nostri nobis illata domino regi ostendimus. Ipse vero per submonitionem in curiam regiam veniens omnes terras, præter aripennos extra villam Antogniaci et extra villas ad eam pertinentes de vicaria quam clamabat esse afferebat, et ideo prædictum hominem nostrum absque suo assensu secus viam fodientem ceperat. Dicebat insuper quod pater suus et ipse post patrem vadia belli si quandoque in villa Antogniaci evenissent, ad voluntatem suam ex consuetudine apud Machiacum et apud Colliacum duxerant. Ad quod probandum duos homines exhibuit. Porro nos hæc omnia pro ecclesia nostra negantes per Landericum de Antogniaco unum de probatoribus suis, secundum Lambertum de Machiaco in approbatione facienda quam promiserat mendosum esse monstravimus. Igitur pluribus intercurrentibus intervallis ad diem ex domino statutum venit idem Stephanus cum suo pugili in curiam domini regis Parisius, ubi fratres nostri Rainardus et Philippus a nobis destinati loco nostri sicut ad duellum bene muniti adfuerunt. Proinde perracta causa in præsentia Parisientium præpositorum, Guillelmi de Gornaio, Rainoldi de Bello monte, Balduini Flandrensis locum domini regis tenentium cum non posset inter nos et prædictum Stephanum pax firmari, adductus est in medio uterque pugil et ad conflictationem statutus : cumque ambo diu multumque conflictassent et sese invicem gravissime afflixissent, tandem Deo auxiliante pugil noster adversarium suum viriliter et audaciter invadens oculum ei eripuit et tanto conamine eum gravavit, quod illo profitente se victum esse, victoria sibi cessit. Præpterea eadem die Stephanus supradictus adduxerat duos homines in medium per quorum testimonium probare volebat, quia ipse vel servientes sui sine assensu nostro et officialium nostrorum debebant de jure metretas de villa Pyrodio ad rectum parare. Ingelbertus autem de Antogniaco uni illorum homini Odoni nuncupato contradicens, testimonium ipsius super hoc falsum esse se probaturum publice asseruit et sic vadiis belli inter eos commissis ad duellum faciendum eadem dies præfixa fuit. Cumque victoriam primo pugili nostro, sicut prædictum est, cessisset, præfati fratres nostri Rainardus et Philippus alium nostrum pugilem scilicet Ingelbertum cum obsidibus bonis in medium adducentes, obbtulerunt judicibus eum ad probandum quod promiserant. At sæpedictus Stephanus præsens 'cum ibidem non fuit, nec pugilem suum, sicut mos est, cum obsidibus prætaxatis judicibus exhibuit. Unde iidem judices fratribus nostris Rainardo et Philippo cum pugilibus et obsidibus nostris dederunt licentiam recedendi a curia. Et cum ipsi judices a curia exeuntes irent ad propria, prænominato Stephano obviarunt quem per defectum utriusque duelli captum, cum suis pugilibus et obsidibus in Castello posuerunt.

(Extrait du Cartulaire de St-Germain-des-Prés.)

Un autre acte du XIIIe siècle fait mention d'un lieu dit : Les Ormes de Saint-Germain-des-Prés, à *Massy* (doyenné de Châteaufort), lesquels, avec Origny et Massy, bornaient la dîme que Bouchard d'*Amblenvilliers* tenait à *foi et hommage* de l'évêque de Paris. A cette époque, on comptait plusieurs fiefs dans la paroisse de Massy, mais une grande partie de la paroisse relevait de l'abbaye de Saint-Germain-des-Prés. Comme nous le relatons plus loin, ce fut en 1248 que cette paroisse s'affranchit de la tyrannie d'anciennes servitudes.

AN 1160.

LE roi Louis VII, le Jeune, venait de diminuer les revenus de l'abbaye de Saint-Germain par une donation faite, en 1158, à l'abbaye de Saint-Magloire, de quatre prébendes, assignées sur différents lieux, quand Hugue, archevêque de Rouen, dédommagea l'abbaye en lui donnant, en 1160, la paroisse de *Saint-Léger-en-Artie* avec les dîmes, terres et autres revenus qui en dépendaient. Ce même acte stipule en outre que la présentation de la cure de *Saint-Martin-de-Villers-en-Arthies* appartiendra pour toujours à l'abbé de Saint-Germain. L'archevêque de Rouen céda encore à l'abbé Thibauld la nouvelle église de *Longuesse* avec les mêmes droits que l'abbaye avait sur l'ancienne, construite au milieu du dixième siècle.

Lettre de Hugue, archevêque de Rouen.

Hugo Dei gratia Rothomagensis archiepiscopus dilecto suo Theobaldo venerabili abbati Germani Parisiensis ejusque successoribus in perpetuum. Habet ecclesiasticæ regula sanctionis et ipsius forma justitiæ venerabilium personarum petitionibus justis benignum favorem adhibere. Ea propter, dilecte in Domino Tecbalde abbas sancti Germani, tibi et ecclesiæ tuæ donamus et concedimus ecclesiam sancti *Leodegarii de Arteia*, et ut eam libere et quiete cum decimis et beneficiis ac possessionibus et aliis omnibus ad illam pertinentibus jure stabili futuris temporibus teneatis, et sine aliqua refragatione possideatis, præsentis auctoritatis munimine roboramus. In præsertim adjicientes, ut præsentatio presbiteri et ipsius positio in ecclesia sancti *Martini de Villers* ad abbatis sancti Germani voluntatem et arbitrium nostra donatione omnimodis pertinere cognoscatur. Nulli autem hominum liceat beneficia illius ecclesiæ vel minuere vel auferre, vel aliqua vexatione convellere. Quicquid etiam in posterum justis quibusque modis in eadem ecclesia monachi poterunt adipisci, ratum et illibatum permaneat et in usumfructum illorum cedat. Si quis autem adversus hanc nostræ constitutionis attestationem venire attemptaverit, sciat se divinæ ultionis anathemate percelli, nisi resipuerit. Cunctis vero hæc et quæ justa sunt servantibus sit pax Domini nostri Jesu Christi feliciter. Amen.

Presentibus et attestatibus filiis nostris, Egido archidiacono ; Laurentio archidiacono ; Rainaldo canonico ; Berardo canonico et Helia, Antgario, Victore monachis et capellanis domini archiepiscopi.

(Tiré du Cartulaire.
Pièces justificatives LIII.
Dom J. Bouillart.)

Seconde lettre d'Hugue, archevêque de Rouen (An 1160).

Hugo Dei gratia Rotomagensis, archiepiscopus dilectis in Christo fratribus Teobaldo abbati et conventui sancti Germani de Pratis salutem et gratiam in Domino. Quæ a nobis digne postulatis vobis concedere congruum duximus, tum pro religione et honestate qua per Dei gratiam domus vestra pollet, tum pro Karitate qua munificentius præfulget. Ea propter ecclesiam quæ noviter constructa est apud *Longoessa* vobis concedimus, quatinus in ea habeatis id juris et beneficii, quod prius habebatis in ecclesia ipsius villæ antiquiori, salvo jure pontificali et parochiali. Antiquiorem quoque ecclesiam, si causa orationis et devotionis divinæ conservare volueritis, similiter concedimus ut retineatis.

Hoc autem factum est coram archidiaconis et canonicis et clericis nostris Rothomagi.

(Extrait du Cartulaire.)

AN 1162.

HUGUE V de Monceaux, qui prit possession de l'abbaye de Saint-Germain en 1162, eut, dès son arrivée, à soutenir un procès contre Simon d'Anet qui prélevait des impôts vexatoires dans les villages de *Dammartin*, de *Longnes* et dans les dépendances du domaine de l'abbaye.

Plainte ayant été portée au roi par l'abbé, la cause fut plaidée en sa présence et devant ses barons, et il fut ordonné que Dammartin et ses dépendances seraient affranchies de toutes ces exactions ; ce qui fut confirmé par le pape Alexandre III, en 1168.

Peu de temps après, Guillaume Louvet d'Ivri déclara à l'abbé Hugue que les droits qu'il avait coutume d'exiger à Dammartin étaient injustes. « Il demandait le pardon de ses fautes, à genoux,
» conjurant la miséricorde de Dieu de l'absoudre;
» ajoutant qu'il était disposé à faire serment
» devant quelque tribunal que ce pût être que
» ni lui ni ses héritiers n'avaient aucun droit
» dans la terre de Dammartin. »

(Dom Bouillart, liv. III.)

Les halles que nous voyons actuellement à Dammartin ont été construites par les moines de Saint-Germain-des-Prés.

AN 1168.

EN 1168, Simon d'Anet, dont nous venons de parler, confirma de nouveau, du consentement de sa femme Isabelle et de son fils Jean, qu'il abandonnait tous les droits qu'il pouvait avoir sur la terre de Dammartin. A la même époque, un nommé Eude, se disant seigneur de Maroles, céda volontairement un bois donné autrefois à l'abbaye par Charlemagne. Ce bois était situé entre Maroles-le-Vieux, Saint-Germain-sous-Montereau et Fresnières.

Hugue fit alors des transactions avec un gentilhomme nommé Jean de *Macy*, qui prétendait tenir certains droits ou coutumes dans les bois d'Antoni, ce que l'abbé Hugue lui refusait.

En présence du roi, Jean de Macy abandonna ses droits, comme le constatent les lettres patentes expédiées en 1168, la trente-deuxième année du règne du roi Louis VII, le Jeune (1137-1180). Le roi signa ces lettres avec Thibauld, *sénéchal;* Guy, *bouteillier;* Mathieu, *chambelland,* et Raoul, *connétable ;* Hugue souscrivit comme *chancelier.* Ces quatre premiers étaient les grands officiers de la couronne, dont la présence était nécessaire pour l'expédition des lettres patentes.

(*Archives de l'Abbaye de Saint-Germain, Pasquier*, page 104. *Bouillart*, liv. III.)

AN 1171.

EN 1171, Robert, comte de Dreux, fils de Louis-le-Gros, frère du roi Louis VII, le premier seigneur de *Chilly*, dispensa l'hôpital de Saint-Germain-des-Prés de payer une redevance annuelle pour les biens que cet établissement possédait à Chilly *(Calliacum)*. Comme seigneur, il avait bâti, en 1185, une chapelle dans son château de Chilly.

(Gallia Christ. T. II, col. 54.)

Son fils Robert, qui mourut le 28 décembre 1219, demeurait souvent à Chilly, et parmi les biens qu'il donna à l'abbaye de Sainte-Geneviève figure la terre de *Conteyn*, à la condition que l'abbaye de Sainte-Geneviève lui céderait les biens qu'elle tenait à Chilly.

(Cartulaire de Sainte-Geneviève, anno 1195.)

Au XIIe siècle, selon l'autorité de Lebœuf, *tome X*, l'abbaye de Saint-Germain avait également dans ce canton de *Longjumeau* (ancien doyenné de Monthléry), des biens à *Ballainvilliers*, venant de Milon, fils de Thibaud Cocherel.

AN 1173.

POUR se décharger des droits de corvée qu'un nommé Gazon de Montreuil pouvait exiger de l'abbaye de Saint-Germain, la communauté donna, en 1173, à Gazon de Montreuil et à sa femme Richilde le droit de prendre, à *Villeneuve-Saint-Georges*, un muid de grain par an.

(*Dubreuil. Antiquités de Paris, pages 10-16.*)

AN 1175.

EN 1175, Rotron, archevêque de Rouen, se trouvant à l'abbaye de Saint-Germain, ratifia la donation que l'un de ses prédécesseurs, Hugue, avait faite, en 1160, de l'ancienne et de la nouvelle église de *Longuesse* avec les dîmes et autres possessions. Par cet acte, Rotron donne également à l'abbé de Saint-Germain, Hugue V de Monceaux, l'église de *Saint-Martin-de-Villers-en-Arthies*, mentionnée plus haut, à la condition que les prêtres ou curés chargés de desservir ces églises lui seront présentés pour recevoir la collation de leurs bénéfices.

Lettre de Rotron, archevêque de Rouen.

Rotroldus Dei gratia Rothomagensis archiepiscopus dilectissimo in Christo fratri et amico Hugoni venerabili abbati sancti Germani Parisiensis et successoribus ejus et conventui in perpetuum. Ea quæ prædecessor noster venerabilis memoriæ Hugo instituit et sua auctoritate confirmavit, nosque justa et a ratione minime exorbitantia esse cognoscimus, auctoritate quæ præeminemus, confirmamus et rata esse volumus. Inde est quod tibi, in Domino dilecte Hugo abbas sancti Germani Parisiensis, rescriptum confirmationis jam dicti prædecessoris nostri et intuitu devotionis quam erga nos et ecclesiam nostram habere dinosceris, tibi et ecclesiæ tuæ donavimus et concedimus ecclesiam noviter ædificatam apud *Longuessa* cum veteri ecclesia, ut eas libere et quiete cum decimis et beneficiis et possessionibus et aliis omnibus ad ipsas pertinentibus jure stabili futuris temporibus teneatis. Id præsertim significantes, ut præsentationes presbiterorum et ipsorum positiones in ecclesia sancti *Martini de Villers* et in ecclesia de *Longuessa* ad nostram voluntatem et arbitrium nostra omnimoda reconfirmatione a modo et in sempiternum pertinere cognoscantur. Statuimus autem ut nulli omnino hominum liceat beneficia illarum ecclesiarum imminuere vel auferre, cum aliqua vexatione perturbare, aut hanc paginam nostræ confirmationis infringere. Quicquid etiam in posterum justis quibusque modis in ecclesiis jam dictis per vos poterit adipisci ratum et illibatum permaneat. Salvo in omnibus jure pontificali et parochiali. Quæ ut rata maneant, præsentis scripti attestatione et sigilli nostri impressione confirmati mandavimus.

Præsentibus et attestantibus filiis nostris Roberto de Novo burgo, Magistro Rainaldo, Amisio Rothomagensis ecclesiæ archidiacono, Roberto Capellano de sancto Walerico, Magistro Thoma, Magistro Rogerio de Warvino, canonis nostris.

Actum Parisiis apud sanctum Germanum, anno Incarnati Verbi millesimo centesimo septuagesimo quinto.

> (*Cartulaire de Saint-Germain.* — *Pièces justificatives*, 1re *partie.* — *Preuve LIX. Dom. J. Bouillart.*)

AN 1176.

EN 1176, Maurice de Sully venait de donner à l'abbaye de Saint-Germain-des-Prés l'église de Thiais (Seine), et le Pape Alexandre III confirmait cette donation par une bulle, qui était suivie d'une autre lettre établissant, pour la seconde fois, tous les privilèges de l'abbaye et tous les bénéfices auxquels elle avait droit de présentation. Cette bulle mentionne neuf évêchés, mais nous ne citerons dans cette confirmation de privilèges que les pays nous concernant :

Dans l'évêché de Sens : les églises de Maroles et le Vieux-Maroles.

Dans le diocèse de Paris : les églises de Villeneuve-Saint-Georges, Crône, Valenton, Paray, Verrières, Avrainville.

Dans l'évêché de Chartres : les églises de Sainte-Madeleine de Montchauvet, Dammartin, Lognes, Neauflette, Septeuil.

Dans l'évêché de Rouen : les églises de Saint-Martin de Villers-en-Arthies et de Longuesse.

Cette bulle du Pape Alexandre III est datée d'Agnani, le dix-sept des Calendes de Décembre, indiction X, l'an 1177. Quatorze cardinaux signèrent ce document.

Lebœuf *(treizième partie, p. 44)* nous confirme qu'en 1177, la cure de Valenton était à la présentation de Saint-Germain-des-Prés, et que le Pape Alexandre III donna à l'abbaye la possession de cette église.

Extrait de la Bulle du Pape Alexandre III.

Alexander episcopus servus servorum Dei dilectis filiis Hugoni abbati sancti Germani Parisiensis ejusque fratribus tam præsentibus quam futuris regularem vitam professis, in perpetuum.....

... Statuentes ut quascumque possessiones, quæcumque bona idem monasterium in præsentiarum juste et canonice possidet, aut in futurum concessione pontificum, largitione Regum vel principum, oblatione fidelium, seu aliis justis modis præstante Domino poterit adipisci, firma vobis vestrisque successoribus et illibata permaneant. In quibus hæc propriis duximus exprimenda vocabulis. In episcopatu Senonensi ecclesiam de *Matriolis*..... ecclesiam sancti Petri de veteribus *Matriolis*.

In episcopatu Parisiensi ecclesiam *Villæ-Novæ*, ecclesiam de *Crona*, ecclesiam de *Valentone*, ecclesiam de Theodasia, ecclesiam de *Pirodio*, ecclesiam de Antoniaci, ecclesiam de *Verrariis*, ecclesiam de *Avrenvilla*, ecclesiam de Surisnis.

In episcopatu Carnotensi ecclesiam sanctæ Mariæ Magdalenæ de *Monte-Cavulo*, ecclesiam *Domini Martini*, ecclesiam Laoniarum, ecclesiam de *Neelfleta*, ecclesias de *Septulia*.

In episcopatu Rothomagensi ecclesiam de *Villers*, ecclesiam de *Longuessa*...

... Decrevimus ergo ut nulli omnino hominum liceat præfatum monasterium temere perturbare, aut ejus possessiones auferre, vel abbatas retinere, minuere seu quibuslibet vexationibus fatigare, sed illibata omnia et integra conserventur, eorum pro quorum gubernatione et sustentatione concessa sunt usibus omnimodis profutura, salva sedis apostolicæ auctoritate...

(Suivent les signatures des cardinaux.)

. . . .

Datum Anagniæ per manum Gratiani sanctæ Romanæ ecclesiæ subdiaconi et notarii decimo septimo Calendas Decembris, indicatione decima, incarnationis Dominicæ anno millesimo centesimo septuagesimo septimo, Pontificatus vero Domini Alexandri Papæ tertii anno decimo octavo.

(*Pièces justificatives*, 1ʳᵉ *partie, page XLV, Bouillart.*)

AN 1176.

FIEFS MOUVANT

de l'Abbaye de Saint-Germain-des-Prés.

ISTA SUNT FEODA ECCLESIE BEATI GERMANI QUE DE JURE DEBENT TENERE AB ECCLESIA HII QUORUM NOMINA SUBSCRIBUNTUR (CIRCA 1176).

1. *In episcopatu Xanctonensi, Willelmus de Rupe tenet castrum Joenziacum vocatum.* (Jonzac.)

2. *Comes de Monteforti tenet ab ecclesia castrum nuncupatum* Beines, *et feodum et dominium, cum decima de* Chasneio *et quecumque Robertus Chastiau, Rainaldus Chanpania, Willelmus de* Monsteriolo (Montreuil) *habent apud* Grinum (Grignon), *salvis decimis nostris.*

3. *Radulfus de Toeni tenet ab ecclesia castrum vocatum Nongentum Erenberti et feoda.* (Tosny (Eure), Nogent-le-Roi (Eure-et-Loir).

4. *Nivardus de Septulia molendinum de Valle Baien et tensamentum avene de Chasneio* (1).

5. *Petrus de Manlia quinque solidos in festo Sancti Germani et quinque in festo sancti Remigii* (2).

6. *Hugo Pilet quicquid habet apud Laorcines juxta Sanctum Marcellum* (3).

7. *Fulco Marmeriaus ij modios frumenti et ij^{os} avene secundum mensuram Montis Calvuli et xx cappones* (4).

8. *In episcopatu Parisiensi, Guido de Caprosa terram de Chaneveriis juxta Neophilam et ea que Manesses Cadaver tenet ab eo apud Leviis* (5).

9. *Hugo de Sancto Eudone tenet ab ecclesia similiter vj modios avene apud Bonum Vilare* (6).

---

1. Septeuil; Vauboyen, comm. de Bièvres; le Chesnay (?) (Seine-et-Oise).

2. Maule (Seine-et-Oise).

3. Lourcines et Saint-Marcel, localités comprises aujourd'hui dans Paris.

4. Montchauvet (Seine-et-Oise).

5. Chevreuse; Chenevières, comm. de Jouars-Pontchartrain; Lévy-Saint-Nom (Seine-et-Oise).

6. Saint-Yon; Bonvilliers, comm. de Morigny (Seine-et-Oise).

10. *Vicecomes Castrensis ea que dominus de Ville Moisum tenet ab eo apud Theodasium et Choisi, sicut Dodo de Attiis tenet de domino de Villemoysum, et ea que habet in nemore de Avrenvilla, et ea que Thomas Caromacra tenet ab eo* (1).

11. *Galdricus de Chatenvilla quinque solidos apud Broilum et terram apud Pirodium quam Radulfus tenet* (2).

12. *Hugo de Baston molendinationem de Avrenvilla et usuarium in nemore ad corpus molendini reficiendum* (3).

13. *Paganus Tasellus terram apud Avrenvillam et apud Pirodium* (4).

14. *Thomas de Castris villam quamdam que vocatur Viller et quicquid habet in molendino de Brolio* (5).

15. *Garinus de Guillervilla villam Perrox vocatam* (6).

16. *Teobaldus de Balisi ea que habet apud Spinoilum* (7).

17. *Vicecomes de Corboilo v solidos et unum salmonem* (8).

18. *Galerannus Panerius x solidos in censibus Ville Nove* (9).

19. *Ansellus de Paris* — Ferris — *quinque solidos et unum salmonem* (10).

---

1. Châtres, auj. Arpajon ; Villemoisson-sur-Orge (Seine-et-Oise) ; Thiais, Choisy-le-Roi (Seine) ; Athis, comm. d'Athis-Mons ; Avrainville (Seine-et-Oise).

2. Cheptainville ; le Breuil, comm. d'Epinay-sur-Orge ; Paray (Seine-et-Oise).

3. Avrainville (Seine-et-Oise).

4. Avrainville, Paray (Seine-et-Oise).

5. Châtres, auj. Arpajon ; Villiers-sur-Orge ; le Breuil, comm. d'Epinay-sur-Orge (Seine-et-Oise).

6. Guillerville, comm. de Linas ; le Perray, comm. de Sainte-Geneviève-des-Bois (Seine-et-Oise).

7. Balizy, comm. de Longjumeau ; Epinay-sur-Orge (Seine-et-Oise).

8. Corbeil (Seine-et-Oise).

9. Villeneuve-Saint-Georges (Seine-et-Oise).

10. Ferry, dont le nom figure dans le ms. au-dessus de la ligne comme celui du successeur d'Anseau de Paris, n'est autre que Ferry de Paris, conseiller du roi Louis VII, sur lequel on peut consulter le *Bulletin de la Société de l'Histoire de Paris*, 1879, p. 141 et 143, ainsi que Luchaire, *Histoire des institutions monarchiques de la France sous les premiers Capétiens*, t. II, p. 304.

20. *Hugo de Valentone quicquid habet apud Villam Novam et Valenton nisi censualiter teneat et est homo ligius* (1).

21. *Landricus de Villa Nova torcular suum et porprisiam suam* (2).

22. *Petrus, filius ejus, domum Galterii Malferas et proprisiam suam.*

23. *Petrus de Monterel hoc quod habet in vico Sancti Benedicti et in vico Sancti Sererini* (3).

24. *Hugo Bibens hoc quod habet in parrochia de Theodasio* (4).

25. *Ferricus de Theodasio hoc quod habet apud Theodasium, Villam Novam et Villam Judeam, et est homo ligius* (5).

26. *Jordanus, frater ejus, hoc quod habet apud Theodasium et Pirodium, et est homo ligius* (6).

27. *Ansellus hoc quod habet apud Pirodium* (7).

28. *Ansellus de Briueriis hoc quod habet apud Campum Renintru et Catiquantum* (8).

29. *Johannes de Maci Mulniaus, et Anbleviler, et Broilum et feodum Roberti de Sancto Mederico apud Vanvas* (9).

30. *Guido Boissellus x modios vini.*

31. *Odo de Gif x modios vini apud Antoniacum* (10).

32. *Hugo de Bullis iij modios avene ad parvam minam apud Antoniacum* (11).

---

1. Valenton, Villeneuve-Saint-Georges (Seine-et-Oise).
2. Villeneuve-Saint-Georges (Seine-et-Oise).
3. Montreuil, comm. de Versailles (Seine-et-Oise), ou Montreuil-sous-Bois (Seine). La rue Saint-Benoît, maintenant comprise dans la rue St-Jacques et la rue St-Séverin, à Paris.
4. Thiais (Seine).
5. Thiais (Seine) ; Villeneuve-Saint-Georges (Seine-et-Oise) ; Villejuif (Seine).
6. Thiais (Seine) ; Paray (Seine-et-Oise).
7. Paray (Seine-et-Oise).
8. Bruyères-le-Châtel ; Charaintru, comm. d'Epinay-sur-Orge ; Cachan, comm. d'Arcueil (Seine).
9. Massy ; Migneaux et Amblainvilliers, comm. de Verrières-le-Buisson ; le Breuil, comm. d'Epinay-sur-Orge (Seine-et-Oise); Vanves (Seine).
10. Gif (Seine-et-Oise) ; Antony (Seine).
11. Bulles (Oise) ; Antony (Seine).

33. *Bucchardus Veltrio quicquid habet apud Yssiacum et Meldunum, et que ibi tenentur ab eo, exceptis his que de Hugone de Bullis tenet, et que Petrus de Parvo Ponte tenebat ab eo apud Banneola* (1).

34. *Willelmus Veltrio frumentum et consuetudines quas Odo, burgensis parisiensis, habet ab eo apud Villam Novam Regis, et iij*es *solidos apud Antoniacum, et ij solidos et dimidium in hac villa, et feodum Eustachii de Bivera, de domo sua de Monte* (2).

35. *Ammalricus de Melduno furnum de Melduno* (3).

36. *Ferricus de Issyaco vij arpennos terre apud Issyacum* (4).

37. *Petrus de Issyaco terram apud Issiacum* (5).

38. *Johannes, filius Petri Girboldi, quicquid habet apud Issyacum, excepto hoc quod tenet de Buccardo Veltrione.*

39. *Hugo de Forcuissa hoc quod Matheus de Chastenai et Bartholomeus tenent ab eo apud Filio (li) curtem et Sanctum Leodegarium, et insulam de Spinosa* (6).

40. *Harcherius quicquid habet in hac villa et que Matheus Bufez in eadem tenet ab eo, et culturam Galterii, exceptis his que tenent a nobis ad censum.*

41. *Willelmus de Sancto Germano domum suam hujus ville et molendinum de Caticanto, et est homo ligius* (7).

42. *Hugo de Calvo Monte castellulum de Parvo Ponte, et burgum circa, et ea que habet apud Caticantum, et medietatem nemoris de Jardiis, et xxx solidos die festo sancti Germani, et ea que tenet ab eo Ammalricus de Melduno apud Meldunum, et Plexeium quod Hugo tenet de eo, et feoda que tenent apud Yssiacum Hugo et Gerbertus, et pratum insule Sequane, et terciam partem usuarii in terra insule que est juxta pratum, et feodum*

---

1. Issy (Seine); Meudon (Seine-et-Oise); Bulles (Oise); Petit-Pont, à Paris, au sud de la Cité; Bagneux (Seine).

2. Villeneuve-le-Roi (Seine-et-Oise); Antony (Seine); Bièvres; Mons, comm. d'Athis (Seine-et-Oise).

3. Meudon (Seine-et-Oise).

4-5. Issy (Seine-et-Oise).

6. Châtenay (Seine) ou Châtenay (Seine-et-Oise); Filliancourt, hameau englobé par la ville de Saint-Germain-en-Laye; Saint-Léger, auj. les Fonds-Saint-Léger, comm. de Saint-Germain-en-Laye (Seine-et-Oise).

7. Saint-Germain-des-Prés. Cachan, comm. d'Arcueil (Seine).

Anselli de Ivriaco quod est apud Antoniacum, et ea que Ivo de Villoflen tenet ab eo et Bucardus de Chastenai tenet de Ivone et est apud Antoniacum (1).

43. *Teobaldus Dives ea que habet apud Laorcines juxta Sanctum Marcellum* (2).

44. *Manasses Cadaver : Parriniacum cum adjacentiis, et quicquid Teodericus de Parreni habet apud Villam Judeam, et duos burgenses apud Corbolium et Ororium Repositum, et quicquid ipse Manasses habet apud Maciacum et Villam Haymonis, et quicquid Simon frater suus, Johannes de Maciaco, Petrus de Munellis, Bucchardus Veltrio, Guido de Cella, Stephanus de Berner, Beroudus de Bordiaus et alii plures tenent ab eo, et villam que vocatur Voysina quam Symon frater suus tenet ab eo, et aliam villam que vocatur Vilers juxta Gornacum, et in Bria feodum Gisleberti de Bello Videre et altera iiij^{or} feoda* (3).

45. *Bucchardus de Saviniaco terram et prata apud Saviniacum* (4).

46. *Johannes de Versailes unum furnum in Judearia qui vocatur Basez, et tres talamos ad tres solidos censuales, et iij*

---

1. Chaumont-en-Vexin (Oise) ; le Petit-Châtelet, à Paris ; Cachan, comm. d'Arcueil (Seine); les Jardies, comm. de Sèvres; Meudon (Seine-et-Oise) ; le Plessis-Piquet, Issy-sur-Seine, Ivry-sur-Seine, Antony (Seine) ; Viroflay (Seine-et-Oise) ; Châtenay (Seine). — Cet Hugues de Chaumont, possesseur du châtelet de Petit-Pont, ne doit pas être distingué sans doute du personnage de même nom qui fonda en 1170 l'abbaye de Gomerfontaine, au diocèse de Rouen, et vivait encore en 1210 (cf. Anselme, *Histoire généalogique de la maison de France*, t. VI, p. 42).

2. Lourçines et Saint-Marcel, lieux englobés anjourd'hui dans Paris.

3. Périgny (Seine-et-Oise) ; Villejuif (Seine) ; Corbeil (Seine-et-Oise) ; Ozouer-le-Repos (Seine-et-Marne) ; Massy (Seine-et-Oise) ; Villehémon, village disparu, comm. d'Antony (Seine) ; Migneaux, comm. de Verrières-le-Buisson (Seine-et-Oise) ; Voisine, comm. de Clairfontaine (?) ; Villiers-sur-Marne (Seine-et-Marne) ; la Brie, région naturelle comprise entre la Marne et la Seine.

4. Savigny-sur-Orge (Seine-et-Oise).

solidos de censu, et unum molendinum nomine Bogerial en Mibraii (1).

47. *Johannes de Corcellis quicquid Ivo et Garinus Ferrum Asini tenent ab eo juxta Antoniacum, et hoc quod Garinus Ferrum Asini tenet ab eo apud Rodolium et villam que vocatur Limons que Willelmus filius ejusdem Garini tenet ad censum iij solidorum* (2).

48. *Stephanus Palmerius quicquid habet apud Antoniacum, nisi censualiter teneat* (3).

49. *Gaufridus de Orceio hoc quod jamdictus Stephanus tenebat ab eo apud Antoniacum* (4).

50. *Bucchardus de Hanemont quicquid habet apud Antoniacum, et domum quam Evrardus de Berner tenet ab eo* (5).

51. *Crispinus de Antoniaco terram apud Antoniacum* (6).

52. *Gaucherius de Marivas quicquid habet apud Theodasium et Cheosi, et quicquid alii ibi tenent ab eo* (7).

53. *Ferricus de Corbolio ij modios bladi in grangia nostra Ville Nove ad parvam mensuram ejusdem ville* (8).

54. *Willelmus Marmerellus unam vineam apud Villam Novam, et quicquid habet apud Theodasium, nisi censualiter teneat* (9).

55. *Radulfus (li Granz) de Marli feodum unum apud Marli* (10).

---

1. Versailles (Seine-et-Oise) ; la Juiverie, l'une des anciennes voies principales de la Cité ; Mibray, localité du vieux Paris située sur la rive droite de la Seine, au bas de la rue Saint Martin actuelle.

2. Antony (Seine), Rueil ; Limon, comm. de Vauhalland (Seine-et-Oise).

3. Antony (Seine).

4. Orsay (Seine-et-Oise) ; Antony (Seine).

5. Hennemont, comm. de Saint-Germain-en-Laye (Seine-et-Oise) ; Antony (Seine).

6. Antony (Seine).

7. Marivaux, comm. de Janvry (Seine-et-Oise) ; Thiais, Choisy-le-Roi (Seine).

8. Corbeil, Villeneuve-Saint-Georges (Seine-et-Oise).

9. Villeneuve-Saint-Georges (Seine-et-Oise) ; Thiais (Seine).

10. Marly-le-Roi (Seine-et-Oise).

56. *In episcopatu Meldensi, Symon de Colli quicquid habet in eadem villa et quic(quid) alii ibi tenent ab eo, et custodiam* (1).

57. *Apud Nongentum vicecomitatum quem Johannes tenet ab ecclesia, et est homo ligius, et hoc quod alii tenent ab eo* (2).

58. *Et homo qui vocatur Tuebof quandam terram.*

59. *Vicecomes Senonensis iiij^{or} libras quas Galterius de Montchaven tenet de eo, et Monteniacum villam, et ea que illi de Montiniaco habent apud Sorgas* (3).

60. *Gaufridus li Ferlés molendina sua de Mosteriolo, et virgultum, et nemus de Forgiis, et census de Mareschiis ubi partitur cum Sancto Germano, et medietatem caducorum que ad nos pertinent super hominibus de corpore qui mansionarii sunt in burgo Sequane apud Monsteriolum* (4).

61. *Freherius de Monsteriolo xx solidos quos Herbertus Taphet tenet ab eo, et xij solidos quos Fania tenet ab ipso, et v solidos quos Stephanus Sirons tenet de eo, et quinque solidos quos Adam de Cellis tenebat ab ipso* (5).

62. *Gauterius Cornutus quicquid habet apud Matriolas et que alii tenent ibi ab eo, exceptis corporibus hominum ; et omnes decimas, exceptis his que in dominio habet ecclesia ; et feodum Evrardi de Mortuo Mari, et feodum Damberti, et feodum Willelmi Mali Monachi, et feodum Herberti Taphet, et feodum Hugonis de Pontloe, et feodum Erenburgis, et feodum Rollandi Majoris, et feodum Gaufridi Pennelin, et feodum Maynardi Felfunet, et feodum Stephani Ceci, et quicquid habet apud*

---

1. Couilly, au diocèse de Meaux (Seine-et-Marne).

2. Nogent-l'Artaud (?) (Aisne).

3. Sens (Yonne) ; Montigny-sur-Loing ; Sorques, comm. de Montigny-sur-Loing (Seine-et-Marne). Le vicomte de Sens dont il est ici question est très probablement Galeran, qui tint la vicomté, du chef de sa femme Ermessent, à partir de 1168 et qui vivait encore en 1184 (Lecoy de la Marche, *Les Coutumes et les péages de Sens* dans la *Bibliothèque de l'Ecole des chartes*, t. XXVII, p. 268.)

4. Montereau-fault-Yonne ; Forges, les Marais, comm. de Vernou ; le bourg de Seine, à Montereau-fault-Yonne (Seine-et-Marne).

5. Montereau-fault-Yonne ; Celles, auj. la Grande-Paroisse (Seine-et-Marne).

Sanctum Germanum in terra et in aqua in dominio (1).

63. *Evrardus de Mortuo Mari feodum de Moteus, et feodum quod Gontellus tenet ab eo* (2).

64. *Guntelmus tenet ab ecclesia suum molendinum de Matriolis* (3).

65. *Iterius de Malo Nido corvadas de Malo Nido* (4).

66. *Godefridus de Palai quicquid alii terent ab eo apud Monmacho, et x solidos et iij obolas quos monachi de Cones tenent ab eo* (5).

67. *Guido clericus de Miliduno quicquid habet apud Pringi, et apud Bosanville, et quicquid Ludovicus nepos suus tenet ab eo* (6).

68. *Siguinus Canbitor de Stanpis quicquid habet apud Bonum Vilare et Rovreoi* (7).

69. *Rollandus de Matriolis, Joisedé cognomine, terram apud Matriolas* (8).

Feoda que ad nos pertinent pro emptione Samesioli (9).

70. *Stephanus de Avons tenet a nobis medietatem nemoris Gauterii et medietatem molendini de Valevain, et tres culturas apud Valevain, et feodum Stephani Grangen* (10).

71. *Herveus Forestarius tenet a nobis duas partes terre apua Valevain a dextra et sinistra parte rivi, cum labitur et decidit in Sequana* (11).

---

1. Marolles-sur-Seine, Saint-Germain-Laval (Seine-et-Marne).
2. Motteux, comm. de Marolles-sur-Seine (Seine-et-Marne).
3. Marolles-sur-Seine (Seine-et-Marne).
4. Maulny-le-Repos, comm. de Bagneaux (Yonne).
5. Montmachoux (Seine-et-Marne).
6. Melun, Pringy (Seine-et-Marne). — Ce Guy de Melun, clerc, oncle de Louis Ier, vicomte de Melun, ne figure pas dans la généalogie de la maison de Melun, du P. Anselme (*Histoire généalogique de la maison de France*, t. V, p. 222).
7. Etampes ; Bonvilliers, comm. de Morigny (Seine-et-Oise).
8. Marolles-sur-Seine (Seine-et-Marne). — Les mots *Joisedé cognomine* ont été écrits au-dessus de la ligne.
9. Samoreau (Seine-et-Marne).
10. Avon ; Valvins, comm. d'Avon, de Samois et de Samoreau (Seine-et-Marne).
11. Valvins, com. d'Avon, de Samois et de Samoreau (S.-et-M.)

72. *Hugo de Brocea iij solidos de censu* (1).

73. *Harduinus quicquid habet apud Samesiolum* (2).

74. *Stephanus Grangia quadrantem nemoris de Samesolio, quem soror sua tenet ab eo* (3).

75. *Joffredus Pooz habet in Avreinvilla terciam partem quinque consuetudinum, terciam partem tallie trium hospitum (in festo sancti Remigii xviij denarios census; in Natali Domini xiiij denarios; in festo sancte Marie in marcio vj solidos; in festo sancte Marie in augusto vj denarios vivente Ansello majore, eo mortuo xviij denarios), terciam partem duorum sextariorum avene quando terre que debent illam consuetudinem fructificant, duos sextaria bladi pro campi parte, sextum denarium quando nemus venditur* (4).

Polyptyque de l'Abbaye de Saint-Germain-des-Prés, rédigé au temps d'Irminon, par A. Longnon, p. 224-230.

AN 1186.

Foulques avait été élu, en 1182, abbé de Saint-Germain ; comme il voulait jouir en paix des droits et privilèges de l'abbaye, il transigea, en 1186, avec Jean, sire de *Breval*, au sujet de plusieurs droits qu'il prétendait avoir sur la terre de *Dammartin* et termina un procès onéreux. Le seigneur de Breval fit un abandon complet de ses droits, et l'abbé Foulques, en signe de parfaite réconciliation, lui donna volontairement la somme de treize livres parisis de rente, à condition qu'il les tiendrait en fief de son abbaye, sans pouvoir les aliéner.

---

1. La Brosse, comm. de la Brosse-Montceaux (Seine-et-Marne).
2-3. Samoreau (Seine-et-Marne).
4. Avrainville (Seine-et-Oise).

Philippe-Auguste, ayant, dans la suite, réuni à son domaine la terre de Breval, déchargea, en 1192, les religieux de Saint-Germain de payer en entier cette redevance et réduisit la somme à trois livres, à condition qu'ils célébreraient, tous les ans, un service pour le roi Louis VII, son père, et un autre pour lui après sa mort. Jean de Vernon, trésorier de l'abbaye, racheta cette redevance de trois livres, du temps de Robert IV, abbé de Saint-Germain, en 1192.

Sous Philippe-Auguste (1180 à 1223), nous trouvons la confirmation de la vente faite par le comte de Dreux à Robert, abbé de Saint-Germain, de la voierie de *Paray* (près Wissons) et de Fresnes-les-Rungis.

(*Lebœuf*, t. X, p. 74.)

AN 1191.

SOUS l'abbé Foulques, eut lieu l'érection de la paroisse du *Chesnay*. Les habitants du Chesnay, dépendant de l'abbaye de Saint-Germain, n'avaient point d'église dans leur village et étaient obligés d'aller entendre le service divin dans l'église de *Saint-Antoine-du-Buisson*, assez éloignée et bâtie sur une terre appartenant aux chanoines de Saint-Benoît de Paris. Comme cette distance les incommodait, ils demandèrent à Foulques la permission de construire une église et de la dédier à saint Germain de Paris, vocable qu'elle conserve encore de nos jours. Non seulement Foulques accorda cette autorisation, mais il donna même une place. En outre, pour ne pas faire tort aux chanoines de Saint-Benoît, Foulques leur accorda, dans cette église du Chesnay, les mêmes droits qu'ils avaient dans celle de Saint-Antoine-du-Buisson.

(Chronique de du Breul.)

AN 1192.

EN 1192, l'abbé Foulques fit une transaction avec l'abbé de Saint-Jean de Sens, au sujet du droit de sépulture dans le cimetière de *Saint-Georges-de-Maroles*, près d'Avrainville. L'église de Maroles est restée sous ce vocable de saint Georges. Le différend durant depuis fort longtemps, on s'en rapporta au jugement d'Hugue, abbé de Saint-Denis, et de quelques autres personnes sages et éclairées. Il fut conclu que l'abbé de Saint-Jean de Sens, du consentement de son Chapitre, céderait, pour toujours, à celui de Saint-Germain les dîmes de Baigneaux, et que Foulques abandonnerait à l'abbé de Saint-Jean de Sens les dîmes de Voisines. Quant au droit de sépulture, il fut réglé que les gentilshommes de Maroles et leurs domestiques seraient enterrés dans le cimetière de Saint-Georges et les autres dans le cimetière de Saint-Germain de Maroles.

AN 1200.

Sous Robert IV, abbé de Saint-Germain, le roi Philippe-Auguste confirma, en 1200, la donation que Geoffroy Curial de Senlis, gentilhomme de sa chambre, avait faite à l'abbaye de la moitié de sa grange du *Breuil*, écart d'*Epinay-sur-Orge*, et la vente de l'autre moitié, moyennant la somme de quatre cent trente-et-une livres parisis. Le roi confirma encore deux acquisitions que l'abbé Robert avait faites : la voierie de *Paray*, près Wissous, que le comte de Dreux lui avait vendue avec tout ce qu'il possédait au même lieu, et la voierie et gruerie des bois d'Emant, que Gilon de Flagy tenait en fief mouvant du roi.

En outre, le roi rappelle la transaction faite avec Louis VII et Amaury de Montfort pour la terre de *Montchauvet*, l'abandon des droits que Jean de *Macy* prétendait avoir dans les bois d'Antoni, l'accord fait entre l'abbé Hugue et Simon d'Anet touchant les exactions exorbitantes que celui-ci prélevait à Dammartin et dans ses dépendances, la cession de la voierie d'*Avrainville* faite à l'abbaye par Geoffroy Pooz, du consentement de Voisine, sa femme, et de ses enfants.

Ce même Geoffroy Pooz est cité dans le *Rolle des Feudataires de Monthléry* pour les différents biens qu'il possédait à *Avrainville*, biens distincts de ceux qu'il tenait de l'abbé de Saint-Germain-des-Prés. C'est pour cette raison qu'il est appelé homme-lige du roi et qu'il est obligé de *fournir la garde*, durant deux mois, à Monthléry.

Charte de Philippe-Auguste, roi de France.

In nomine sanctæ et individuæ Trinitatis. Amen.

Philippus Dei gratia Francorum Rex. Noverint præsentes pariter et futuri, quod Gaufridus Curialis miles de Silvanectis dedit in elemosinam abbati et ecclesiæ sancti Germani de Pratis medietatem grangiæ suæ et medietatem omnium eorum coram quæ sunt infra ambitum fossatorum, quæ Grangia est in potestate *Brolii*. Dedit etiam in elemosinam eidem ecclesiæ quicquid ipse tenet tam ab aliis quam ab abbate quod ad grangiam noscitur pertinere ; tali tenore quod si donatio ista non valeret quintam partem totius, idem Gaufridus necesse haberet perficere de aliis quæ ipse de eadem ecclesia tenet. Cætera omnia quæ Grangiam supradictam pertinent vendidit idem Gaufridus abbati ecclesiæ beati Germani pro quatuor censum et triginta una libris Parisiensis monetæ. Ita quod idem abbas et successores ipsius tam elemosinam quam omnia alia in perpetuum libere et quiete possidebunt. Prædictus autem Gaufridus super hiis omnibus rectam garandiam eidem abbati et ecclesiæ se daturum promisit in præsentia nostra. Nos vero ad petitionem hujus Gaufridi hujusmodi elemosinam et venditionem concedimus et laudamus et prædictæ ecclesiæ beati Germani de Pratis auctoritate regiâ confirmamus. Quod ut ratum firmumque permaneat, sigilli nostri munimine, et regii nominis karactere inferius annotato præsentem paginam præcepimus robari.

Actum Parisiis anno gratiæ millesimo ducentesimo, regni nostri anno vigesimo primo, astantibus in palatio nostro quorum nomina supposita sunt et signa.

Dapifero nullo. Sig. Guidonis Buticularii.

Sig. Mathæi Camerarii. Sig. Droconis Constabularii. Data vacante Cancellaria.

(Tiré du Cartulaire.
Pièces justificatives LXXV.)
D. J. Bouillart.

Au moyen-âge le nom de *Breuil* fut souvent donné à un bois enclos de murs et : *tel que convenablement les grosses bestes s'y puissent retirer.* On disait aussi *Brueil* et Brueille, comme le prouve le châtelain de Coucy par ces vers :

Que ne chanter par Brueille
Oisiax n'au matin n'au soir.

Et Thibaut, roi de Navarre, qui composa à Mantes une grande partie de ses chansons, recommande à tout galant seigneur :

Et chant souvent, comme oiselet en breuil.

AN 1202.

LE trésorier Jean de Vernon, étant devenu, en 1202, abbé de Saint-Germain, reçut de Manassés, archidiacre de Sens, une reconnaissance par laquelle il déclarait que ni lui, ni ses prédécesseurs n'avaient jamais eu aucun droit de procuration ou de gîte dans les villages de *Maroles* et d'Emant. L'archidiacre de Poissy fit la même déclaration pour *Montchauvet*.

AN 1207.

Par des lettres patentes expédiées à Paris, l'an 1207, la vingt-neuvième année de son règne, Philippe-Auguste confirme la vente faite à l'abbaye, par un seigneur, nommé *Robert de Meulan*, de la moitié de l'avouerie du *Chenay* pour une somme de quatre-vingts livres, et de vingt arpents de bois, près d'Antoni, pour une somme de quarante livres.

AN 1208.

Aux *Archives Nationales (L. 780)* se trouve un acte par lequel le Prieur des Lépreux de *Meullant* et ses frères déclarent que, par accord sur un procès entre eux et l'abbaye de Saint-Germain-des-Prés concernant le minage de Meullant, ceux de ladite abbaye seront exempts de payer le droit de minage pour le *bled* de leur cru aux Lépreux, auxquels la dite abbaye a payé 10 livres parisis.

(A. N. L. 1198. N° 28.)

Le traité de Saint-Clair-sur-Epte, dont nous avons parlé, et qui donnait aux pirates du Nord la belle province à laquelle ils ont laissé leur nom, rendit le comté de Meulan à ses légitimes propriétaires ; toutefois, les rois de France y

avaient des biens, puisqu'une charte de 918, de Charles III, le Simple, cède à l'abbaye de Saint-Germain-des-Prés cinq manses situés sur le territoire de Meulan. Mais ces biens furent complètement confisqués à la suite d'une de ces rébellions seigneuriales si communes dans les temps féodaux et dont les monarques n'étaient pas fâchés quand ils étaient assez forts pour en tirer profit. Dans le livre du Frère Joseph, pitancier de l'abbaye, nous trouvons la mention de :
« *XXVI sous de rentes assis à Meullant sur nos maisons.* »

(Cartulaire de la Pitancerie. Arch. Nat. L.L. 1027.)

AN 1209.

Jean de Vernon, abbé de Saint-Germain-des-Prés, fonda, vers l'an 1209, l'église du village de *La Marche*, dépendant de l'abbaye et situé près de *Vaucresson*. Cette église fut dédiée à saint Leu et saint Gilles. Il donna, pour l'entretien du curé, deux muids de froment, un muid de seigle et un muid d'orge, mesure de Saint-Cloud, à prendre dans la grange du *Chenay*.

Les habitants, décimés par les fièvres qu'engendraient les exhalaisons des marais voisins, abandonnèrent La Marche les uns après les autres; cependant, l'église, qui menaçait ruine, fut rebâtie en 1651 et, vers 1681, comme nous le verrons plus loin, la cure fut réunie à Vaucresson.

Le cartulaire de Saint-Germain-des-Prés marque qu'un nommé Renaud donna aussi au curé : un arpent de vigne et six arpents de terre situés à La Marche, à la charge de payer à l'abbaye six deniers de cens avec les dîmes. L'évêque de Paris, Pierre de Nemours, fit dresser un acte par lequel il déclara que l'abbé de Saint-Germain aurait le patronage de cette église et les mêmes droits que dans celle de Surêne, et qu'il ne payerait que la moitié du droit de synode. Cette libéralité de Jean de Vernon fut récompensée par la donation de Pétronille de *Glatigny*, dame de qualité, qui gratifia l'abbaye de Saint-Germain du tiers du bien qu'elle possédait au Chenay, et ne vendit que quarante-cinq livres les deux autres tiers, excepté le fief que Renaud Lers tenait d'elle.

En la même année, 1209, un gentilhomme, nommé Ferric Doison, donna à l'abbaye la cinquième partie des dîmes d'*Epinay-sur-Orge* et vendit les quatre autres pour la même somme de quarante livres. Enfin, le roi déchargea les habitants de *Lognes*, vassaux de l'abbaye, de payer tous les ans deux muids d'avoine à ses officiers.

(*Dom J. Bouillart, liv. III, p. 111*)

Vers cette époque, en 1209, *La Celle-Saint-Cloud* soutint un procès contre l'abbé de Saint-Germain qui exigeait des droits onéreux des hommes relevant de l'abbaye ; mais, grâce à l'intervention de Pierre de Nemours, évêque de

Paris, qui concilia les parties, le procès fut de courte durée.

(*Gall. Christ. Tome VII, p. 87.*)

AN 1211.

EN 1211, l'évêque de Chartres, Renaud, contesta à Jean de Vernon, abbé de Saint-Germain, et à ses religieux le patronage des cures de *Dammartin*, de *Lognes*, de *Neauphlette*, de *Montchauvet* et de *Septeuil*, situées dans son diocèse ; mais l'évêque de Chartres, ayant reconnu que l'abbaye tenait ce droit depuis un temps immémorial, déclara qu'il ne pouvait rien exiger.

Septeuil *(Septulia)*, cité dans la bulle d'Agnani, du Pape Alexandre III (1177), et dans cette transaction passée, en 1211, entre Renaud et Jean de Vernon, avait, au XIIe siècle, deux églises *(ecclesias de Septulia)* relevant de Saint-Germain-des-Prés, et, au XIIIe siècle, une châtellenie, mouvance du marquisat de Maintenon, avec haute, moyenne et basse justice.

AN 1212.

D'UN autre côté, en 1212, Jean de Vernon eut encore un différend avec Jean, archidiacre de Sens, qui réclamait le droit de procuration ou de gîte dans *Maroles* et Emant, dépendances de l'abbaye. Dans la même année, Renaud, évêque de Chartres, cité plus haut, confirma l'abbaye de Saint-Germain dans la possession et le droit de patronage des églises de *Dammartin*, *Lognes*, *Neauphlette*, *Montchauvet* et *Septeuil*.

En cette même année 1212, Jean de Vernon, à la prière de Bouchard, seigneur de Marly, ordonna à son maire du *Chenay* de percevoir *pour lui, seigneur de Marly*, des voituriers passant par le Chesnay, le droit de coutume qui lui appartenait.

(Hist. de Montmorency, p. 397.)

AN 1215.

EN 1215, Robert, seigneur de Bray, et Aavor, sa femme, firent donation à l'abbaye de Saint-Germain de tout ce qu'ils pouvaient prétendre sur quatorze muids de vin blanc, qu'ils prélevaient tous les ans dans l'enclos de *Villeneuve-Saint-Georges*, et sur soixante muids de vin rouge qui leur étaient dus à *Valenton*, se contentant, comme compensation, de cinq cents livres que les religieux de Saint-Germain leur payèrent au mois de Mars.

Cette donation fut faite à la condition que les moines prieraient DIEU pour eux après leur mort, pour Robert, comte de Dreux et de Braine ou

Brie (qui depuis a pris le nom de Brie-comte-Robert), et pour Yolande, leurs père et mère.

Le Pouillé parisien du XIIIe siècle cite alors la possession de l'église de *Villeneuve-Saint-Georges* comme étant à l'abbaye de St-Germain-des-Prés : *De donatione Abbatis Sancti-Germani-de-Pratis Ecclesia de Villa-Nova.*

(*Cartulaire de l'abbaye de Saint Germain.*)

Sur cette quantité de soixante-quatorze muids de vin que Robert, comte de Dreux, avait le droit de prendre tous les ans à *Villeneuve-Saint-Georges* et à *Valenton*, le prince en faisait conduire la moitié dans son château de Brie par les habitants de Brie et à leurs dépens, et l'autre moitié était réservée pour l'hôtel du comte de Dreux, à Paris.

Il n'est plus fait mention des vins de *Villeneuve-Saint-Georges* que dans un titre du 6 septembre 1522, par lequel les religieux de Saint-Germain, malgré le Prévôt des marchands et les Echevins de Paris, ont la faculté de faire venir leur vin du cru de Villeneuve, sans payer le droit de quatre sols par queue.

(*Registre Parl. Histoire de Paris, p. 834.*)

AN 1216

AU mois de septembre 1216, Renaud, évêque de Chartres, abandonna à l'abbaye de Saint-Germain la moitié des legs et des offrandes appartenant à l'église de *Montchauvet* (Mons-Calvulus), et quelques autres droits.

A la même époque, Gervais de *Neauphle* consentit, en faveur de l'abbaye, un désistement du droit de voierie et gruerie qu'il avait dans les bois du *Chenay*.

AN 1218.

EN 1218, Evrard de *Villepreux* fit donation à l'abbaye de Saint-Germain d'un muid de *bled froment* à prendre, tous les ans, sur le moulin de Villepreux. L'abbé Hugue VI, dit de *Flacourt*, acceptant ce legs, le destina à la subsistance du prêtre qui desservait la chapelle de Saint-Michel de Chevaudos (*Œquidorsum*), dépendance de son monastère ; cette chapelle était située dans la forêt de Cuice (*Cruye*), partie des bois de Marly.

Cette même année, Bouchard, sire de *Marly*, voulant imiter la générosité d'Evrard de Villepreux, donna à l'abbaye de Saint-Germain une partie de la forêt de Marly, deux setiers de *bled méteil* et une rente de dix sols. En même temps, Pierre de Marly faisait une fondation pour entretenir une lampe dans la chapelle de Chevaudos.

Trois autres fondations furent faites, bien plus tard, en faveur de cette chapelle :

En 1226, Bouchard ajouta à sa première donation dix sols chartrains de rente sur son revenu de Chartres.

En 1234, Pierre, seigneur de Marly, déclarait qu'il donnait à cette chapelle, *Capellæ de Œquidorso*, un setier d'huile pour l'entretien annuel de la lampe.

En 1286, Thibaud de Marly laissait, par son testament, cinquante sols pour la chapelle de Chevaudos.

(*Gallia Christiana, T. VII, col. 468.*)

AN 1220.

EN 1220, les habitants de *Dammartin* eurent des difficultés avec Gautier, abbé de Saint-Germain-des-Prés, concernant le *droit d'usage* qu'ils prétendaient avoir dans les bois de *Geneauville* (Jumeauville), et sur la *voiturée des bleds* de l'abbaye depuis Dammartin jusqu'à Mantes. Le différend se termina par une transaction stipulant que les religieux prendraient dans les bois les genêts, l'épine noire et blanche, les saules et autres bois nécessaires pour le labour, sans ôter cependant à l'abbé et aux religieux de Saint-Germain la liberté de vendre ces bois et de les faire *essarter* (défricher).

D'autre part, les habitants de Dammartin s'engagèrent de conduire les grains de l'abbaye, depuis Dammartin jusqu'à Mantes, sur les chariots du religieux, prévôt du même lieu, à la condition qu'il leur donnerait du pain et du vin pendant la durée de ce transport. (*Archives et Cartulaire de l'abbaye de Saint-Germain.*)

Le *Procès-Verbal des coutumes de Mante et de Meulan*, mentionné plus haut, au sujet de Guerville, cite, en 1556, le cardinal de Tournon comme seigneur de *Dammartin* et de *Lognes*, dépendant de son abbaye, et nomme également le procureur de ces terres : Nicolas Fleury.

AN 1224.

EN 1224, Eude, prévôt de Saint-Germain-sous-Montereau, fut élu abbé de Saint-Germain-des-Prés, et, aussitôt, il eut un différend avec Guérin de Montaigu, Grand-Maître des Chevaliers hospitaliers de Jérusalem, au sujet de deux maisons et d'une place situées à *Mantes*, dans leur censive. Cette affaire fut portée devant le pape Honorius III qui nomma pour juges : Guillaume Chapelain, doyen de Chartres, et Jean de Pierrefort, chanoine de la même église. Il fut arrêté que ces deux maisons, ainsi que la place, appartiendraient à perpétuité à l'Abbé et aux religieux de Saint-Germain, à la condition qu'ils serviraient une rente annuelle de vingt sols de cens au commandeur de Chartres, et que le droit de justice serait réservé au Grand-Maître.

AN 1230.

EN 1230, Jean et Hugue de Valeri firent don à l'abbé Eude, en faveur de l'église de *Maroles*, d'une *saulçaye*. En même temps, l'abbé

Eude acheta pour Maroles les trois quarts d'une autre saussaie pour le prix de six cents livres et une maison voisine de celle du prieur de Maroles avec un arpent de terre pour la somme de dix livres parisis.

Cette même année, au mois de mai, un accord fut fait entre Guillaume, évêque de Paris, et l'abbé Eude pour fixer les limites du domaine de l'abbaye.

Les arbitres, ayant entendu plusieurs témoins et après une enquête exacte, firent poser en ligne droite : « trois bornes vis-à-vis le village de
» *Sèvre ;* la première fut sur le bord de la Seine,
» au lieu dit : la grande noue d'Etienne Hérou ;
» la seconde au bord opposé et la troisième fut
» plantée au milieu de l'eau. » De sorte que l'espace de la rivière, du côté de Paris jusqu'au petit pont, devait appartenir à l'abbaye, et celui du côté de *Saint-Cloud* restait à l'évêque de Paris.

(Dom Bouillart. Preuves 83, 84, 85.)

Une source, la fontaine Saint-Germain, partant de l'église de *Sèvres* pour se jeter dans la Seine servait de limite à la pêche de l'abbaye de Saint-Germain-des-Prés, et le titre du roi Childebert I (511-558) marque ainsi l'étendue de ce droit : *ubi alveolus veniens Sævaræ precipitat se in flumine.* Le voisinage de la terre de Saint-Cloud fut cause que les évêques de Paris, qui en étaient les seigneurs, cherchèrent à y joindre un moulin situé à Sèvres.

Robert III, abbé de Saint-Germain en 1062, à qui appartenait ce moulin, le céda, avec une terre de Gazy, à Geoffroy, évêque de Paris, en échange de quelques présentations à l'église de *Saint-Cloud*, et, en 1193, sous l'abbatiat de Robert IV, une charte fixa que celui qui tiendrait le moulin de Sèvres fournirait, tous les ans, un muid de méteil dont on ferait une distribution de pain aux pauvres de Saint-Cloud à l'époque de *Carêmprenant*.

(Cartulaire de Saint-Cloud.)

Le Chapitre de la collégiale de Saint-Cloud, qui comparut, en 1556, à la rédaction de la Coutume de Montfort-l'Amaury, comme seigneur de Souplainville, avait pour armes : *Azur à la demi-fleur de lis d'or défaillante à senestre, accostée d'une crosse d'or en pal.*

(Arm. génér. d'Hozier.)

Lettre d'Eude, chanoine de Paris, et de Guillaume, trésorier de Saint-Germain-des-Prés, concernant les limites du domaine de l'abbaye :

In nomine Patris et Filii et Spiritus Sancti. Amen.
Nos magister Odo clericus venerabilis patris Guillemi Dei Gratia Parisiensis episcopi, et frater Guillelmus monachus et thesaurarius sancti Germani de Patris Parisiensis, notum facimus universis præsentes litteras inspecturis, quod nos electi arbitri a prædicto venerabili patre Guillelmo Parisiensi episcopo et parte una et viris religiosis Odone abbate et conventu sancti Germani de Pratis Parisiensis et altera ad inquirendum de finibus et limitatione aquæ ipsius episcopi de *Sancto-Clodoaldo*, et aquæ ipsorum abbatis et conventus qui prope villam, quæ *Separa*

dicitur, sese contingunt et continuant ; facta inquisitione diligenti per testes ab utraque parte nominatos et alias prout melius vidimus expedire de jure utriusque partis, de assensu et voluntate dictarum partium arbitrium nostrum protulimus, et aquas ipsas certis terminis et finibus concorditer limitavimus infra terminum nobis præfixum a partibus ante dictis. A parte siquidem villæ, quæ Separa dicitur metam unam posuimus, ad radicem scilicet illius magnæ nucis, quæ appelatur nux Stephani Heroudi, inter aquam fluminis Sequanæ et nucem ipsam recta linea coaptatam. In ulteriori vero ripa ipsius fluminis aliam metam posuimus directo ordine et recta linea respondentem et respectivam ad illam primam metam. Palum etiam unum figi decrevimus in medio fluminis inter duas metas prædictas directe et linealiter coaptatum. Has autem metas ultro citroque ripam fluminis Sequanæ a nobis pro bono pacis et de assensu partium concorditer positas per nostrum arbitrium decernimus et volumus in perpetuum esse ratas, ut super limitatione seu finibus aquarum ipsarum nulla possit in posterum contentio suboriri.

In cujus rei testimonium et evidentiam præsentes litteras sigillis nostris sigillavimus.

Actum anno Domini 1230, mense Maio.

(Cartulaire de Saint-Germain,
Preuve LXXXIV. Bouillart.)

Lettre de Guillaume, évêque de Paris.

Guillemus permissione divina Paris. ecclesiæ minister indignus universis Christi fidelibus ad quorum notitiam præsentes litteræ provenerint æternam in Domino salutem. Universitati vestræ notum facimus quod cum contentio esset inter nos et una parte, et viros religiosos abbatem et conventum sancti Germani de Pratis Paris. ex altera, super finibus et limitatione aquæ nostræ et aquæ ipsorum abbatis et conventus quæ prope villam, quæ *Separa* dicitur, sese contingunt et continuant, pro bono pacis compromisimus in dilectos filios magistrum Odonem clericum nostrum, et fratrem Guillemum monachum et thesaurarium sancti Germani de pratis Paris. in hunc modum : quod ipsi bona fide inquirerent de plano inquisitione legali per testes ab utraque parte nominatos et etiam alias prout melius viderint expedire, veritatem super terminis aquarum et eas certis terminis et finibus limitarent. Qui post modum facta inquisitione diligenti de consensu et voluntate nostra et ipsorum abbatis et conventus infra præfixum sibi terminum arbitrium suum concorditer protulerunt aquas ipsas certis terminis et finibus limitantes. A parte siquidem villæ, quæ Separa dicitur, posuerunt metam unam ad radicem scilicet illius magnæ nucis, quæ dicitur nux Stephani Heroudi, inter aquam fluminis et nucem ipsam recta linea coaptatam. In ulteriori vero ripa fluminis aliam metam posuerunt directo ordine et recta linea respondentem et respectivam ad illam metam. Palum etiam unum figi decreverunt in medio fluminis inter duas prædictas metas linealiter coaptatum. Has autem metas ultro citroque ripam fluminis Sequanæ ab ipsis arbitris pro bono pacis et consensu partium positas volumus et concedimus in perpetuum esse ratas, ut super terminis seu limitatione aquarum ipsarum nulla possit in posterum contentio suboriri. In cujus rei testimonium et evidentiam præsentes litteras sigillo nostro præcepimus roborari.

Actum anno Domini 1230, mense Maio.

(Extrait du Cartulaire
Recueil des pièces. LXXXV, p. LVI, LVII.
Dom. Bouillart.)

AN 1231.

CETTE année marque les débuts d'une querelle, qui eut de grandes suites, entre les écoliers (clercs) de l'Université de Paris et les habitants du faubourg Saint-Marceau. « Le lundy et le mardy gras, nous dit du Boulay (*Histoire de l'Université*, tome 3, page 132), les écoliers furent se divertir du côté du Faubourg Saint-Marceau, alors séparé de la ville. Etant entrez dans un cabaret, ils burent de bon vin et eurent dispute pour le prix avec le cabaretier. Des paroles, ils en vinrent aux mains... » Pour calmer les esprits, tous les pouvoirs intervinrent, le légat du Saint-Siège ainsi que l'évêque de Paris qui allèrent trouver la Reine Blanche et le Prévôt de Paris. Le pape Grégoire IX, pour pacifier les choses, écrivit au Roi, à l'évêque de Paris, aux chanoines de Saint-Marcel et à Eude, abbé de Saint-Germain, pour les exhorter : « à avoir les mêmes égards pour les écoliers de l'Université que pour leurs vassaux. » Ces troubles interminables firent la réputation du Pré-aux-Clercs, véritable champ de bataille pour les écoliers et les vassaux de l'abbaye.

Malgré ces troubles, l'abbé Eude racheta pour cent livres parisis les dîmes de bled et de vin de *Meudon* que la communauté de Saint-Germain avait aliénées et érigées en fief en considération du seigneur Amaury d'Issy qui les avait cédées à Etienne de Meudon. Ce dernier conserva ce fief pour lui et ses héritiers, à la condition qu'il relèverait de l'abbé de Saint-Germain et, aussitôt, il lui en fit *foy et hommage*.

Le plus ancien seigneur de Meudon (*Meodum*, montagne de sable), le chevalier Erkenbod, est mentionné dans une charte de Maurice de Sully, évêque de Paris, datée de 1180. En 1333, Robert de Meudon était panetier du roi ; son fils Henri exerça, en 1342, les fonctions de grand-veneur. Les biens que ne possédaient pas ces seigneurs dépendaient de l'abbaye de Saint-Germain-des-Prés. L'étang de *Villebon* faisait également partie des propriétés de l'abbaye ; la *grange* située sur les bords de cet étang a été remplacée par un restaurant.

AN 1233.

LES Archives de l'abbaye marquent qu'en 1233, Jean, comte de Mâcon, et Alix, sa femme, seigneurs de *Chilly*, cédèrent aux religieux le droit qu'ils avaient de prendre à *Paray :* quarante-quatre setiers d'avoine, quarante-quatre poules, quarante-quatre pains et quarante-quatre deniers parisis, pour une maison située à Laas près *Saint-André-des-Arcs* (1), à condition qu'elle serait *chargée de douze deniers parisis de cens* envers le trésorier de Saint-Germain, comme étant dans cette censive.

Cette terre fertile de Paray, dont nous avons déjà fait mention en 1152, appartenait, depuis un temps immémorial, à l'abbaye de Saint-Germain-des-Prés. C'était dans ce lieu que les religieux prenaient le pain nécessaire pour leur abbaye, et ils y occupaient une colonie de tra-

---

1. On a voulu faire venir le surnom de cette église des arceaux que formaient ses voûtes, ou encore des arts cultivés dans l'Université.

vailleurs sous le nom de : *Gens de Parée*. Le cadastre actuel de *Villeneuve-le-Roi* rappelle ce souvenir par la désignation de son *Chemin des Meuniers*, allant d'Athis à Orly. Dès le treizième siècle, la présentation à la cure de Paray, *Paradum, Paretum*, appartenait à l'abbaye de Saint-Germain. L'église, qui avait été dédiée à saint Vincent d'Espagne, fut détruite en 1815.

AN 1234.

AU mois de juillet de l'année 1234, l'abbé Eude donna son consentement à Guillaume, évêque de Paris, pour ériger en église paroissiale la chapelle de *Crône*, dépendance de l'abbaye Saint-Germain, en considération des fonds laissés par le seigneur Ferric d'Anet et la comtesse Chrétienne, sa mère. Cette église était une succursale de Villeneuve-Saint-Georges, où l'abbaye avait droit de présentation. L'abbé Eude garda ce même droit sur l'église de Crône avec la faculté d'y recevoir les pains le jour de Saint-Etienne, et la moitié des cierges le jour de la Chandeleur. En même temps, il fut déchargé de contribuer à l'entretien du curé de Crône et d'augmenter son revenu. Raoul, curé de Villeneuve-Saint-Georges, donna son consentement à cette érection, qui fut ratifiée par Jean, archidiacre de Paris.

Lettre de Guillaume, évêque de Paris, relativement à l'érection de la chapelle de Crône en église paroissiale :

Omnibus præsentes litteras inspecturis, Guillermus permissione divina Parisiensis ecclesiæ minister indignus æternam in Domino salutem. Universitati vestræ notum facimus quod in nostra præsentia constitutus dominus Ferricus de Ancto miles assignavit de assensu et voluntate Radulphi presbiter de *Villa-nova-Sancti-Georgi* excutoris testamenti defunctæ Christianæ, dictæ comitissæ quondam aviæ dicti militis ratione quinti hæreditatis ejusdem defunctæ quod ipsa legaverat, volens et petens quod dictus quintus esset in augmentum redditus capellaniæ de *Crona* ut esset matrix ecclesia, si posset fieri ; centum solidos Parisienses annui redditus, videlicet quinquaginta solidos percipiendos annuatim a presbitero de Crona quincumque fuerit vel ejus nuncio in censu suo de Crona in festo sancti Remigii de primis denariis, et sexaginta solidos de primis denariis in dreturis suis de Crona in crastino Natalis Domini ; et de hiis observandis et de faciendo habere dictum redditum ab hospitibus suis terminis supradictis si in solutione deficerent supradictis, si in solutione deficerent supradicta. Item Ferricus fidem in manu nostra præstitit corporalem. Nos vero attendentes quod dicti centum solidi cum aliis redditibus qui dictæ capellaniæ de Crona erant ante hoc assignati, sufficientes essent ad hoc quod ecclesia parrochialis esset de cætero apud Cronam, voluimus et concessimus de assensu et voluntate abbatis ecclesiæ beati Germani de pratis Parisiensis ad quem jus patronatus dictæ ecclesiæ de *Crona* et de *Villa-Nova* pertinet, et de assensu et voluntate Radulphi presbiteri de dicta *Villa-Nova sancti Georgii* martyris infra cujus parrochiæ metas sita erat capellania de Crona, quod capellania de Crona divisa sit de cætero omnino ab ecclesia de Villa-Nova sancti Georgii et quod in perpetuum sit matrix ecclesia ibidem. Salvo in omnibus jure nostro et successorum nostrorum. Salvo etiam in perpetuum ecclesiæ beati Germani de pratis jure patronatus de dicta ecclesia de Crona. Salvis etiam eidem ecclesiæ passibus omnibus sancti Stephani percipiendis in crastino natalis Domini et duabus partibus candelarum in Purificatione beatæ Virginis. Pertinent autem ad dictam ecclesiam de Crona tantummodo parrochiani, in eadem villa commorantes et parrochiani de *Chalendre, Conci* et *Asreles*, dictæ ecclesiæ de Villa-Nova sancti Georgii remanebunt. Omnes autem redditus et vinæ suæ in territorio de Crona, quæ presbiter de Villa-Nova tenebat antea, erunt ecclesiæ de Crona, excepta vinea de *Montcreue* quæ ecclesiæ de Villa-Nova remanebit. Abbatem vero et ecclesiam dictæ ecclesiæ beati Germani ab impetitione augmentationis redditus dictæ ecclesiæ de Crona faciendæ, in perpetuum absolvimus, ita quod per nos vel successores nostros aut subditos dicta ecclesia beati Germani compelli non poterit ad redditum ictæ ecclesiæ de Crona deinceps augmentandum. In cujus rei testimonium præsentes litteras sigilli nostri munimine fecimus roborari.

Actum anno incarnationis Dominicæ millesimo ducentesimo tricesimo quarto, mense Julio.

(Extrait du Cartulaire de St-Germain-des-Prés. Recueil des Pièces. LXXXVI, p. LVI.)

(Dom. Bouillart.)

Ces mots de la lettre de l'évêque de Paris : *Et parochiani de Chalendre, Conci et Asreles dictæ ecclesiæ de Villa-Nova Sancti Georgii remanebunt*, portent une restriction dans l'établissement du curé de Crône et marquent l'étendue de Villeneuve-Saint-Georges à cette époque. Le nom de Chalendre *(Kalendrei, Calendrium)* peut venir de ce qu'aux Calendes de Mars ou de Mai on tenait des assemblées en cet endroit.

Les Pouillés du XIIIe siècle marquent toujours Crône comme étant à la présentation de l'abbaye de Saint-Germain-des-Prés, et citent, comme nous venons de le mentionner dans la lettre de Guillaume, Raoul, premier curé de Villeneuve-Saint-Georges.

AN 1236.

L'ABBÉ Simon, qui succéda à l'abbé Eude en 1235, fit, en 1236, deux acquisitions considérables pour l'abbaye de Saint-Germain. Il racheta toutes les dîmes de bled et de vin du terroir de *Meudon*, dont Etienne de Meudon avait la jouissance; et cinq setiers, moitié méteil, moitié avoine, sur la grange de Villebon (hameau de Meudon), avec les droits de pressurage sur les pressoirs de Vouës.

En second lieu, en mai 1236, il acheta à *Verrières*, trente muids de blé et vingt sols parisis de rente, ce qui fit en tout la somme de sept cent cinquante livres.

Guy IV, seigneur de Chevreuse, comme *seigneur dominant*, confirma cette vente faite à l'abbaye par *Guillaume de Poissy*, écuyer, et Alix, sa femme.

(*Archives nationales, L. 1206.*)

L'abbé Simon acheta encore quelques biens situés au bourg de Saint-Germain et à *Meudon*, et, vers ce même temps (1239), Guillaume de *Villeneuve-Saint-Georges*, d'origine anglaise, donna à l'abbaye tous ses biens, meubles et immeubles, ne s'en réservant que l'usufruit, sa vie durant.

Au treizième siècle, Villebon, de la paroisse de Meudon, n'était qu'une grange relevant de l'abbaye qui possédait d'autres droits à *Fleury*, écart de Meudon, car, en 1235, Guillaume, curé de Saint-Martial de Paris, acheta une pièce de vigne dans la censive de Saint-Germain :

> Apud villam de *Flori* in censiva S.-Germani-de-Pratis, et promisit quod eamdem vineam in vilenagium *(en payant les redevances au Seigneur)* prout vulgariter dicitur ad usus et consuetudines de Flori tenebit. (*Lancelot.*)

L'abbé de St-Germain était incontestablement seigneur de Fleury, puisqu'en 1264, l'abbé Girard imposa une nouvelle taille (1) aux habitants de Fleury comme à ceux d'Issy. Et, bien avant, en 1206, Jean, abbé de Saint-Victor, avait reconnu ces droits de l'abbaye en stipulant : « que, sur ses vignes sises dans la censive de Saint-Germain à Meudon, au lieu de deux muids de vin qu'il offrait à Saint-Germain, il en payerait deux muids et demi par an, à condition d'en jouir à perpétuité. »

AN 1238.

EN septembre 1238, l'abbaye de Saint-Germain acheta de Guy IV, de Chevreuse, et de sa femme Nelissende, pour le prix de 80 livres :

---

1. La taille fut levée pour la première fois par Louis IX, à l'occasion de la croisade de 1248 ; les paysans ne sachant pas écrire, marquaient sur une *taille de bois* les droits fixés.

« trois arpents de vigne situés à *Meudon*, au lieu dit : Orrée, en sa propre censive, dont *Hervé de Chevreuse*, frère de Guy, se constitua *plege* (caution); cette vente se fit également sous la garantie de Simon de Mauvières, chevalier. Guy de Chevreuse donna quittance du prix dans la même année.

(Archives nationales. Cabinet Jamet. E. 19373.)

AN 1239.

AU mois d'avril 1239, Guy IV, seigneur de Chevreuse, confirma, comme seigneur en second, la vente qu'Hescelin de *Leudeville* avait faite à l'abbaye de Saint-Cermain-des-Prés d'héritages situés à *Avrainville*, et mouvant en premier lieu d'Hervé de Chevreuse, son frère.

(Archives nationales. L. 125. Cart. d'Avrainville. T. I, p. 5.
Bibliothèque nat. Baluze. T. LV.)

Hervé de Chevreuse, troisième fils de Guy III et d'Aveline de Corbeil, comme seigneur féodal, *approuva, confirma, garantit*, en dernier lieu, la vente d'Hercelin de Leudeville, moyennant 35 livres parisis, de tout ce qu'il possédait et tenait de lui en fief à Avrainville, consistant en cens, champart, hôtes, tailles et coutumes.

(Archiv. nat. L. CXXV, p. 4.)

AN 1240.

Vers la fin de l'année 1240, Jacques, évêque de Palestine et légat du Saint-Siège, fit une visite à l'abbaye de Saint-Germain-des-Prés; il examina chaque religieux sur l'observance régulière et prit connaissance du temporel. Comme on fit observer au légat que les malades manquaient des soulagements nécessaires parce que les biens affectés à l'infirmerie n'étaient pas suffisants, il ordonna que les revenus de la terre de Tiverni (Oise) seraient employés aux besoins des malades et que la rente de douze livres parisis due à *Villeneuve-Saint-Georges* serait destinée au même but, après la mort de Clément, docteur en droit, qui en tenait l'usufruit sa vie durant. Le légat du Saint-Siège exigea encore que l'infirmier rendrait compte, trois fois par an, des deniers reçus, et que, si le bénéfice excédait la somme de cent livres, il serait employé au profit de l'infirmerie. L'abbé Simon approuva la décision du légat, et, comme la provision de vin destinée à l'infirmerie n'était pas suffisante, il retrancha de sa mense les vignes qu'il avait ahetées à *Meudon* pour en gratifier les malades, et il y ajouta vingt setiers de froment.

En 1245, l'abbaye de Saint-Germain-des-Près est citée comme possédant un pressoir à *Meudon*.

AN 1244.

LES actes de 1244 marquent l'abbé et les religieux de Saint-Germain-des-Prés comme : gros décimateurs de *Meudon*, et ce fut en cette qualité qu'ils cédèrent au prieur de Saint-Martin-des-Champs, gros décimateur de Clamart, le droit de *reportage* des dîmes de terres cultivées sur Clamart par les habitants de Meudon.

Une tradition dit que le village de Meudon fut comme Palaiseau donné à l'abbaye de Saint-Germain par le roi Childebert ; mais, selon plusieurs historiens, c'est une erreur provenant des noms de Magedon et Meudon.

AN 1246.

EN 1246, les officiers d'Eude, évêque de Tusculum et légat du Saint-Siège en France, levèrent, en son nom, des droits de procuration ou de gîte à Samoiseau, *Avrainville*, le *Breuil*, Antony, *Villeneuve-Saint-Georges* et *à La Celle*, qui dépendaient de l'abbaye. L'abbé Hugue d'Issy porta ses plaintes au légat et prouva par des témoins, non seulement que ces droits n'étaient pas dus, mais encore que les légats, ses prédécesseurs, ne les avaient jamais exigés. Eude, par une équité digne de son rang, restitua les sommes touchées par ses officiers, dont il donna un acte de reconnaissance à Paris, le 18 décembre 1246. En 1262 et en 1263, les autres légats qui vinrent en France suivirent son exemple.

(*Dom J. Bouillart,
liv. III, p. 126.*)

Sous le régime féodal, l'habitude d'envahir, d'usurper, était si générale parmi les seigneurs laïcs et ecclésiastiques, qu'ils prenaient les uns envers les autres les précautions les plus scrupuleuses. Admettre un légat du pape, un seigneur à dîner, pouvait être converti en redevance annuelle et perpétuelle, ce qui explique le motif des précautions un peu brutales des moines de Saint-Germain-des-Prés, qui n'étaient d'*aucun diocèse*, ne relevant que du Pape, contre les évêques qui se présentaient pour dîner chez eux. Sans sortir de notre cadre, nous pouvons citer un fait analogue qui montre le tenace attachement des moines à leurs privilèges, *leurs droits*.

Saint Louis passant à *Villeneuve-Saint-Georges*, avec Gauthier Cornu, archevêque de Sens, alla dîner dans un village appartenant à l'abbaye de Saint-Germain-des-Prés. Le moine, prévôt de ce village, vint supplier le roi de ne pas permettre à cet archevêque de dîner avec lui ce qui devait porter atteinte aux droits de l'abbaye de Saint-Germain. « Le prélat eut beau » protester qu'en dînant avec le roi dans ce lieu, il » était loin de vouloir nuire aux prérogatives de » cette abbaye en *établissant une redevance;* l'in- » flexible prévôt ne se rendit aux instances du roi

» et de l'archevêque qu'à la condition qu'il serait
» expédié des lettres constatant leur arrivée, la
» résistance du prévôt et la promesse de l'arche-
» vêque de ne point « se faire un titre du dîner.»

(*Histoire de Paris*,
Fébilien, *tome I, page 189.*)

AN 1247.

APRÈS Hugue d'Issy, Thomas de Mauléon gouverna l'abbaye de Saint-Germain, en 1247, année qui marque les débuts de l'affranchissement des vassaux de Saint-Germain contraints de cultiver les terres de l'abbaye sans recevoir autre chose que leur nourriture et celle de leurs bêtes. Aucun serf ne pouvait, sans permission, changer de demeure, ni se marier hors de sa terre. Du reste, un extrait d'une charte de 1242 nous donne une idée suffisante de cet abus de pouvoir : « Qu'il soit notoire à tous ceux qui
» ces présentes verront que nous, Guillaume,
» indigne évêque de Paris, consentons à ce que
» Odeline, fille de Radulphe Gaudin, du village
» de *Wissous* (villa Cereris), femme de corps de
» notre église, épouse Bertrand, fils de défunt
» Hugon, du village de *Verrières*, homme de corps
» de l'abbaye de St-Germain-des-Prés, à condi-
» tion que les enfants qui naîtront dudit mariage
» seront partagés entre nous et ladite abbaye,
» et que si ladite Odeline vient à mourir sans

» enfants, tous les biens mobiliers et immobiliers
» dudit Bertrand retourneront à ladite abbaye.... »

Thomas de Mauléon, abolissant toute servitude, permit à ses serfs de changer leur état en dédommageant l'abbaye par des revenus ou par l'abandon de terres. Les serfs d'Antoni et de *Verrières* furent les premiers affranchis, et ils se libérèrent en payant la somme de cent livres parisis de rente qu'ils promirent de payer tous les ans à l'abbaye, le lendemain de la Purification de la Vierge, jusqu'à ce qu'ils eussent donné un fonds suffisant. L'acte d'affranchissement qui leur donne la liberté, les prive cependant de plusieurs moyens de subsistance, car ce document stipule que les habitants d'Antoni et de Verrières seront obligés de subir la banalité du four, des moulins et des pressoirs. De plus, l'abbé de Saint-Germain gardait le droit de prélever sur chaque muid de vin deux pintes de mère-goutte et la troisième partie du vin de pressurage. En outre, les vassaux restaient assujettis à plusieurs corvées et servitudes et devaient fournir des *lits garnis* à l'abbé et aux moines, lorsqu'ils voulaient séjourner dans un de ces villages.

Les habitants de *Macy* et d'un autre village voisin que le Cartulaire désigne sous le nom d'*Aqua mortua* furent compris dans cet affranchissement et bénéficièrent de quelques faveurs. *Aquamortua, Eaumorte*, est un lieu dit, situé à l'entrée d'*Igny* en venant de Massy et qui était, dit Lebœuf, « rempli d'arbres et d'eau. »

Le Pouillé du XIIIe siècle marque que, du temps de saint Louis, la cure de Vitreiis (*Verrières*) était entièrement à la présentation de l'abbé de Saint-Germain-des-Prés.

Ce fut vers cette époque, en 1246, qu'eut lieu l'affranchissement des serfs de *Villeneuve-le-Roi*. Cette charte du roi Louis IX, datée de Pontoise, est curieuse par sa liste des émancipés, et comme elle jette un jour sur l'état-civil des classes inférieures au XIIIe siècle, nous la reproduisons, bien qu'elle ne rentre pas dans le cadre de ce travail. Les mainmortables sont désignés par des sobriquets ou par l'indication de leur profession ou de leur pays. Voici la traduction de cette charte qui se trouve dans le XIIe volume des *Ordonnances des Rois de France*, page 321 :

Louis, par la grâce de Dieu, roi de France : Sache tous présents et à venir que les hommes et les femmes ci-dessous dénommées de Villeneuve-le-Roi, près Paris, étaient des pesonnes de corps et de condition servile.

Par pitié et miséricorde, nous leur avons accordé le bienfait de la liberté à eux et à leurs héritiers, en nous réservant les autres droits et redevances qu'ils avaient coutume de nous payer. Nous statuons que, si quelqu'un d'eux s'unissait en mariage avec une personne de condition servile, il retournerait à son ancien état de servitude ; alors tous ses biens viendraient en nos mains ou en celles de nos successeurs.

Suit la liste des noms :

Thibault Malvenu ; Mathilde la Pelée ; *André*

d'Ablon ; Pierre l'Empereur ; Emeric Baille-Houe ; Hemard le Pontonnier ; Jehan Pince-Harte ; Henri fils de Vincent ; Renaud Duredent ; Jeanne Galoise ; Adelaïde la Fournière ; Martin Belle-Tête ; Guillot le Petit ; Robert Saillenbien ; Lucas fils de Bouchard, etc., etc.

AN 1250.

EN 1250, les habitants de *Villeneuve-Saint-Georges*, de *Valenton* et de *Crône* demandèrent leur affranchissement, aux conditions fixées pour Verrières et Massy, moyennant la somme de mille quatre cents livres parisis. Ceux de Thiais (Seine), Choisy-le-Roi, Grignon et de *Paray* firent de même pour la somme de mille deux cents livres.

Cet affranchissement, comme nous l'avons mentionné plus haut, permettait aux habitants de Valenton, de Villeneuve-Saint-Georges, de Crône comme à ceux de Paray et de Massy de se marier à d'autres qu'aux vassaux de l'abbaye. Cette coutume oppressive réglant le mariage des serfs d'un seigneur avec ceux de la terre d'un autre maître, était déjà en vigueur du temps de Louis-le-Gros et appelée *Beseht.* Par cette coutume, la femme appartenait au seigneur dont le mari était serf et même les enfants des deux sexes.

(*Hist. eccles. Paris.* t. 2, p. 58, *voce : Beseht.*)

Vers le milieu du XIIIe siècle, la plupart des serfs de l'abbaye s'affranchirent et Dom Jacques du Breul, dans ses Antiquités de Paris, relate la manumission des habitants du bourg de Saint-Germain qui se rachetèrent pour la somme de deux cents livres parisis.

AN 1255.

LE vendredi d'après les *brandons*, c'est-à-dire après le premier dimanche de Carême, de l'an 1255, les religieux de Saint Germain-des-Prés procédèrent à l'élection d'un abbé par voie de compromis et donnèrent leurs pouvoirs à quatre d'entre eux : Jean leur prieur, Jean le trésorier, *Nicolas, prévôt de Villeneuve-Saint-Georges*, et Galeran chambrier. Afin que l'élection ne traînât pas en longueur, le temps fut limité jusqu'à ce qu'une chandelle fût entièrement brûlée. Gérard de Moret, grainetier, fut élu et son élection fut confirmée par le pape Alexandre IV.

On appelait autrefois la première semaine du Carême, la semaine des brandons, parce que les enfants faisaient, le soir, des processions dans les rues avec des torches de paille, pour chasser le mauvais air des maisons. Les jeunes paysans faisaient la même chose dans leurs vignes et leurs terres.

Ce fut sur la terre de *Paray*, près Wissous et sur Cachan que l'abbé de Saint-Germain, Thomas de Mauléon, assigna la fondation de son *obit*, en 1255, dont le revenu était une certaine quantité de froment et une rente de deux sols.

*(Gall. Christ.
tome VII, coll. 452.)*

AN 1258.

MATHIEU DE VENDOME, abbé de Saint-Denis, voulut, en 1258, susciter un procès à l'abbé Gérard, de Saint-Germain, parce qu'il avait bâti depuis deux ans un moulin en pierre sur la rivière de la Seine, au lieu nommé *Chalevenne*, près *Ruel*. Gérard prétendait tenir ce droit, parce que son abbaye avait eu autrefois un moulin en bois sur le même lieu. Pour éviter tout différend, on convint de s'en rapporter à la décision de Robert, abbé de Saint-Victor de Paris, sous peine de cent marcs d'argent. La sentence fut favorable à Gérard.

(Bouillart. Livre III, p. 131.)

L'abbé Gérard de Moret laissa son nom au quartier de Vaugirard, dont le nom primitif était Valboistron, vallée renommée au XIIIe siècle par ses pâturages. L'air pur et les frais ombrages de Valboistron ayant paru à l'abbé Gérard un lieu favorable pour hâter la convalescence de ses religieux malades, il y avait fait construire une chapelle et des cellules ; la population accueillit avec joie les nouveaux venus, et, par reconnaissance, appela Valboistron : Valgérard, puis Vaugirard.

AN 1261.

EN 1261, Eude-le-Roux, bourgeois de Paris, et Agnès, sa femme, donnèrent aux religieux de Saint-Germain leur grange ou ferme de Bruyères, près de *Limeil-en-Brie*, et trente arpents de bois tenant à la ferme ; ils ajoutèrent encore à cette fondation cent quatorze arpents de terre enclavés dans la censive de l'abbaye. En reconnaissance de cette faveur, l'abbé de Saint-Germain promit de payer à Eude soixante livres de rente, et à Agnès trente livres leur vie durant, et de faire dire des prières pour eux après leur mort.

(Donations. Archives.)

Cette même année, une dame de qualité, Julienne Britone, ayant fait bâtir une maison à *Mont-Chauvet*, demanda à l'abbé Gérard, comme curé primitif, la permission d'y ériger une chapelle et de laisser un fonds pour l'entretien d'un chapelain. Sa demande fut écoutée, à la condition que le curé de Montchauvet « y aurait tous ses
» droits curiaux, que les offrandes faites à cette
» chapelle seraient partagées entre le prieur et le
» curé, que le chapelain aurait une moitié des legs
» pieux et le prieur avec le curé l'autre moitié ;
» enfin, que la nomination du chapelain, en cas de
» vacance, appartiendrait à l'abbé de Saint-Germain. »

Cette chapelle avait déjà disparu en 1724.

(Cartulaire de l'abbaye.)

AN 1262.

UNE sentence de l'an 1262 marque que Guillaume de *Vaugrineuse*, doyen de Paris, et le Luc de *Gif*, chanoine, furent choisis comme arbitres au sujet d'un différend entre l'abbaye de Saint-Germain-des-Prés et les habitants de *Chatenay* (anc. doy. de Châteaufort) qui prétendaient avoir le droit d'aller, le premier jour de mai, dans les bois d'Antoni, appartenant à l'abbaye, pour y prendre le *mai* et conduire leurs bestiaux dans le lieu dit : Castenaria, *pro maio ibi colligendo*. L'arrêt rendu ne laissait pénétrer dans le bois que depuis l'Assomption jusqu'à la Saint-Martin, et seulement dans les bois ayant une coupe de huit ans.

AN 1265.

EN 1265, le plus ancien seigneur de *Grisy* (doy. du Vieux-Corbeil), l'écuyer Pierre et sa femme Julienne, passèrent, avec les religieux de Saint-Germain-des-Prés, un traité fixant les droits sur les pressoirs de *Valenton*.

(*Lebœuf. Tome XIII.*)

AN 1267.

AU mois d'août 1267, l'abbé Gérard de Moret fut en contestation avec Guillaume, sire d'Auchy, au sujet de la haute, moyenne et basse justice de Nogent-l'Artaud. Le jugement des arbitres n'ayant pas été agréé par les parties, le cardinal légat du Saint-Siège changea les commissaires et nomma deux gentilshommes : André de *Chaville* et Milon de Mail, pour terminer cette affaire. Comme ils tardaient à donner une solution, le légat leur imposa pour adjoint Guillaume de Limigni, archidiacre de *Poissy*, qui régla le différend au gré des parties.

AN 1275.

AU mois d'août 1275, le roi Philippe-le-Hardi fit une distraction de la terre de *Château-fort* en faveur de Saint-Germain-des-Prés. Par des lettres patentes, datées de *Royaumont*, le roi donna à l'abbaye : la quatrième partie du gruage dans les forêts de la Châtellenie de Châteaufort avec toute justice et domaine, et confirma l'abbé Gérard dans la possession, où il était depuis longtemps, de trois autres parties. Le roi déchargea les religieux d'un dîner qu'ils étaient tenus de donner au prévôt de Châteaufort, à cause de la seigneurie de Monteclin dont les habitants étaient forcés de prêter main-forte au prévôt pour conduire les criminels à Paris.

(Métiers du Châtelet. 1er volume, fol. 148.)

Par cette même Charte du roi Philippe, il est fait défense aux sergents royaux *d'ajourner* dans les lieux où l'abbé et les religieux de Saint-Germain ont droit de justice ; excepté les cas de ressort dont la connaissance appartient au roi. En outre, il est permis à l'abbé de Saint-Germain et à sa communauté d'ériger des piloris et fourches patibulaires dans tous les lieux où ils auront haute et basse justice ; la Charte mentionne que : « tout ce que les religieux possédaient à *Jouy* sera amorti. »

(Bouillart, p. 138.)

Après les seigneurs de Monthléry, dont ils étaient une branche, les seigneurs de Châteaufort étaient les plus puissants du diocèse de Paris. Dans ses *Antiquités de Paris (p. 249. Edit. 1649)*, du Breuil dit que la justice de l'abbaye à Châteaufort était au lieu dit : *Vilvert.*

Vauboyen, écart de Bièvres, comme Monteclin, relevait de Saint-Germain-des-Prés qui y possédait des prés donnés à l'abbaye, à la condition que le revenu servirait à augmenter la pompe de la fête de sainte Catherine.

(Du Breuil, p. 249.)

Vauboyen figure dans l'exposé des justices de 1611 possédées par l'abbaye de Saint-Germain.

Extrait de la charte du Roi Philipp III.

Philippus Dei gratia Francorum Rex. Notum facimus universis tam præsentibus quam futuris, quod nos obtentu Dei et grati servitii, quod dilectus et fidelis noster Girardus abbas monasterii sancti Germani de pratis Paris ; in nostris negotiis fideliter impendit, eidem abbati et conventui suo S. Germani prædicti dedimus et concessimus et nunc et in perpetuum quartam partem griagii ad nos pertinentem in nemoribus existentibus tam in castellaniis de *Castro-forti*, quam de Parisius in quibus ipsi abbas et conventus tres partes griagii dicuntur habere cum omni justitia, dominio et omnibus et singulis ad dictum griagium pertinentibus una cum prædicta quarta parte dictii griagii possint tenere, habere et possidere pacifice et quiete in perpetuum sine aliqua contradictione nostri vel successorum, nihilque nobis successoribus nostris justitiæ, dominii proprietatis aut possessionnis ibi retinentes nisi solummodo resortum et illud quod ad resortum noscitur pertinere. Volumus etiam et concedimus quod dicti religiosi et nunc in perpetuum liberi sint et immunes a quodam dinerio seu prandio in quo ipsi in domo sua villæ de *Monteclein* præposito nostro de *Castro-forti* annuatim tenebantur : et quod homines seu hospites ipsorum abbatis et conventus de Monteclein de conducendis et adducendis latronibus et aliis malefactoribus Parisius quando ex parte ipsius præpositi nostri de Castro-forti super hoc requirebantur quod quidem ipsi homines facere consueverant, de cætero sint quitti, liberi, et immunes. Item volumus et concedimus quod ea quæ dicti abbas et conventus acquisierant apud *Joiacum* a Bouchardo de Rugnant milite et Nicholaa ejus uxore in usus elemosinæ dicti monasterii committenda, scilicet tertiam partem nemorum de *Joiaco*, tertiam partem furni ejusdem villæ, quandam domum cum proprisio, censum, hospites, droiteuras et quædam alia, quæ omnia movebant de feodo domini Caprosiæ quarti domini rerum prædictarum, prout

ex parte dictorum religiosorum intelleximus, possint in perpetuum sine aliqua coactione vendi vel extra manum suam ponendi et sine aliqua contradictione nostri vel successorum nostrorum quiete tenere et pacifice possidere. Volentes insuper et declarantes, ut ipsi religiosi in locis omnibus et singulis in quibus habent pacificam possessionem justitiæ latronis, aut occisionis, vel majoris justitiæ ex nunc in perpetuum possint furcas vel piloria erigere seu levare, tenere semper et habere pro executione prædictæ justitiæ facienda. . . . .
. . . .

Actum apud *Regalam-montem*, anno Domini millesimo ducentesimo septuagesimo quinto, mense Augusti.

(*Cartulaire de Saint-Germain.*)

AN 1277.

UN registre du Parlement de l'an 1277, porte que les habitants de *Villeneuve-Saint-Georges* furent tenus comme « les autres vassaux » de l'abbaye à contribuer au charroi de l'armée » de Navarre. »

AN 1278.

LE 10 mai 1278, de violentes luttes s'engagèrent entre les domestiques des religieux de Saint-Germain et les écoliers de l'Université de Paris. L'abbé Gérard avait fait élever plusieurs murailles sur le chemin aboutissant à un pré contigu à l'abbaye, et que les écoliers nommaient le Pré-aux-Clercs. Les élèves de l'Université, trouvant leur chemin trop étroit, renversèrent ce qui était construit ; les officiers de l'abbaye envoyèrent leurs domestiques pour faire cesser ce désordre ; mais on en vint aux mains, plusieurs furent blessés et deux écoliers furent tués. L'Université fit une plainte au légat du Saint-Siège, le cardinal Simon de Brie, pour obtenir raison de l'injure. Un arrêt rendu à *Poissy*, au mois de juillet 1278, décida que le chemin conduisant au Pré-aux-Clercs appartiendrait à l'Université, et le légat sévit contre Etienne de *Pontoise*, prévôt de l'abbaye. Ce religieux fut interdit et enfermé dans le monastère de Cluni pour y faire pénitence pendant cinq ans.

(Hist. de l'Univ. du Boulay. Tome III, p. 454.)

Cette même année, le Frère Joseph, dans son Cartulaire de la Pitancerie, inscrit pour l'anniversaire de l'abbé Gérard de Moret : « 18 septiers de froment pur à *Paray ;* 9 septiers de bled dans la grange de *Meudon.* Acquit : de Guyot de *Balisy* (1), escuyer. »

AN 1284.

APRÈS le retour d'Etienne de Pontoise dans l'abbaye de Saint-Germain, l'abbé Rémond obtint, en 1284, un arrêt du Parlement de Paris contre les habitants de *Villeneuve-Saint-Georges* et de Thiais qui lui refusaient de payer la taxe à

---

1. Balizy, hameau de Longjumeau.

laquelle ils étaient tenus pour les charrois du roi, lorsqu'il allait à la guerre.

AN 1285.

PEU de temps après, en 1285, Pierre de Concigni, chanoine d'Aire et aumônier du roi, céda aux religieux de Saint-Germain-des-Prés un fief qu'il possédait à *Valenton*, à condition qu'ils donneraient tous les ans à l'abbaye d'*Yerres* une rente de douze livres parisis. Cette donation suppléait aux sommes considérables que le monastère avait déboursées pour donner satisfaction à l'Université et obtenir la paix au sujet de l'incident du Pré-aux-Clercs.

(Fondations. Archives.)

AN 1287.

QUELQUE temps avant sa mort, l'abbé Rémond, ancien religieux de Saint-Victor de Marseille, qui avait pour ce saint martyr une vénération toute particulière, laissa à l'abbaye une somme de dix livres de rente qu'il possédait à *Dammartin*, à la condition que la fête de saint Victor serait célébrée avec plus de pompe et qu'on lirait la vie du saint à l'office de la nuit.

(Chronique de du Breuil.)

AN 1292.

LE livre du Frère Joseph, pitancier de l'abbaye, cite que Jacques Franguillon avait une petite maison tenant à la grange du pitancier à Valenton, et que l'abbaye touchait « trois sous et six deniers de même cens, pour une pièce de vigne assise au clos de *Valenton.* »
(Arch. Nat. L. L. 1027.)

AN 1299.

EN 1299, l'abbé de Saint-Germain-des-Prés voulut contraindre les habitants de *Villeneuve-St-Georges* à lui payer ce qu'il avait dépensé pour le roi, en vue de la guerre de Flandres ; mais les habitants ayant prouvé au Parlement qu'ils avaient déjà payé « le cinquantième et le centième pour la même cause », la Cour défendit à l'abbé de les inquiéter. Le roi Philippe IV, le Bel, était alors pressé par de grands besoins d'argent puisqu'il vendait des Chartes aux communes, des titres de noblesse à des roturiers, altérait la valeur des monnaies, ce qui le fit surnommer par le peuple le *faux monnayeur.*

AN 1310.

UN bail passé, en 1310, devant Hugues Aubriot, prévôt de Paris, constate que l'abbaye de Saint-Germain avait une maison au *Petit val de Meudon.*

AN 1319.

LA France était, en 1319, en guerre avec le Comté de Flandres, et le roi demanda à lever des subsides sur les justiciables de l'abbaye de Saint-Germain-des-Prés. L'abbé Pierre de Courpalay y consentit, et une nouvelle taille fut imposée sur les hôtes de l'abbaye. Les habitants de *Villeneuve-Saint-Georges*, Thiais, Choisy, Grignon et Antony refusant de s'y soumettre, le roi fut obligé d'obtenir, au mois de mars, un arrêt du Parlement pour les y contraindre. Les habitants d'*Epinay-sur-Orge*, d'un caractère plus facile, et ceux *du Breuil* payèrent sans se plaindre ce droit d'accroissement.

AN 1320.

EN octobre 1320, une concession fut faite à l'abbaye de Saint-Germain-des-Prés « d'un arpent et demi de vigne, sis aux vignes de *Gieu-*

visi (Juvisy), lieu dit Topinelli, mouvant de l'abbaye, à 13 deniers de cens et à charge des rentes de pressoir, en dédommagement de plusieurs cens non acquittés depuis longtemps. »

Les donateurs sont : Henneri Beignot de *Viry* et Jehanne, sa femme.

(*Archives nationales. S. H. L. 780.*)

AN 1336.

JEAN IV de Preci fut élu abbé de Saint-Germain-des-Prés en 1334, et, deux ans après, il régla un ancien différend avec Guy, abbé de Saint-Denis, touchant les justices des villages de la *Celle-Saint-Cloud*, de Bois-Béranger et de *Chalevanne*.

(*Archives de Saint-Denis.*)

AN 1343.

LES registres du Parlement relèvent qu'en 1343, les habitants d'*Avrainville* soutinrent un procès contre les moines de Saint-Germain-des-Prés.

AN 1344.

LE religieux prévôt de *Villeneuve-Saint-Georges* étant mort en 1344, les collecteurs des deniers de la Chambre apostolique saisirent les revenus du bénéfice, prétendant que, la prévôté étant vacante, les biens appartenaient au Saint-Siège. Les religieux de Saint-Germain formèrent opposition, et, après avoir prouvé que ces revenus dépendaient de la mense abbatiale, ils obtinrent main levée le premier décembre 1345.

(*Dom. J. Bouillart. Archives. Liv. IV, p. 155.*)

AN 1345.

EN 1345, l'Université voulut être payée de la somme de trois cents livres imposée par le procès concernant le Pré-aux-Clercs, dont nous avons dit quelques mots. L'abbé de St-Germain-des-Prés, Jean de Préci, n'étant pas en état de payer cette dette, donna pour caution l'argenterie de la communauté ; ce gage pesait en tout : quatre-vingt-douze marcs, trois onces, douze sterlings. En outre, l'abbé de Saint-Germain y ajouta trente écus d'or. L'année suivante, cette argenterie fut transportée au couvent des Mathurins et mise dans le coffre du dépôt de l'Université. Alors, pour la vendre, Jean de Préci donna procuration à deux religieux : Richard de Fontenay et Gérard de *Franconville*.

(*Histoire de l'Université, du Boulay. T. IV, p. 289.*)

AN 1349.

RAOUL de Reims, bourgeois de Paris, donna, en 1349, aux religieux de Saint-Germain-des-Prés pour le suffrage de leurs prières : une saussaie close de murs sur la rivière d'Orge, près le *Breuil-les-Longpont*.

(*Archiv. nat. L.L. 1027.*)

AN 1352.

PHILIPPE-AUGUSTE avait cédé aux religieux de Saint-Germain-des-Prés une des portes de Paris, avec autorisation d'établir le long des remparts des étaux et des échoppes, à la condition d'y entretenir les tours, tourelles et fortifications. Simon de Buci (*Boussy-Saint-Antoine*, doyenné de Boissy-Saint-Léger), conseiller du roi, premier président du Parlement, prit cette porte à bail, le 16 août 1352, moyennant 20 *livres de rente, plus* 6 *deniers de cens féodal*. Cette porte, livrée en 1418 aux Bourguignons par le traître Périnet, fut démolie en 1672.

AN 1366.

ERARD DE THIANGES, seigneur de *Maroles*, vendit à Richard, abbé de Saint-Germain, en 1366, moyennant trois cent-quarante livres, le droit qu'il avait de lever tous les ans vingt muids d'avoine sur les habitants de Saint-Germain-de-Laval.

(Dom. J. Bouillart. Liv. III, p. 160.)

AN 1372.

Deux *personnages de piété* : Jean de Froger et Jacqueline, sa femme, voulant être inhumés dans l'église de l'abbaye de Saint-Germain-des-Prés, fondèrent deux menses à la chapelle Saint-Georges et un anniversaire après leur mort.

Ils laissèrent une rente de vingt-quatre livres, à prendre sur différentes maisons qu'ils possédaient dans le faubourg Saint-Germain, et sur une autre maison située vis-à-vis les Cordeliers. Cette fondation fut suivie de celle de la chapelle de *Notre-Dame-la-Désirée*, près de *Mantes*, dans la paroisse de *Saint-Martin-la-Garenne*. Plus tard, cette chapelle devint célèbre par le concours des pèlerins qui s'y rendaient de fort loin.

En nous appuyant sur les Chroniques de du Breul et les Archives de l'abbaye de Saint-Germain, nous croyons intéressant, pour l'histoire du diocèse de Versailles, de rappeler ici l'origine de ce pèlerinage.

Henri de Villemorin, gentilhomme du diocèse de Langres, ayant passé sa jeunesse au service du roi Charles V, résolut de finir ses jours dans la solitude. Un seigneur, nommé *Mathieu de Ver*, panetier du duc d'Anjou, lui permit de demeurer dans un endroit de ses terres dépendant de la châtellenie de Chaumont. Henri de Villemorin désirait y construire une chapelle, mais il lui fallait la permission de Philippe d'Alençon, archevêque de Rouen, qui était alors à Rome. Louis, comte d'*Etampes*, son parent, lui écrivit, et les grands vicaires eurent l'ordre de signer les permissions nécessaires, ce qui fut exécuté au mois de juin 1375.

Alors, Henri de Villemorin fit construire, à ses frais, une chapelle en l'honneur de l'Annonciation de la Sainte Vierge, sous le vocable de Notre-Dame-la-Désirée, et éleva quelques bâtiments pour s'y loger. Il donna tous ses revenus à cette chapelle, et il obtint de Charles V l'amortissement de vingt-cinq livres tournois de rente annuelle et perpétuelle sur des biens acquis ou à acquérir pour l'entretien d'un chapelain. Deux ans après, en 1376, Mathieu de Ver donna à Henri de Villemorin, non seulement la place où il lui avait permis de demeurer et de construire la chapelle, dont la contenance n'était que de deux arpents et demi, mais il y ajouta encore un arpent et demi, touchant la fontaine du Bois. (*Archiv. de l'abbaye de Saint-Germain.*) Le roi Charles V contribua également à cette fondation par l'acquisition d'une pièce de vigne, achetée cinq francs d'or, en 1378, et d'une rente de quarante sols à prendre sur les biens de Mathieu de Ver, moyennant vingt-cinq francs d'or. Le roi Charles VI, suivant l'exemple de son père, donna une pièce de pré, située dans une île nommée Petel, qui lui coûta cinquante francs d'or, et une pièce de vigne dans le territoire de *Saint-Martin-la-Garenne*, qui lui fut vendue quatorze livres, en 1385. Jean Bourgeois, seigneur du Bois, laissa plus tard, en 1540, une rente de huit livres tournois pour dire tous les samedis une messe en l'honneur de Notre-Dame des Sept-Douleurs.

Henri de Villemorin, ayant passé environ vingt-deux ans dans cette solitude et voulant assurer la conservation de cette chapelle, la donna à l'abbaye de Saint-Germain-des-Prés. Le roi Charles VI confirma cette donation par ses lettres patentes, en 1397, à la condition que l'on célébrerait tous les ans, dans cette chapelle, deux messes solennelles à son intention : l'une le jour de la Purification, et l'autre, le jour de la Nativité de la Sainte Vierge.

En 1399, un ecclésiastique, Robert de Guérin, obtint de jouir de cette chapelle comme d'un bénéfice, à la nomination du roi. Les religieux de Saint-Germain-des-Prés s'y opposèrent et soumirent l'affaire au Châtelet de Paris qui, par une sentence rendue le 29 avril 1399, les confirma dans la possession de la chapelle et de ses droits d'héritages, de rentes et d'offrandes.

En 1458, le curé de *Saint-Martin-la-Garenne*, voyant le concours de pèlerins s'augmenter, prétendit que les offrandes devaient lui appartenir, parce que la chapelle était sur sa paroisse. Il intenta un procès, et le Châtelet de Paris donna raison aux religieux de Saint-Germain. Toutefois ils firent une transaction par laquelle les offrandes restaient aux religieux, à la condition de verser, tous les ans, quarante sols au curé de Saint-Martin-la-Garenne.

En 1480, on contesta à l'abbaye le droit de possession sur cette chapelle. Le roi Louis XI, prévenu par des personnes peu favorables à l'abbaye de Saint-Germain, chargea l'un de ses secrétaires, Jean Descouville, de chercher l'origine de la fondation et de savoir si on en avait la collation. Les religieux montrèrent leurs titres de possession, et, malgré cette évidence, les officiers du roi formèrent des empêchements qui ne furent levés que quelque temps après.

En 1724, l'abbaye était encore en possession de la chapelle de la Désirée, et y nommait un chapelain amovible qui touchait tous les revenus et les offrandes pour son entretien et les réparations de la chapelle.

(*Archives de l'Abbaye de Saint-Germain.*)

Lettre des Grands-Vicaires de Rouen concernant la fondation de la chapelle de la Désirée à Saint-Martin-la-Garenne.

Vicarii Reverendissimi in Christo Patris, ac domini domini Philippi de Alenconio, miseratione divina archiepiscopi Rothomagensis nunc in remotis degentis, in spiritualibus et temporalibus generales, dilecto nobis in Christo, Henrico de Villamorien eremitæ degenti in eremo prope *Meduntam* Rothomagensis diœcesis, salutem in Domino. Devotioni vestræ quam in Domino commendamus favorabiliter annuantes, construendi et ædificandi seu construi et ædificari faciendi in parrochia S. *Martini de Garenna* dictæ diœcesis, nemore seu terra, cujus nobilis vir Matthæus de Ver armiger, dominus temporalis (ut fertur) existit, quamdam capellam ad honorem Dei omnipotentis omniumque civium superiorum, et pro divino cultu ibidem celebrando, si de illius cujus fundus existit processit voluntate.

Salvo tamen jure parrochiali, et in omnibus quolibet alieno, accedente ad hoc præfati Reverendissimi Patris beneplacito et assensu ; sicut nobilis et potens dominus Ludovicus comes *Stampensis*, germanus ejusdem Reverendissimi Patris, nobis per ejus litteras propria manu et proprio ejus nomine signatas significare curavit, etiam contemplatione et ad preces ipsius domini comitis, qui super hoc nos rogavit attente. Vobis autem dicti Reverendissimi Patris tenore præsentium licentiam concedimus atque plenam et liberam facultatem. Datum sub sigillo magno curiæ Rothomagensis, una cum signetis nostris quibus utimur in hac parte, anno Domini 1374, die lunæ post festum sancti Barnabæ apostoli.

(*Chronique de Saint-Germain.
Du Breul. fol.* 156.)

Charte de Charles VI, roi de France.

Carolus Dei gratia Francorum Rex ad perpetuum rei memoriam, per quem vivimus, regimus et regnamus.

Gratum impendere credimus obsequium regiique culminis celsitudinem gloriam promereri pariter et honorem, dum famulamina a suis fidelibus eidem impensa recolendo eorum pia desideria favore prosequimur speciali. Et si ad hoc ipsius liberalitas faciliter se inclinet, multo magis se tenetur extendere circa illos, quos innatæ fidei constantia intimæque dilectionis affectus in exhibendis obsequiis perplacidis plurimum reddunt gratos.

Notum igitur facimus quod cum dilectus noster Henricus de Villemorien (qui Domino genitori nostro, cui Christus indulgeat, suæ juventutis flore durante longævis anteactis temporibus plures gratissimos exhibuit famulatus) salubri motus proposito de consensu præfati Domini genitoris nostri ea quæ mundi sunt post terga rejiciens, ejus dimisso servitio locum solitarium ad sui pacificationem amini, ac ut vitæ contemplativæ quærendæ ductu salutifero potiretur, in cujusdam montis seu loci vasti apice a *Medunta* duntaxat una leuca distante annis viginti duobus suum fecerit incolatum. In quo quidem loco dicti temporis girante spatio quamdam capellaniam vulgari præloquio *Beatæ Mariæ Desideratæ* vocabulo nuncupatam cum nonnullis aliis ædificiis suis propriis sumptibus construi fecerit et fundari, eamque post sui obitum, quem ex antiquata senilitate jamque vicinari præsentit, ruinis brevisime subdiformidat, ac per hoc divino servititio viduari. Pro cujusmodi casui obviando easdem capellam, mansiones et ædificia ceteraque ibidem pertinentia sub ecclesiæ, seu monasterii sancti Germani de Pratis prope Parisius dispositione et regimine permanere et subesse afficitur ; dummodo super hoc noster præbeatur assensus, resque prædictas admorrisationis munere præmunire velimus ; præsertim cum immediatus dominus earumdem, quantum ad eum attinet et noscitur interesse, in eis consensit gratiose, vuluti pro parte prædicti Henrici nobis est datum intelligi nostram gratiam implorando. Nos itaque ejusdem sancti propositi materiam produci volentes in effectum, et ejus obnixæ supplicationis tam conventus prædicti sancti Germani intuitu, (qui tamquam ager dominicus affluentia superni roris et benedictionis infusus habet cultores, fratres videlicet industrios, pudicitiæ nitore præclaros et nullius inquinamenti labe respersos) quam consideratione dicti Henrici ad dictum locum seu conventum zelo devotionis accensi, dictum locum una cum domibus, ædificiis, mansionibus, terris et possessionibus universis dicto loco spectantibus auctoritate nostra regia certaque scientia et gratia speciali admortisavimus et tenore præsentium admortisamus ; eidem Henrico nihilominus concedentes, et eas sic admortisatas præfato monasterio donare, legare seu quovismodo, dum et quando sibi libuerit, conferre valeat. Ipsas namque in quantum nos tangit jam dicto monasterio per præsentes conferimus et donamus : ita quod fratres seu religiosi ejusdem monasterii eorumque successores locum hujusmodi una cum domibus, ædificiis, mansionibus, terris et possessionibus eidem loco spectantibus tamquam rem ecclesiasticam et admortisatam ac sacris usibus deputatam de cætero habere, tenere, et perpetuo possidere valeant pacifice et quiete, absque eo quod ipsa vendere alienare aut extra manus suas ponere a modo teneantur, et ad hoc cogi possint aliqualiter vel compelli, aut nobis seu successoribus nostris, vel causam a nobis habentibus, vel habituris exinde financiam qualemcumque præstare aut solvere nunc vel in posterum teneantur. Quam quidem financiam propter hoc debitam vel debendam nos ex uberiori dono nostræ gratiæ ex dictis certa scientia, speciali gratia, et auctoritate regia dictis Henrico et religiosis ex nunc prout ex tunc serie præsentium donamus, remittimus penitus, et quittamus. Proviso tamen quod ipsi religiosi pro nobis regnique nostri felici statu ad duas missas quolibet anno dei purificationis, et aliam die Nativitatis gloriosissime Dei genitricis Mariæ solemniter celebrandas erunt perpetuis temporibus adstricti. Quocirca dilectis et fidelibus consiliariis nostris super facto domanii nostri deputatis vel deputandis, ac thesaurariis nostris Parisius ceterisque justitiariis et officiariis regni nostri et eorum loca tenentibus præsentibus et futuris, cuilibet ipsorum prout æd eum pertinuerit damus tenore præsentium in mandatis quatenus præfatos Henricum et religiosos prædictos eorumque successores, et eorum quemlibet nostra præsenti gratia et concessione uti et gaudere pacifice faciant et permittant, et contra tenorem ipsius eos nullatenus inquietent vel molestent aut inquietari vel molestari a quonquam aliqualiter patiantur. Quoniam sic fieri volumus et ordinavimus ex dictis certa scientia et speciali gratia ordinationibus, mandatis et defensionibus in contrarium factis vel faciendis nonobstantibus, quibuscumque.

Et ut hæc omnia stabilitate fruantur perpetua has

præsentes fecimus sigilli nostri appensione muniri, nostro in reliquis et alieno in omnibus jure salvo.

Datum Parisius mense Octobris, anno Domini 1397; regni vero nostri decimo octavo.

(*Cartulaire de Saint-Germain-des-Prés.*)

AN 1377.

Le 20 novembre 1377, Charles V, par des lettres datées du bois de Vincennes, donna à *Pierre de Chevreuse*, son conseiller, toute justice et seigneurie en la ville, hosties, terroir et paroisse de *Bièvres*, et en la maison-fort de la Motte-de-Biévre appelée Maumoulin (Hôtel Bourbon).

Les justices de *Monteclain* et de *Valboyen* se trouvant comprises dans la seigneurie de Bièvres, les religieux de Saint-Germain-des-Prés, auxquels appartenaient ces lieux, protestèrent, disant qu'ils ne pouvaient être soumis à d'autre justice qu'à celle du roi. Le 16 novembre 1380, le roi Charles VI donna à Pierre de Chevreuse toute la justice de Villefavreux (non comprise par les lettres de Charles V, en 1378) comme indemnité de la justice et seigneurie de Monteclain, du moulin de Valboyen et de leurs dépendances qui furent réservées à l'abbaye de Saint-Germain.

Ce fut seulement le 19 mars 1381 qu'un accord fut réglé entre Pierre de Chevreuse et les religieux au sujet de leur mouvance et de leur justice.

(*Arch. nat. Collection des accords.*)

Cliché Maurice Moisset.

VUE MÉRIDIONALE DE L'ABBAYE DE SAINT-GERMAIN-DES-PRÉS, DU LOUVRE
ET DU PETIT BOURBON. — 1410.

AN 1405.

EN 1405, Jean Grust, docteur en droit, chanoine d'Autun, conservateur des privilèges de l'Université de Paris, rendit une sentence contre Guillaume Le Roux, redevable à Guillaume, abbé de Saint-Germain-des-Prés, d'une quarte de boisseau de fèves recueillies à *Meudon*, au lieu dit Perdriel.

AN 1406.

LE Prévôt des Marchands voulut, en 1406, faire saisir les mesures à grain ayant la marque de Saint-Germain-des-Prés chez un particulier Adam Tobie, demeurant à *Meudon;* mais il y eut, en faveur des religieux, une transaction homologuée le 28 avril 1407.

AN 1437.

EN 1437, Drogon de Montaudier se démit de ses fonctions d'abbé de Saint-Germain-des-Prés en faveur de l'abbé Hervé Morillon, gentilhomme breton, du diocèse de Cornouaille, qui lui donna, comme gage de reconnaissance, les prévôtés d'Antony et de *Paray*. Hervé fut ainsi abbé de Saint-Germain malgré l'élection des religieux, dont quatre seulement lui avaient donné leurs suffrages.

(*Chronique de du Breul.*)

AN 1458.

SIMON *Bourrelier*, notaire, secrétaire du Roi et greffier de la Chambre des Comptes, fonda, en 1458, un hôpital à *Villeneuve-Saint-Georges*, et voulut que celui qui en serait le recteur fût nommé par l'abbé de Saint-Germain-des-Prés comme seigneur et patron de la paroisse.

(*Archives de l'abbaye de Saint-Germain.
Bouillart. Liv. III, page 172.*)

Lebœuf mentionne que cet hôpital n'existait plus de son temps, en 1757.

En effet, on enregistra au Parlement, le 30 décembre 1670, des lettres-patentes portant la suppression du titre de la chapelle Saint-Simon-Saint-Jude, appelée l'hôpital, au bourg de Villeneuve. Les rentes revenaient à l'*Œuvre*, à la charge d'en employer les deniers conformément aux ordonnances de l'Archevêque de Paris du 17 juillet 1669. Cette chapelle, qui existait encore en 1738, était au milieu de la grande rue de Villeneuve, à droite en venant de Paris; elle servait alors d'école.

AN 1467.

Sous le règne de Louis XI (1461-1483), Robert V de Lespinasse, homme sans mérite, nous dit Dom J. Bouillart, fut élu abbé de Saint-Germain-des-Prés, en 1467. Les religieux ne lui auraient jamais donné leurs suffrages si le roi, qui aimait la sœur de ce religieux, n'eût imposé sa volonté dans cette élection.

En effet, l'abbé Robert de Lespinasse dissipa en peu de temps ses revenus et compromit l'état de l'abbaye. Pour répondre à différents besoins, il fit consentir sa communauté, en 1472, à donner à un particulier, par un bail emphytéotique de quatre-vingt-dix-neuf ans, un fief dépendant de l'abbaye, nommé le fief du *Moucet* ou de la Croix, situé à *Jouy-en-Josas*. L'abbé ne retira de cet abandon que huit livres parisis de rente et deux cents écus d'argent une fois payés.

(Dom J. Bouillart. Liv. III.)

En 1482, Robert de Lespinasse fut contraint de se démettre de son abbaye en faveur de Geoffroy III dit Floreau, religieux bénédictin et évêque de Châlons, qui fut le dernier abbé régulier de Saint-Germain-des-Prés.

Les *abbés réguliers* exerçaient à la fois le pouvoir spirituel et le pouvoir temporel ; les *abbés commendataires* étaient souvent des laïcs qui jouissaient d'une partie des revenus du monastère et qui laissaient la puissance spirituelle aux mains d'un délégué appelé *prieur claustral*. Ces abbés commendataires ou *abba-comites* ont donné naissance aux abbés de cour, cadets de familles nobles, qui recevaient la tonsure et prenaient le titre d'abbé en expectative d'une abbaye dont ils espéraient toucher les bénéfices.

Lorsqu'une abbaye possédait des terres ou des fermes situées à une grande distance, l'abbé envoyait des moines s'établir dans ces domaines afin de les faire valoir. Ces succursales portaient le nom de *Celles*, (*cellules*, *La Celle-les-Bordes*, la *Celle-Saint-Cloud*,) d'*Obédiences* ou de *Prieurés*, et le supérieur prenait le titre de Prieur.

AN 1518.

Sous le gouvernement de Guillaume V, dit Briçonnet, évêque de Meaux, l'abbaye de Saint-Germain-des-Prés obtint du Roi, en mars 1518, l'établissement de trois foires et d'un marché à *Meudon*. La première foire se tenait le jour de Saint-Leu ; la seconde, le 3 février et la troisième, le mercredi de la Pentecôte.

Le marché devait se tenir tous les lundis ; mais, en 1570, comme nous le relatons plus loin, l'abbaye fit aliénation de ses droits en faveur du cardinal de Lorraine.

AN 1522.

D'APRÈS un dénombrement fait en 1522, l'abbaye de Saint-Germain-des-Prés marque que la seigneurie *du Breuil*, près Epinay-sur-Orge, comprend : Epinay, les Petit et Grand Vaux, Charintru, Balisy, une partie de Juvisy et de Savigny.

AN 1534.

LES habitants de *Wissous* qui avaient des vignes dans un canton du territoire d'Antony, refusèrent, en 1534, de porter leurs vendanges aux pressoirs banaux de l'abbaye. Condamnés par une sentence du Prévôt de Paris, ils eurent recours au Parlement qui confirma l'arrêt, en 1538. Dès lors, ils demandèrent un accommodement, acceptant de payer, outre le cens annuel, vingt sols tournois, tous les ans, pour chaque arpent de vigne, pourvu qu'ils eussent la liberté de pressurer leurs vendanges où bon leur semblerait jusqu'à ce que l'on eût construit un ou plusieurs pressoirs proche le pont d'Antony.

Les habitants de *Massy*, voulant imiter ceux de Wissous dans leur indépendance, refusèrent également de porter au pressoir de l'abbaye les vendanges provenant du lieu dit : *le clos de Macy* ; mais, pas plus heureux que leurs voisins, ils y furent obligés par le Parlement en 1543. Par transaction, ils acceptèrent alors de payer par chaque arpent de vigne : quinze sols pour cens, dîme, pressurage, à condition qu'ils feraient pressurer leurs vendanges où ils voudraient.

(Archives de l'abbaye de St-Germain-des-Prés. Dom Bouillart, liv. V.)

AN 1549.

Dom Jacques du Breul relate, dans ses Chroniques, qu'en 1549, le roi Henri II envoya le cardinal François de Tournon, abbé de Saint-Germain-des-Prés, en qualité d'ambassadeur à Rome. Avant son départ, les religieux de l'abbaye lui représentèrent la médiocrité de leurs revenus, depuis qu'il s'était approprié la terre de *Villeneuve-Saint-Georges*. Ils le supplièrent avec tant d'instance de suppléer à leurs besoins par quelque compensation, que, touché de leurs prières, il promit de mettre ordre à tout, après son retour de Rome, et leur accorda, par avance, une rente de sept cents livres, dont il continua le payement jusqu'à ce qu'il leur eût cédé les bois de *Verrières*.

Le cardinal François de Tournon, qui avait été nommé doyen du Sacré-Collège à Rome, mourut à *Saint-Germain-en-Laye*, en 1562. Son corps y resta quelques jours, nous dit Jacques du Breul, « parce qu'il n'y avait plus de sûreté dans les chemins occupez par les Huguenots aux environs de Paris. »

D'après les registres de l'abbé Irminon, le monastère de Saint-Germain-des-Prés possédait seulement, du temps de Charlemagne : « trois lieues de tour de bois à Saint-Germain-en-Laye : *Habet in Lida de silva in gyro tres leucas.* »

AN 1562.

En 1562, le Cardinal Charles de Bourbon, prince du sang, archevêque de Reims, donna sa procuration à son grand vicaire, Louis de Mainternes, pour prendre possession, en son nom, de l'Abbaye de Saint-Germain-des-Prés, et le 21 juillet, il se rendit à l'église pour l'investiture de son titre d'Abbé.

Quelques jours après, il alla en Picardie, dont il était gouverneur, afin d'arrêter les Huguenots qui menaçaient de se rendre maîtres de la France. Ils avaient une puissante armée commandée par Louis de Bourbon, prince de Condé, et l'amiral de Coligny : « Plusieurs villes considérables, relate *Dom Bouillart, p. 193*, avaient cédé à la force de leurs armes, et le dessein des ennemis était de surprendre Paris, pour lors sans défense et dépourvu de tout. Ils assiégèrent, dans leur chemin, la ville d'*Etampes*, et Dieu permit qu'au lieu de venir droit à Paris, ils s'arrêtassent à *Corbeil*, d'où ils furent honteusement repoussez par la résistance vigoureuse des habitants. » Pendant ces troubles, les religieux de Saint-Germain subirent de grandes pertes parce que « les Huguenots, avant de venir à Paris, mirent le feu aux fermes d'Antoni et de *Verrières* et à leurs pressoirs. » Comme l'abbaye ne put rétablir immédiatement ces propriétés, elle fut obligée de vendre ce qui restait de ses maisons à Antoni et à *Verrières*.

Lebœuf (tome IX, p. 348) mentionne également que, pendant cette lutte religieuse, « les fermes de *Verrières* et d'Antoni furent réduites en cendres et que l'église de Verrières fut grandement endommagée. » Dulaure dit qu'elle fut brûlée.

AN 1568.

Pour soutenir la lutte contre les Calvinistes, le roi Charles IX, avec l'autorisation du Pape, leva des subsides sur les biens d'église, et l'abbaye de Saint-Germain-des-Prés fut taxée à 5.000 livres. Le roi accorda, en avril 1568, à l'abbaye des lettres patentes mettant les religieux et leurs biens sous sa protection, à l'abri des inquiétudes des Huguenots. Il évoqua, outre cela, aux requêtes du Palais les procès qu'ils pourraient avoir dans le ressort du Parlement. La première cause qui y fut plaidée regardait les habitants de *Valenton*, qui refusaient de porter leurs vendanges sur les pressoirs banaux de l'abbaye. Les religieux obtinrent contre Valenton, le 7 septembre 1568, une sentence qui fut confirmée, un an après, par arrêt du Parlement.

AN 1570.

LES religieux de Saint-Germain-des-Prés furent sollicités, en 1570, par le Cardinal de Bourbon, de céder au Cardinal de Lorraine, seigneur en partie de *Meudon*, la haute, moyenne et basse justice, les rentes, les cens, les dîmes, champarts (part sur les gerbes qui revenaient au seigneur) et autres droits seigneuriaux qu'ils avaient en ce lieu. Cette demande souffrait des difficultés, parce que Meudon appartenait à l'abbaye depuis sa fondation, comme relevant du fief d'Issy. Toutefois, les religieux, ne pouvant résister aux instances des deux Cardinaux, consentirent à cette aliénation, moyennant quatre cents livres de rente que le Cardinal de Lorraine leur donna à prendre sur une somme de six cents livres qu'il touchait, tous les ans, à l'Hôtel de Ville de Paris. Cependant, ils se réservèrent tous les fonds dont ils étaient en possession et qui consistaient en une maison ou ferme, deux pressoirs, quelques terres labourables, prés, vignes et autres héritages spécifiés dans le contrat de vente. Ils devaient être exempts de la justice du lieu et du payement des cens, rentes, dîmes et autres droits seigneuriaux ; en outre, les dix arpents de terre qu'ils avaient le droit d'acheter sur le même terroir selon les conditions du contrat, devaient être exonérés de tout impôt. Le curé de *Meudon* intenta un procès aux religieux de St-Germain-des-Prés, au sujet des dîmes qu'il prétendait lui appartenir ; mais le Parlement, par un arrêté du 26 mai 1571, condamna le Cardinal de Lorraine à payer les frais du procès.

Dans la suite, la terre de Meudon fut entre les mains de Monsieur de Servien, surintendant des finances, qui pria les religieux de lui céder les vignes, prés et autres possessions qu'ils avaient en ce lieu ; ce contrat fut passé, moyennant la somme de trente-six milles livres, le 25 avril 1657.

(Chroniques de Dom J. du Breul)

AN 1590.

CHARLES II, Cardinal de Vendôme, puis de Bourbon, prit possession, comme d'un héritage, des bénéfices de son oncle Charles I*er*, Cardinal de Bourbon, que les ligueurs proclamèrent roi, sous le nom de Charles X. Sans attendre l'assentiment de Rome, à vingt-huit ans, il se fit accepter, en 1590, comme abbé de Saint-Germain.

Par suite des guerres civiles, les revenus de la mense conventuelle avaient énormément diminué ; de nouveau, le Pape avait autorisé la vente de biens d'église et, en 1577, l'abbaye de Saint-Germain avait fourni, pour sa part, une somme de 6.318 livres. Les religieux supplièrent Charles II de Bourbon de les tirer de cet état précaire ; mais le Cardinal s'en inquiéta fort peu. Alors, les religieux s'adressèrent au Parlement qui leur permit de prendre, sur les revenus de la mense abbatiale, la somme de 900 livres pour les aider à vivre.

Quelque temps après, le Conseil d'Etat, pour sortir les religieux de cette pénible situation, leur donna la jouissance des terres de *Dammartin*, de *Villeneuve-Saint-Georges*, d'Emant et de Cachant, relevant de la mense abbatiale, jusqu'à la somme de six mille livres en déduction de ce qui leur avait été assigné pour leur mense conventuelle avec promesse de garantie.

Dans la suite, le Roi leur fit une remise d'un tiers des décimes qu'ils étaient obligés de payer pour les églises de *Septeuil* et *Montchauvet*, dont les fermes avaient été ruinées par les gens de guerre.

Vers cette époque, la seigneurie du *Breuil*, à *Epinay-sur-Orge*, fut vendue par le Cardinal de Bourbon, abbé de Saint-Germain, 6.840 livres tournois à Barnabé Brisson, avocat général du Parlement de Paris.

(*Dom J. Bouillart. Liv. V, p. 206.*)

Lorsqu'Henri III eut quitté Paris (1589), les Seize, restés maîtres de la ville, donnèrent à Barnabé Brisson la charge de premier président, en remplacement d'Achille de Harlay, qu'ils avaient mis à la Bastille ; mais, mécontents de ce nouveau président, qu'ils trouvaient trop royaliste, ils le pendirent dans la chambre même du Conseil, en 1591. En 1587, le président Brisson était châtelain de *Grand-Vaux*, dépendance de *Savigny-sur-Orge*. Suivant les chroniques du temps, il fut pendu avec deux autres magistrats : Claude Larches et Jean Tardif. Tous les trois furent arrêtés à neuf heures du matin, confessés à dix, pendus à onze.

AN 1594.

L'ANNÉE 1594 est remarquable par l'entrée du roi Henri IV à Paris, le 22 mars. Le Cardinal de Bourbon, qui souhaitait avec passion de voir Henri IV maître de la capitale, se fit transporter en litière de *Mantes* à Paris, où il arriva le samedi d'après Pâques.

(Chroniques de du Breul.)

Le premier juin 1594, le Cardinal de Bourbon se fit transporter dans son abbaye où il mourut le 30 juillet, âgé de 32 ans. Quoiqu'il eût ses Bulles pour l'archevêché de Rouen, il ne fut jamais sacré : il resta sous-diacre, sans vouloir d'autre ordination, espérant parvenir à la couronne si Henri IV mourait sans enfants.

(Dom J. Bouillart.)

Après lui, le siège abbatial de Saint-Germain resta vacant jusqu'en 1623 ; mais les revenus de l'abbaye trouvèrent facilement des maîtres, et le premier qui en bénéficia, fut le Prince de Conti, frère du Cardinal défunt, qui, bien que marié, posséda les revenus sous le nom de Jean Percheron et de Louis Buisson.

AN 1611.

SOUS l'abbatiat de Henri II de Bourbon, évêque de Metz, l'abbaye de Saint-Germain-des-Prés fit, en 1611, un exposé des lieux où elle avait droit de justice, et elle y comprit *Saint-Antoine-du-Buisson*, paroisse du *Chesnay*, ancien doyenné de Châteaufort.

(*Antiquités de Paris.*
Du Breul, p. *249.*)

Dans une requête que les religieux de Saint-Germain présentèrent également, en 1611, au Parlement, nous trouvons *Avrainville* parmi les lieux où s'exerce la justice de Saint-Germain. Les religieux ne possédaient pas le château à Avrainville, mais seulement une ferme. La justice que l'abbaye exerçait sur le territoire entier d'Avrainville, s'étendait aussi sur une maison située à *Châtres (Arpajon)* près de l'église Saint-Clément, hôtellerie qui était connue sous l'enseigne du *Singe-Verd*. De temps immémorial, les religieux y tenaient une assise, le jour de la Saint-Martin d'hiver, avec les prévôts et les officiers de leur justice. Dans cette assemblée, les justiciables de de la justice d'*Avrainville* étaient appelés nominativement et obligés de comparaître en personne ou de faire valoir une excuse ; chaque chef de famille y était représenté. Ceux qui ne pouvaient produire une excuse légitime étaient condamnés par le prévôt à une amende de trois livres. On lisait, dans cette tenue des assises, les ordonnances de police d'Henri II, les règlements concernant les bestiaux et les droits limitant les pâturages. Après l'audience, le propriétaire de l'hôtellerie du Singe-Verd était tenu de donner un dîner maigre aux officiers de la justice d'*Avrain-*

ville et de payer, en outre, dix sols de redevance à la seigneurie d'Avrainville.

(Antiquités de Paris, Du Breul.)

Du Breul cite également *Epinay-sur-Orge* parmi les terres où l'abbaye exerce haute, moyenne et basse justice.

AN 1623.

EN 1623, Jallevy, curé de *Villeneuve-Saint-Georges* (1607-1650), publia une traduction française de la vie de saint Germain, évêque de Paris.

AN 1630.

AU commencement de janvier 1630, le roi Louis XIII résolut de tracer des routes dans les bois de *Verrières*, dépendance de l'abbaye de Saint-Germain, afin de parcourir plus facilement ses chasses. Il nomma MM. de Marillac garde des Sceaux, et Deffiat intendant des Finances, pour faire l'estimation des dommages qui incomberaient aux religieux. Ils convinrent de la somme de trois cents livres pour chaque arpent qui serait compris dans ces nouvelles routes, sous la réserve que les religieux y conserveraient leur droit de justice et que ces routes seraient réunies au domaine de l'abbaye, en cas qu'elles changeassent de destination. Ce contrat fut passé le 14 janvier 1630 et ratifié, le même jour, par toute la communauté assemblée en chapître.

(Dom. Bouillart. 1 Liv. V.)

AN 1641.

EN 1641, la terre de *Saint-Remi* (ancien doyen de Châteaufort), appartenant à l'abbaye de Saint-Germain-Prés, fut vendue au marquis de Sourdis.

AN 1658.

LE 20 août 1658, l'abbaye de Saint-Germain-des-Prés donna un *petit ossement* de saint Germain à la paroisse du *Chénay*, nouvellement rebâtie en son honneur par Monsieur de Bernières, conseiller d'État.

AN 1662.

LOUIS XIV fit, en 1662, de grandes dépenses pour tracer les jardins de *Versailles*. Il augmenta le parc et y enferma plusieurs villages ainsi que les terres de beaucoup de particuliers et de l'abbaye de Saint-Germain. Pour cet agrandissement, on prit : deux arpents de pré et trois cents arpents de terre labourable, dépendance des paroisses du *Chénay* et de *La Celle-Saint-Cloud*, où l'abbaye tenait droit de justice et de dîme.

AN 1664.

Le 26 avril 1664, un acte fut dressé : « aux » termes duquel le prieur et les sénieurs de » l'abbaye royale de Saint-Germain-des-Prés, » *seigneurs, châtelains et voyers de la terre et sei-* » *gneurie de la Selle, le Chesnay, Saint-Anthoine-* » *du-Buisson*, sur la requête à eux présentée par » Mre Noël Emery, curé du Chesnay et de la » *Chapelle de Saint-Anthoine-du-Buisson*, accor- » dent à celui-ci l'autorisation de *joindre et enclore* » *à son jardin du presbytère de Saint-Anthoine-* » *du-Buisson un reste de chemin que le Roy a fait* » *enclore dans son parc de Versailles*, chemin qui » conduisait de Saint-Anthoine-du-Buisson au » village de Trianon, consistant en la quantité » de 29 thoises de long, à prendre depuis le mur » faisant séparation du sémetier de la chapelle » de Saint-Anthoine-du-Buisson à la cour du » presbytère de ladite chapelle, sur la largeur de » 16 pieds entre les lieux dudit presbytère et le » jardin deppendant d'une petite maison appar- » tenant au seigneur de Rocquencourt. »

(Archives départementales de Seine-et-Oise. E. Coüard, page 316.)

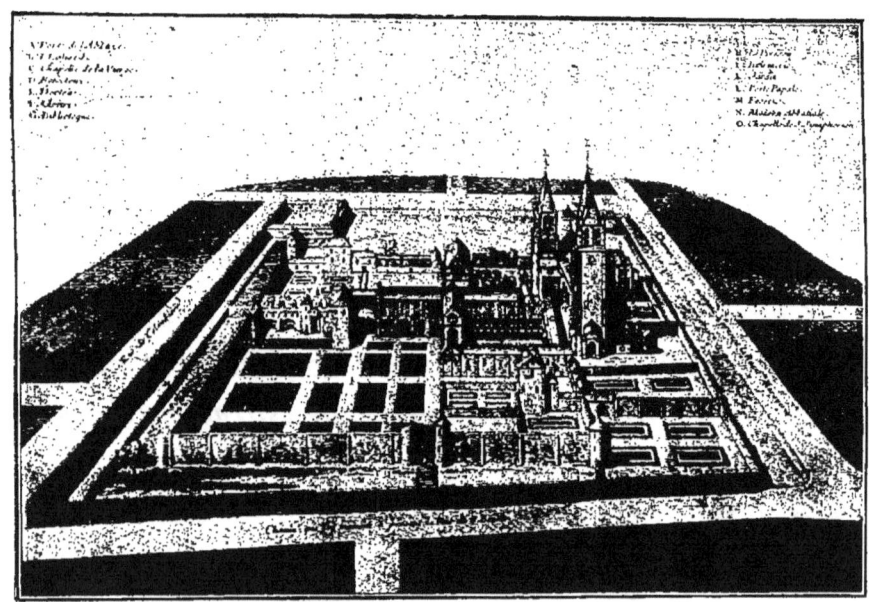

Vue occidentale de l'Abbaye de Saint-Germain-des-Prés.
1640.

AN 1669.

Pierre Aufrié commença, en 1669, avec l'appui du monastère de Saint-Germain-des-Prés, un procès contre ceux qui avaient changé la nature du territoire de *La Celle-Saint-Cloud*, en y plantant des bois taillis, des châtaigniers, des osiers. Ce procès était dirigé contre Nicolas le Prêtre, président à la cour des Aydes, et Etienne Pavillon, secrétaire du roi.

Le 20 août 1689, il fut décidé par le Parlement que la dîme des terres changées de nature depuis 1625, et qui pourraient l'être, serait de 20 sols par arpent.

(Code des Curés. T. I, p. 160.)

AN 1674.

Au mois de mars de l'an 1674, Louis XIV supprima, par un édit, toutes les justices particulières, pour les réunir au nouveau châtelet de Paris. Par ce fait, la justice de l'abbaye fut supprimée, bien qu'elle fût la plus ancienne et la plus considérable. Cette décision du Roi portant de graves préjudices à l'abbaye, le sieur Pélisson, maître des requêtes, chargé de l'économat de l'abbaye, présenta un mémoire au Roi qui apporta quelques adoucissements à son édit. On laissa la haute justice à l'abbaye, mais dans son enclos seulement ; on permit à l'abbé d'établir un bailli et autres officiers de justice ; on laissa également à l'abbé la haute justice sur les seigneuries qu'il possédait hors de Paris. Cet arrêt ne fut mis en exécution qu'en 1692.

AN 1679.

EN 1679, le roi Louis XIV fit défense aux religieux de Saint-Germain-des-Prés de couper les bois d'*Amblainvilliers*, de *Verrières*, de *Monteclin* et de *La Celle-Saint-Cloud*, formant treize à quatorze cents arpents, parce que sa volonté était de les enfermer dans son nouveau parc de *Versailles*.

Louis XIV s'en mit de suite en possession, promettant de les acheter et de dédommager l'abbaye ; mais il s'en tint seulement à sa promesse, pensant, sans doute, qu'il faisait beaucoup d'honneur aux religieux en daignant confisquer leurs biens pour son bon plaisir. *Sit pro ratione voluntas.*

Colbert avait estimé le prix de ces bois à deux cent soixante-cinq mille cinq cents livres ; mais son successeur Louvois refusa de payer.

AN 1680.

LA marquise de *Palaiseau* suscita, en 1680, un gros procès aux religieux de Saint-Germain pour les droits seigneuriaux qu'elle prétendait lui être dus, à cause de l'acquisition de la terre de Berni faite par le sieur de Pélisson, terre qui relevait de *Palaiseau*. L'affaire fut portée devant le Grand Conseil, lequel, ayant reçu les offres des religieux qui consentaient à payer pour ce qui relevait de Palaiseau, ordonna une descente sur les lieux pour savoir si le château de Berni relevait aussi de Palaiseau. L'on trouva qu'il était situé *dans la directe* d'Antoni ; ce qui fit juger l'affaire en faveur des religieux au mois de septembre 1684.

AN 1681.

VERS la fin de juillet 1681, le curé de *La Marche* présenta une requête aux religieux de Saint-Germain, protecteurs de son église, pour obtenir leur consentement afin de supprimer le titre de sa cure et de le réunir à *Vaucresson*, alléguant qu'il n'avait plus *qu'un paroissien* et soixante livres de revenu pour son entretien et celui de son église.

L'abbaye de Saint-Germain consentit à cette demande sous cette clause : que l'union des deux églises se ferait avec l'assentiment de l'archevêque de Paris. Mais, parce que l'abbaye perdait son droit de nomination et que le curé de Vaucresson, qui était à la présentation de Saint-Denis, acquérait les deux titres, l'on convint que les religieux de Saint-Denis nommeraient deux fois et ceux de Saint-Germain la troisième fois, quand le bénéfice viendrait à vaquer.

AN 1686.

EN 1686, l'abbaye de Saint-Germain-des-Prés acheta la terre de Fresnes-les-Rungis et, comme nous l'avons déjà mentionné plus haut, vainement la marquise *de Palaiseau* prétendit que cette terre relevait d'elle.

AN 1704.

LE Cardinal Guillaume Egon de Fürstemberg, évêque de Metz et de Strasbourg, mourut en 1704, dans son abbaye de Saint-Germain-des-Prés dont il avait restauré le palais abbatial. Ce Cardinal habita *Villeneuve-Saint-Georges* comme propriétaire du château de Beauregard, qui fut la résidence de Balzac; actuellement, cet ancien château abbatial est converti en mairie. En 1697, l'abbé Le Cappelain, curé de Villeneuve-Saint-Georges seulement pendant une année, obtint du Cardinal de Fürstemberg, abbé de Saint-Germain-des-Prés, l'établissement de la fontaine dite des Bretons. L'abbé Le Cappelain avait fait valoir, dans sa requête au Cardinal, que, pendant les hivers rigoureux ainsi que dans les grandes crues de la Seine, les habitants de Villeneuve manquaient d'eau potable.

C'était près du château du Cardinal de Fürstemberg qu'étaient établies les fourches patibulaires de la justice seigneuriale des abbés de Saint-Germain-des-Prés, seigneurs de Villeneuve. L'emplacement exact est le fort actuel qui, du temps de la Fronde, s'appelait l'Éminence.

AN 1707.

Le 2 mars 1707, un accord fut conclu entre le curé du *Chesnay*, Mre Nicolas Neveu, d'une part, et les religieux de Saint-Germain-des-Prés, d'autre part, pour prévenir un procès : « au
» sujet du gros deu audit Sr Neveu, comme curé
» de Chenay, par lesdits R. PP. comme déci-
» mateurs de ladite paroisse, lequel gros consiste
» en 39 septiers et mine de blé méteil, payables
» au jour de Saint-Martin de chacune année,
» mesure de Paris ; » aux termes de cet accord, cession est faite aux curés du Chesnay par lesdits religieux des : « dixmes, tant grosses que vertes
» et menues à eux appartenantes en ladite pa-
» roisse du Chesnay, hors du parc de Versailles,
» mesme la grange dixmeresse seize audit lieu,
» et la rente de 188 livres 15 solz due annuelle-
» ment par le Roy au jour de Saint-Remy sur
» son parc de Versailles pour dédommagement
» de la dixme de plusieurs terres et vignes de
» ladite paroisse enfermées dans le parc de Ver-
» sailles. »

(*Archives départementales de Seine-et-Oise. E. Coüard, pages 315, 316.*)

AN 1775.

UN bail du 30 avril 1775 mentionne que l'abbaye de Saint-Germain-des-Prés possédait : « sur le territoire de *Viry*, non loin de Juvisy, cinq arpents et demi de pré, dit le pré de Savigny, et deux autres arpents dans la section du Champ Famillier. »

(Arch. Nat. S. 2884.)

AN 1790.

LE dimanche 8 septembre 1790, le Conseil Général de la commune de *Viry* tint séance : « à l'effet de délibérer sur la soumission à faire
» pour l'acquisition des domaines nationaux situés
» dans l'étendue du territoire de la commune de
» Viry-Châtillon ; à savoir...... 6° cinq arpents et
» demi de pré dépendant des propriétés cy-
» devant aux religieux de l'abbaye de Saint-
» Germain-des-Prés. Lesdites propriétés situées,
» comme il est dit cy-dessus, dans l'étendue de
» ladite commune, lesquelles nous promettons
» nous rendre adjudicataires aux termes du décret
» de l'Assemblée Nationale, sauf à parfaire la
» mesure de chacune desdites propriétés suivant
» le prix des baux et à l'estimation qui en sera

» faite pour les parties qui ne seront pas louées
» ou dont il n'y aura pas de bail authentique. »

(Archives Municipales. Ier Registre des Délibérations.)

AN 1793.

EN outre, les *Registres des Comptes de l'Eglise de Viry* confirment l'existence de ces biens par la délibération suivante :

« Le propriétaire n'ayant pas fourni sa décla-
» ration dans le délai prescrit par l'article IV du
» décret de l'Assemblée Nationale des 20, 22 et
» 23 novembre 1790, Nous, commissaires chargés
» de la confection des états de sections, avons
» arrêté que ledit propriétaire sera compris sous
» le N° 75 dans la section du Champ Familier
» pour une pièce de deux arpents de pré.
» Fait et délibéré à Viry, le 21 janvier 1793. »

NÉCROLOGE
DE
l'Abbaye de St-Germain-des-Prés

Le nécrologe rappelait, pour chaque jour, le nom des différents abbés, religieux et bienfaiteurs de l'abbaye.

X. Kl. Mai.
Dep. Wandremari abbatis sancti Germani qui dedit Cellam super Sequanam sancto Germano, Vulsfradi mon.....

VIII. Kl. Jun.
Bertranni commemoratio ob vineas quas almo porrexit Germano in villa Savineaco arp. III cum censo fol. III.

V. Id. Jan.
Ob. Richardus de Setulia..... 1668.

III. Id. Jan.
Henricus de Villemorien monach. qui dedit nobis Capellam B. Mariæ Desideratæ.

Idus Febr.
Henricus de Monte-Calveto.

Kal. Mar.
Robertus de Ponte super Avrenvillam.

Martius.
VIII. Id.
Herbertus de Verrières.

Aprilis.
VI. Id.
Johannes de Pontisara.

Aprilis.
III. Kl.
Petrus. Lucina mater Reginaldi Prioris Avrinvillæ

Maius.
VIII. Kl.
Syla majorissa de Meudono.

Maius.
II. Kl. Ob. Garnerius de Medunta.

Julius.
VI. Non.
Bernardus de Pontisara.

Julius.
VI. Id.
Alpesia de Matriolis quæ dedit aquam monachis de Matriolis.

Julius.
IX. Kl.
Philippus Damelaville prior de Septuolia.

Julius.
III. Kl.
Odo de Saint-Quez, prior de Villa-Nova.

Augustus.
VI. Kl.
Arnulfus de Goupillières.

Augustus.
V. Kl.
Symon de Dammartin.

September.
XV. Kl.
Theobadus præpositus de Villa-Nova-Sancti-Georgii.

October.
III. Non. Ob.
Ludovicus Balavoine sacerd. et monach. sancti Martini Pontisar. 1697.

November.
Kl. Novembr. Ob.
Radulfus de Guerville.
III. Non. Ob.
Johannes presbyter de Cheptinville.
XIII. Kl. Ob.
Hugo de Septulia.

December.
Kl. Decembr.
Almarricus de Monte-Calveto.
December.
Nonas.
Depositio Guillelmi Chevremont Prioris S. Nigasii de Meulento 1720.

RECUEIL DES ÉPITAPHES

SÉPULTURES

hors de l'église de l'Abbaye.

Épitaphe du Frère Jean de *Pontoise* :

Hic jacet Frater Johannes de Pontisara, quondam Camerarius istius ecclesiæ ; in quo sensus erat, bonitas, pax et moderamen ; omne malum spernat, pace fruatur.
Amen.

Dom J. Bouillart fait remonter cette épitaphe au XIIIe siècle.

Épitaphe du Frère Henry de Mont-Chauvet :

Hic jacet Frater Henricus de Montecalveto monachus istius ecclesiæ, qui præpositus *Villæ-Novæ-Sancti-Georgii*, obiit anno Domini M.C.C. nonagesimo VI, idus Februarii. Anima ejus requiescat in pace.

Épitaphe du Chevalier de Saclay :

.... de Saclois, Chevalier qui trépassa en l'an de Notre-Seigneur M. CC. LXXIII.

Parmi les épitaphes des personnes de qualité inhumées dans le petit cloître de l'abbaye, nous relevons l'épitaphe d'Étienne de Saclay :

Hic jacet Majester Stephanus de Sacleiis thesaurarius ecclesiæ beati Hilarii Pictaviensis, qui obiit sexto Kalendas Januarii in festo beati Johannis Evangelistæ, anno Domini M. CC. LXXVI. Orate pro eo.

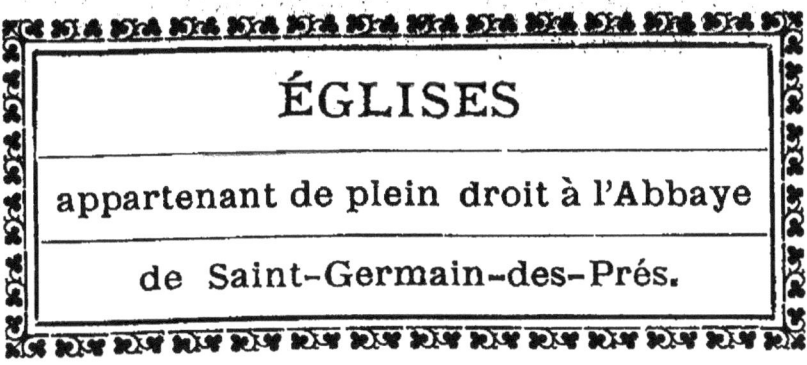

ÉGLISES

appartenant de plein droit à l'Abbaye de Saint-Germain-des-Prés.

In episcopatu Senonensi :

Ecclesia de Matriolis.
Ecclesia Sancti Petri de Veteribus Matriolis.

In episcopatu Parisiensi :

Ecclesia Villanovæ-Sancti-Georgii.
Ecclesia de Chrona prope Villam-Novam.
Ecclesia de Valentone.
Ecclesia de Verreriis.
Ecclesia de Avrainvilla.
Ecclesia de Vaucresson ;
Les religieux de Saint-Denis y nomment deux fois de suite avant ceux de Saint-Germain.

In episcopatu Carnotensi :

Ecclesia de Domno-Martino.
Ecclesia de Laoniis (*Longnes*).
Ecclesia de Neelfleta.
Ecclesia B. Magdalenes de Monte-Calvulo.
Ecclesia de Septulia.

In episcopatu Rothomagensi :

Ecclesia sancti Leodegarii.
Ecclesia de Villers.
Ecclesia de Longuessæ.

Hæ sunt ecclesiæ in quibus Monasterium Sancti-Germani-de-Pratis habet jus patronatus vel quæ ad dictum Monasterium pertinent pleno jure.

(*Pouillé de l'Abbaye de Saint-Germain-des-Prés.*)

ERRATA.

Page 10, ligne 23, *au lieu de* sain *lisez* saint.
Page 172, ligne 18, *au lieu de* Polrido *lisez* Colrido.
Page 232, ligne 15, *au lieu de* Lognes *lisez* Longnes.
Page 237, ligne 6, note, *au lieu de* Seine-et-Oise *lisez* Seine.
Page 250, ligne 15, *au lieu de* Chenay *lisez* Chesnay.
Page 264, ligne 2, *au lieu de* Crône *lisez* Crosne.
Page 291, ligne 7, *au lieu de* menses *lisez* messes.

TABLE CHRONOLOGIQUE.

Années.   Pages.

543.	Notice sur l'abbaye de Saint-Germain-des-Prés.	5
558.	Dépendance de Sèvres.	9
	Charte de Childebert I	10
	Terre de Prunay-le-Temple	10
560.	Sèvres. Essonnes. Miracles de saint Germain	11
615.	Pays d'Etampes. Donation de l'évêque Bertram	11
	Prunay. Epônc. Miracle de saint Germain	13
697.	Terre de la Celle-lez-Saint-Cloud	13
754.	Fisc de Palaiseau	14
	Églises de Gif, Vauhallan.	18
	Capitation : Palaiseau, Gagny, Verrières, La Celle-Saint-Cloud, Villeneuve-Saint-Georges.	39
764.	Guerville : chapelle de Saint-Germain-de-Secval	42
	Fisc de Secval	45
	Boinville. Buchelay. Port-Villez. Mantes. Fresnel. Senneville. Jumeauville. Arnouville.	
775.	Plaisir-en-Pincerais : église, monastère	62
	Terre de Feucherolles.	63
778.	Péages, impôts de Villeneuve-Saint-Georges. Charte de Charlemagne.	63
	Terre de Valenton.	64
	Avoués de Villeneuve-Saint-Georges	65
	Fisc de Villeneuve-Saint-Georges	65
	Boussy-Saint-Antoine.	82
800.	Fisc de Gagny	83
	La Celle-lez-Bordes, manoir seigneurial	89
	Fisc de La Celle-les-Bordes.	90
	Forêt d'Yveline.	90
	Neauphlette. Bréval. Blery. Tilly.	100
	Fisc de La Celle-Saint-Cloud	101
	Bois de Beynes et de Lévy-Saint-Nom	101
	Boulincourt	104
	Fourqueux, vigne. Médan	113
	Église du Chesnay	114
	Asile de La Celle-Saint-Cloud	114
	Église de Saint-Germain-lez-Corbeil	115

Années.		Pages.
811.	Moulins de Maule	115
	Terres de Guerville et de Maisons	116
	Fisc de Maule	116
	Église de Mareil-sur-Mauldre	116
	Auteuil. Secval-Guerville.	117
	Boinville. Jumeauville.	129
	Flins, bois de Saint-Vincent	130
	Baron de Maule.	132
	Prieuré de Maule	132
	Fisc de Maisons-sur-Seine	133
	Forêt de Saint-Germain-en-Laye	133
	Églises de Maisons et de Chambourcy	133
	Bailly. Fontenay-le-Fleury	138
	Chavannes. Arnouville. Senneville. Fresnel. Port-Villez. Boinville. Septeuil. Mézières. Houdan. .	140
	Fisc de Villette	140
	Boinville	141
816.	Rueil, léproserie	144
	Rueil. La Chaussée	145
	Églises de La Celle-Saint-Cloud	145
829.	La Celle-Saint-Cloud. Épinay-sur-Orge. Valenton. Charte de Louis-le-Débonnaire.	147
	Vin de Villeneuve-Saint-Georges. Règlement de Charles-le-Chauve.	147
	Chapelle d'Épinay-sur-Orge	149
	Fisc d'Épinay	149
847.	Territoire d'Étampes	159
	Arpajon. Leudeville	160
	Charte de Brunard	160
	Donatio Hildemodi	161
	Colons de Thionville, Chalo et de Chalou-la-Reine	162
	Fisc de Morsang-sur-Seine	163
	Fisc de Coudray-sur-Seine	170
848.	Terre du Chesnay. Église.	172
	Dépendances de Jouy	173
	Fisc de Jouy-en-Josas	173
856.	Biens de Villepreux. Églises	179
872.	Chalo-Saint-Mars	180
911.	Traité de Saint-Clair-sur-Epte	180

Années.		Pages.
918.	Seigneurie de Bouafle.	182
	Biens de Meulan, Crespières.	182
	Chapelle de Longuesse	182
	Terre de Mareil-sur-Mauldre.	182
	Charte de Charles-le-Simple.	182
	Menses de Meulan	183
956.	Aliénation de la terre de Palaiseau.	184
	Mort de Hugue à Dourdan. Chapelle de Saclay. Fermes de Palaiseau. Église de Vauhallan. Chevaliers de Saclay.	184
960.	Église de Longuesse	185
	Lettre de l'Archevêque de Rouen	
1027.	Garin, vicomte de Verrières	186
	Fisc de Verrières	187
1030.	Dammartin. Charte de Robert-le-Pieux	206
1045.	Villeneuve-Saint-Georges, donation. Lettre d'Imbert, évêque de Paris	207
1070.	Églises d'Avrainville et de Garches	209
	Lettre de Geoffroy, évêque de Paris	209
1073.	Avrainville. Charte de Philippe I	210
	Comtes de Montfort	211
	Château de Beynes. Fief du Chesnay	212
1082.	Scavello, avoué de Dammartin	212
	Charte de Philippe I	213
	Robert de Meulan	214
1093.	Chevaliers de Valenton	214
	Abbaye d'Yerres	214
	Seigneurie de Valenton	215
XIme Siècle.	Savigny-sur-Orge, legs de Bertrand . . .	215
1133.	Château de Mont-Chauvet	215
	Armoiries de Mont-Chauvet	217
	Armoiries de Saint-Germain-des-Prés	218
	Droits de Mont-Chauvet	218
1138.	Avouerie de Villeneuve-Saint-Georges et de Valenton	219
	Briarht, gentilhomme de Corbeil	219
	Donation de Valenton.	220
1147.	Port de Villeneuve-Saint-Georges	220
1152.	Étienne de Macy, lutte	221

Années.		Pages.
1152.	Droits de Paray.	221
	Lettre de Geoffroy, abbé de Saint-Germain.	222
	Eustache de Bièvres	223
	Fiefs de Massy.	224
1160.	Saint-Léger-en-Artie, donation.	225
	Cure de Villers-en-Arthies	225
	Nouvelle église de Longuesse	225
	Lettre de Hugue, archevêque de Rouen	225
	Seconde lettre de Hugue.	226
1162.	Dammartin. Longnes, impôts	227
1168.	Transaction de Hugue avec Jean de Massy	228
1171.	Seigneur de Chilly.	229
	Ferme de Conteyn.	229
	Ballainvilliers	229
1173.	Villeneuve-Saint-Georges, droit.	230
1175.	Église de Longuesse	230
	Église de Saint-Martin-de-Villers	230
	Lettre de Rotron, archevêque de Rouen	230
1176.	Droit de présentation	232
	Bulle du Pape Alexandre III	233
	Mouvance de l'Abbaye de St-Germain-des-Prés :	234
	Beynes. Le Chesnay. Montreuil. Grignon. Septeuil. Bièvres. Maule. Mont-Chauvet. Chevreuse. Chenevières. Lévy-Saint-Nom. Saint-Yon. Morigny. Arpajon	234
	Villemoison-sur-Orge. Athis-Mons. Avrainville. Cheptainville. Épinay-sur-Orge. Paray-Wissous. Linas. Sainte-Geneviève-des-Bois. Balizy. Corbeil. Villeneuve-Saint-Georges	235
	Valenton. Bruyères-le-Châtel. Massy. Verrières. Gif.	236
	Meudon. Villeneuve-le-Roi. Bièvres. Athis-Mons. Saint-Germain-en-Laye	237
	Viroflay. Périgny. Savigny-sur-Orge. Versailles. Rueil.	238
	Vauhallan. Orsay. Janvry. Marly-le-Roi.	239
	Étampes. Morigny.	241
1186.	Jean, sire de Bréval	242
	Voirie de Paray.	243

Années.		Pages.
1191.	Érection de la paroisse du Chesnay	243
	Église Saint-Antoine-du-Buisson	243
1192.	Saint-Georges-de-Maroles	244
1200.	Grange d'Épinay	245
	Terre de Mont-Chauvet	245
	Voirie d'Avrainville	245
	Montlhéry	245
	Charte de Philippe-Auguste	246
	Le Breuil	247
1202.	Maroles, droit de gîte	247
1207.	Avouerie du Chesnay. Robert de Meulan	248
1208.	Léproserie de Meulan	248
1209.	Église de La Marche	249
	Grange du Chesnay	249
	Dîmes d'Épinay	250
	La Celle-Saint-Cloud, procès	250
1211.	Dammartin. Longnes. Neauphlette. Montchauvet. Septeuil : patronage des cures	251
1212.	Maire du Chesnay. Seigneur de Marly	252
1215.	Vins de Villeneuve-Saint-Georges et de Valenton	252
1216.	Église de Montchauvet	254
	Voirie et gruerie du Chesnay	254
1218.	Moulin de Villepreux. Bouchard, sire de Marly	254
	Chapelle de Chevaudos	255
1220.	Dammartin et Jumeauville, droits d'usage	255
	Cardinal de Tournon, seigneur de Dammartin et de Longnes	256
1224.	Maisons de Mantes	256
1230.	Église de Maroles	256
	Limites du domaine de l'abbaye de Saint-Germain	257
	Moulin de Sèvres	257
	Lettre d'Eude, chanoine de Paris	258
	Lettre de Guillaume, évêque de Paris	259
1231.	Dîmes de Meudon	261
	Étang de Villebon	262
1233.	Seigneurs de Chilly	262
	Terre de Paray-Wissous	263
1234.	Église de Crosne	263
	Lettre de Guillaume, évêque de Paris	264

Années.		Pages.
1234.	Raoul, curé de Villeneuve-Saint-Georges. . . .	266
1236.	Terroir de Meudon. Verrières	266
	Guillaume de Villeneuve-Saint-Georges	267
1238.	Guy IV de Chevreuse	267
1239.	Leudeville, vente. Avrainville, héritages	268
1240.	Villeneuve-Saint-Georges, rente. . . . . . , .	269
	Meudon, vignes, pressoir	269
1244.	Meudon, droit de reportage	270
1246.	Avrainville, Le Breuil, Villeneuve-Saint-Georges, La Celle, droit de gîte	270
1247.	Wissous, Verrières, Massy, Villeneuve-le-Roi, affranchissement des serfs.	273
1250.	Villeneuve-Saint-Georges, Valenton, Crosne, Paray, affranchissement des serfs	275
1255.	Nicolas, prévôt de Villeneuve-Saint-Georges. . .	276
	Terre de Paray, obit	277
1258.	Moulin de Rueil.	277
1261.	Ferme de Limeil-en-Brie	278
	Chapelle de Montchauvet.	278
1262.	Habitants de Châtenay	279
1265.	Pressoirs de Valenton	279
1267.	André de Châville	280
1275.	Terre de Châteaufort	280
	Prés de Vauboyen	281
	Charte de Philippe III	282
1277.	Villeneuve-Saint-Georges, charroi	283
1278.	Étienne de Pontoise	284
	Grange de Meudon.	284
1284.	Villeneuve-Saint-Georges, taxe	284
1285.	Fief de Valenton	285
1287.	Dammartin, rente	285
1292.	Grange de Valenton	286
1299.	Villeneuve-Saint-Georges, taxe	286
1310.	Maison de Meudon.	287
1319.	Villeneuve-St-Georges, Épinay, Le Breuil, taille .	287
1320.	Vignes de Juvisy.	288
1336.	Justices de Saint-Cloud et de Chalevanne (Rueil) .	288
1343.	Procès d'Avrainville	288
1344.	Bénéfice de Villeneuve-Saint-Georges	289

Années.		Pages.
1345.	Gérard de Franconville.	289
1349.	Saussaie du Breuil-lès-Longpont	290
1352.	Porte de Bucy (Boussy-Saint-Antoine).	290
1366.	Maroles	291
1372.	Saint-Martin-la-Garenne. Chapelle de Notre-Dame-la-Désirée.	291
	Mathieu de Ver.	291
	Lettres des Grands-Vicaires de Rouen	294
	Charte du roi Charles VI.	295
1377.	Pierre de Chevreuse	298
	Seigneurie de Bièvres.	298
1405.	Meudon, redevance.	299
1406.	Meudon, transaction	299
1437.	Prevôts de Paray	299
1458.	Hôpital de Villeneuve-Saint-Georges.	300
1467.	Fief de Jouy-en-Josas.	301
1518.	Foires de Meudon.	302
1522.	Seigneurie d'Épinay	303
1534.	Vignes de Wissous et de Massy.	303
1549.	Terre de Villeneuve-Saint-Georges.	304
	Bois de Verrières	304
	Mort du Cardinal de Tournon, à Saint-Germain-en-Laye.	304
1562.	Passage des Huguenots à Étampes et à Corbeil.	305
1562.	Ferme de Verrières.	306
1568.	Procès de Valenton	306
1570.	Cardinal de Lorraine, seigneur de Meudon	307
1590.	Terres de Dammartin et de Villeneuve-St-Georges.	309
	Églises de Septeuil et de Montchauvet	309
	Seigneurie du Breuil	309
1594.	Cardinal de Bourbon à Mantes.	310
1611.	Justice de Saint-Antoine-du-Buisson	311
	Justice d'Avrainville	311
	Maison d'Arpajon.	311
	Justice d'Épinay	312
1623.	Jallevy, curé de Villeneuve-Saint-Georges	312
1630.	Bois de Verrières	312
1641.	Terre de Saint-Remy	313
1658.	Le Chesnay, relique	313

Années.		Pages.
1662.	Justices du Chesnay et de La Celle-Saint-Cloud	314
1664.	Seigneurs du Chesnay.	314
1669.	La Celle-Saint-Cloud, procès.	315
1674.	Justices de l'abbaye.	316
1679.	Bois d'Amblainvilliers, Verrières, Monteclin, La Celle-Saint-Cloud	316
1680.	Marquise de Palaiseau.	316
1681.	Cure de Vaucresson	317
1686.	Terre de Palaiseau.	318
1704.	Château de Villeneuve-Saint-Georges, mairie	318
1707.	Nicolas Neveu, curé du Chesnay	319
1775.	Territoire de Viry	320
1790.	Biens de Viry	320
1793.	Viry, domaines nationaux.	321
	Nécrologe	323
	Sépultures	326
	Églises relevant de l'Abbaye.	327
	Errata	328

www.ingramcontent.com/pod-product-compliance
Lightning Source LLC
Chambersburg PA
CBHW072021150426
43194CB00008B/1202